내 안에 잠든 부자 심리를 깨워라

내 안에 잠든 부자 심리를 깨워라

초판 1쇄 2019년 04월 22일

지은이 박병수
발행인 김재홍
교정·교열 김진섭
마케팅 이연실

발행처 도서출판 지식공감
등록번호 제396-2012-000018호
주소 경기도 고양시 일산동구 견달산로225번길 112
전화 02-3141-2700
팩스 02-322-3089
홈페이지 www.bookdaum.com

가격 15,000원
ISBN 979-11-5622-441-9 03320

CIP제어번호 CIP2019010966
이 도서의 국립중앙도서관 출판예정도서목록(CIP)은 서지정보유통지원시스템 홈페이지(http://seoji.
nl.go.kr)와 국가자료공동목록시스템(http://www.nl.go.kr/kolisnet)에서 이용하실 수 있습니다.

내 안에 잠든

부자 심리를 깨워라

| 박병수 지음 |

"사람은 누구나 부자의 자질을 타고난다"

지식공감

돈이 지배하는 이 세상에서
'나눔'을 이야기하다

이 책은 우리 시대에 꼭 필요한 책이다. 돈이 지배하는 이 세상에 사람보다는 돈이 우선시되어 어떻게 하던 많은 돈을 가지려고 애를 쓰고 99를 가진 자가 1을 가진 자의 것을 뺏어 100을 채우려 하고 있다. 돈의 위력과 돈만 많으면 무엇이든 누리며 살 수 있다는 생각들이 만연하다. 이러한 가진 자들의 행태들이 주위를 돌아보기보다는 자기 자신과 가족만을 생각하고 죽더라도 어떻게 하든 세금 적게 내고 자식들에게 상속하려고 한다. 그러다 보니 상속받은 자녀들은 돈의 위력을 휘두르는 것만 알아 갑질이 자연스러운 현상이 되었다. 가진 자들이 남들을 배려하지 않고 재산을 사회에 환원하지 않는 것은 우리 사회에 나눔의 가치가 정립되어 있지 않고 어릴 때부터 습관화되어 있지 않기 때문이다. 이럴 때에 나눔이 무엇이며 나눔이 어떤 역할을 하며 왜 해야 하는 것인지를 명확하게 정의하고 방법을 제시해주고 있다.

많은 사람들이 이 책에서 이야기하는 돈에 대한 올바른 생각과 건강한 재무심리, 나눔의 가치를 제대로 알고 작은 실천들을 한다면 우리 사회는 정말 아름다운 복지국가가 될 것이다. 미국이나 선진국들처럼 기부문화가 생활화되어있고 빌 게이츠나 워런 버핏, 마크 저커버그 같은 세계적인 갑부들이 재산을 세상에 내어놓아 이러한 돈들이 돌고 돌아 없고 힘든 사람들에게까지 흘러간다. 이게 진정한 복지국가를 이룰 수 있는 기부 문화이다. 우리나라에도 많은 사람들이 자신만을 위해 사는 것이 아니라 남들을 배려하고 나누는 것이 생활화되고 습관화가 될 수 있도록 나눔 교육의 정착과 나눔 운동이 본격적으로 전개 될 수 있도록 제도가 마련되어야 한다.

이 책의 저자이신 박병수 님은 현재 ㈜NPTI연구원과 ㈜한국재무심리센터의 상임고문으로 돈에 대한 올바른 시각과 돈으로부터 오는 갈등과 스트레스 및 각종 재무장애를 치유하여 건강한 재무심리를 갖도록 하고, 내면에 잠재하는 부자심리를 깨우는 교육활동을 전개하며, 특별히 나눔문화 확산을 위해 헌신하고 있다. 대기업의 임원을 거쳐 극동대학교 교수로 재직한 경험과 지식 그리고 모든 경륜들을 집대성하여 이 책을 완성하였다. 적지 않은 연세에 열정적인 활동과 끊임없는 연구 활동을 하는 저자의 노력에 다시 한 번 축하드리고, 이 책이 많은 사람들에게 읽히어 건강한 재무심리를 가지고 가치 있고 성공적인 삶을 누리며 나눔운동에도 동참하여 우리나라가 살기 좋은 선진복지국가가 되기를 간절히 소망하고 기도 합니다.

NPTI연구원 / 한국재무심리센터 **정우식** 원장

돈을 알면
돈을 이길 수 있다

오늘날 자본주의 사회는 모든 것이 돈을 중심으로 운영되고 있다. 따라서 돈의 위력은 가히 절대적이라 할 수가 있으며, 마치 돈만 있으면 그 누구라도 마음먹은 대로 다 할 수 있고, 행복하리라는 믿음이 보편화된 지가 오래되었다.

사람은 누구나 부자가 될 수 있는 자질을 타고난다. 그러나 모두가 부자가 되지 못한다. 그 차이는 바로 돈을 제대로 알지 못하고, 돈에 대한 잘못된 시각과 관념을 가지고 있으며, 또한 자신의 내면에 잠재하는 돈에 대한 생각과 태도, 믿음인 재무심리의 차이에 달려있기 때문이다. 필자는 이러한 돈에 대한 잘못된 관념을 바로 잡고 '내 안에 잠든 부(富)의 심리'를 깨우고 개발하여 누구나 마음만 먹으면 부자가 되는 길을 제시하고자 한다. 우리는 지금까지 돈에 대하여 제대로 배운 적이 없다. 손자병법에 "지피지기(知彼知己)면 백전불태(百戰不殆)"라고 한다. 돈을 알면 돈을 이길 수 있다는 얘기다. 돈을 잘 알고 잘 다루기만 하면 기쁨과 즐거움을 주는 애완동물이 되지만, 잘 알지 못하고 함부로 다루면 인생을 송두리째 파멸로 이끌 수도 있는 굶주린 사자로 돌변할 수도 있다. 탈무드에는 물론 공자도 돈을 어떻게 쓰며 평소 돈에 대한 고정관념이나 사고방식, 습관, 태도 등을 보면 그 사람의 인품이나 사람 됨됨이를 알 수 있다고 하였다. 돈을 다루는 태도는 그 사람의 거울이며 인품의 척도라고 한다. 따라서 재무인성은 그 사람의 인성을 결정하는 원천이며 성공적인 삶의 가장 기본 덕목이다. 돈을 버는 목적은 행복하기 위해서다. 그러나 돈만 많다고 행복할 수도 없다. 돈의 소유가 아닌 사용으로 돈을 벌고 사용하는 나눔의 순환을 통하여 돈의 본원적인 가치에 충실함으로써 보다 보람되고 성공적인 삶을 영위할 수 있기 때문이다.

필자는 독자들과 함께 돈에 대한 경제교육만으로도 올바른 인성교육을 할 수가 있으며, 돈의 노예가 아닌 돈의 주인으로서 진정으로 행복한 부자의 길을 찾고 재조명해보고자 한다. 건강한 재무심리는 어릴 때부터 학습을 통하여 습관화하고 또한 바람직한 방향으로 바꿀 수가 있다. 유아부터 청소년, 청장년, 직장인, 은퇴자, 나아가 시니어(senior)는 물론 초고령자까지 전 생애를 걸쳐 삶의 무게인 재무측면과 필요한 덕목을 키워 삶의 의미와 목표 지향적인 차원에서 영성과 진리의 길을 추구하며, 자신이 진정으로 행복하고 나아가 건강한 사회를 다 함께 만들 수가 있다. 돈과 관련하여 오늘날 현대인이 각종 스트레스로부터 겪는 탈진증후군인 내면의 에너지가 고갈된 '번 아웃 신드롬(burnout syndrome)'에 어려움을 호소하고 있다. 필자는 개인은 물론 조직사회에 하루빨리 소진된 내면의 에너지를 재충전하여 각종 심리적 문제나 상처를 치유하고 돈과의 좋은 관계를 설정하여 궁극적으로 '건강하고 행복한 부자'가 되는 길을 NPTI연구원에서 제시하는 재무심리 측면에서 인지적, 행동경제학적인 솔루션으로 그 해법을 제시하고자 한다.

특히 나눔의 의미와 역사적 의의를 동서양을 거쳐 그 뿌리를 찾아보고, 효과를 심층 분석하여 자본주의사회의 구조적인 문제점 해결의 실마리를 찾아 오늘날 이타적 자본주의의 기본정신인 나눔과 사회공헌의 의미를 찾아 살기 좋은 공동체사회 건설을 위하여 조금이라도 기여하고, 돈을 초월하여 돈 이외의 지고한 삶의 진정한 가치에 관하여 새로운 영역의 발견에도 초점을 맞추어 집필하고자 한다.

청소년들에게 올바른 인성과 돈에 대한 태도와 신념을 심어주고, 청장년들의 진로와 생애 설계는 물론 구체적이고 실현 가능한 꿈과 목표를 설정하며, 시니어들에게는 2모작 도전과 인생을 정리하는 차원에서 자신을 되돌아보게 하고 삶의 의미와 존재가치를 재정립하는데 조금이라도 도움을 드리고자 한다. 특히 시니어들이나 부호들에게는 현금과 재산상의 나눔과 기부, 관심이 많은 자녀 상속 등 성공적인 삶을 위하여 어떻게 하면 돈을 가치 있게 잘 쓰고 잘 죽을 수 있는지에 관하여 같이 고민해보면서, 돈을 벌기만 하고 쓸 줄 모르면 부자가 아니라 화폐수집가에 불과하며 우리는 부자로 죽지 말고 부자로 살아야 한다는 대명제 아래서 필자는 본 집필을 진행하기로 한다.

Contents

대체 돈이 뭘까?

돈의 본질과
속성

● 돈은 공기와 같이 소중하다

물고기가 물을 떠나서는 한시라도 살 수가 없듯이 사람 또한 잠시라도 공기가 없으면 살 수가 없다. 돈도 공기와 같이 한시라도 떠나서는 살 수가 없이 소중하며, 눈에도 보이고, 어디에서나 풍족히 존재하며, 신분이 어떠하든 무엇을 하든지, 어느 지역에 있든지, 남녀노소를 불문하고 원하든 원치 않던 누구에게나 평등하게 돈이 반드시 필요한 시대에 살고 있다. 다만 시대적 변화와 문화의 차이에 따라 돈에 대한 사회적 정서나 관념이 다를 뿐이다.

서양이나 이스라엘에서는 전통적으로 어릴 때부터 돈이란 아주 소중한 것이며 반드시 필요하고 귀중한 존재로 인식시키고 있다. 그러나 동양에서는 대체로 유교문화의 영향으로 돈이 중요하다고 생각하지만 왠지 부정한 것으로 잘못 인식되어 터부시되고 청렴결백하게 살아가는 것이 선(善)한 것이며 돈을 추구하는 장사나 상공업은 하층민이나 서민들이나 하는 영역 정도로 천대한다. 즉 주자학적 사농공상(士農工商)관념으로 터부시하는 일종의 체면문화가 팽배하기 때문이다.

돈은 재화와 서비스가 교환되는 주요수단이며, 부채의 변제 및 계약의 체결이 이루어지는 주요 매개체로서 '교환과 매개의 기능'이 있다. 또한 사물이 각각의 사람들에게 어떤 평가를 받는가를 나타내는 공통의 척도로서, 사회적으로 평가를 통합하는 '가치척도의 기능'이 있으며, 가치의 기본단위 구실을 하며, 가격체제의 운용을 가능하게 하는 가장 기본적인 요인이 된다.

그리고 화폐를 통하여 손익이 계산되는 근거가 마련되고, 대부를 할 때나 선물거래가 이루어질 때 연불(延拂)의 수단으로서도 '지불수단의 기능' 재화와 용역을 구매할 수 있는 능력이나 성질을 담보하는 저장수단과 언제나 재화나 용역을 교환하고 구매할 수 있는 능력이나 성질을 가지고 있는 '유동성 기능' 등이 있다.

또한 돈은 인간을 지배하고 인간관계를 매개한다. 내 가족이 편안하고 안정적인 삶을 살 수 있게 해주는 도구이며, 남을 도울 수도 있고 자기가 하고 싶을 것을 살 수도 있고 만들 수도 있는 만능의 도구로서 나의 능력을 인정받을 수 있는 척도인 결과물이기도 하다.

● 돈은 에너지와 이중성이 있다

현대물리학에서 아인슈타인은 하나의 천체가 그 주변의 공간을 휘어뜨려 중력장을 형성한다고 하였다. 그리고 그 생성된 중력장에 다른 천체가 생기면 그 천체는 생성된 중력장을 따라 이동하게 되며 이걸 본다면 서로가 끌어당기는 것처럼 보이게 된다. 다시 말해 아인슈타인은 왜 서로 끌어당기는지를 설명한 것이다

다른 장 개념으로는 자석이 있으며, 맥스웰은 장의 개념을 확립한 사

람이다. 자석 주변에는 자기장이 형성되어 있으며 자석 하나만 있을 때는 그 자기장의 실제로 존재하는지 모른다. 그러나 주변에 자석을 하나 더 가져다 놓으면 서로의 자기장이 상호작용을 하여 서로에게 인력을 행사할 것인지 척력을 행사할 것인지 매개를 하게 된다.

양자역학에서 마음의 특징은 마음은 에너지와 같아 입자성(粒子性)과 파동성(波動性)의 이중 성질을 가지고 있다고 한다. 따라서 마음이 파동성으로 변하면 몸 밖으로 방사하여 다른 사람, 생물 혹은 물질 등에 영향을 미친다.

이와 같이 돈도 주변에 강력한 에너지장을 형성하여 자신과 비슷한 것은 강력히 끌어당기는데 돈이 돈을 모으는 것이다. 돈은 원하는 것을 할 수 있는 잠재능력을 가진 무한한 에너지로 유동적이다. 한편 창조적이고 자체에 힘을 갖고 있으며 아무것에도 얽매이지 않는다. 돈은 긍정과 부정을 구분하지 않고 다만 사용자의 창조적 흐름에 따를 뿐이다.

돈은 우리 삶을 관통하여 흐르는 에너지의 한 형태다. 단지 그것을 잡아두려고 하는 사람은 이런 에너지의 자연스러운 흐름을 막는 행위다. 더 많이 내어줄수록 그만큼 더 많이 당신에게로 흘러들 것이다. 돈을 나누는 것은 자기 자신에 대한 신뢰, 그리고 만물에 담긴 에너지의 흐름에 대한 신뢰의 표시이다.[1]

돈은 밝은 면이 있으면 어두운 면도 있다. 돈은 영적이면서 물질적이며, 창조적이면서도 파괴적이고, 다정하면서도 잔인하다. 돈을 지배하려고 하는 순간 오히려 돈의 노예로 전락한다. 돈은 두려움의 대상이기도 하지만 선한 사랑의 편에 서기도 한다.

---

1) 보도 섀프 『돈』 이병서 옮김, 북플러스(2006)

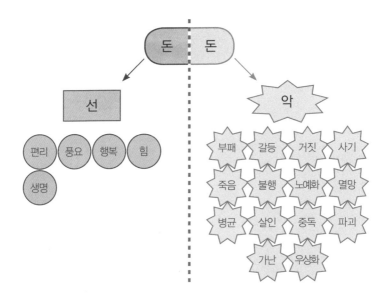

왜냐하면 이러한 이중성은 그 사람의 돈에 대한 선택과 인식, 태도에 달려 있기 때문이다. 따라서 돈은 인생의 전부가 될 수는 없으나, 인생의 많은 것을 바꾸어 놓기는 충분하다. 돈은 잘만 부리면 충실한 종이 되지만 잘못 부리면 몰인정한 주인으로 돌변하고 자기를 예속하려 한다.

돈의 본질에 관하여 중국 진나라 때 은자인 노포(魯褒)가 쓴『전신론』에서 "돈의 모양은 하늘과 땅의 형상을 지녀 안은 네모나고 밖은 둥글다. 돈은 날개가 없는데도 날아다니고, 발이 없는데도 걸어 다닌다. 위태로운 것을 편안하게 할 수 있고, 죽은 사람을 살릴 수도 있으며, 살아있는 것을 죽일 수도 있고, 귀한 것을 천하게 할 수도 있다."고 하였다. 돈은 그야말로 신물(神物)이다. [2]

---

2) 김상민 『부자의 심장을 훔치는 재테크마인드』 매일경제신문사(2006) p113

● 돈은 가치 중립적이며 사람을 자유롭게 한다

"개같이 벌어서 정승처럼 쓴다."라는 속담이 있다. 어떻게 벌든 또 어떻게 쓰든 다 돈이다. 돈에는 눈이 없고, 개성도 없으며 그냥 객관적인 기준일 뿐이기 때문이다. 다만 사용자나 보유자의 돈에 대한 마음이나 태도에 따라 느끼는 감정이 다를 뿐 돈 자체는 어떠한 감정이나 구분과 차별성이 없다.

자본주의 사회에서는 돈이 없으면 자기가 하고 싶은 것을 할 수가 없다. 돈은 자기 욕망이나 행동을 제약하는 걸림돌로 자유를 강제하게 되어 부자연스럽게 된다. 독일의 사회학자인 게오르그 짐멜(Georg Simmel)은 『돈의 철학』이라는 책에서 "돈은 우리를 신분으로부터 자유로운 개인으로 만들어 주었고, 숫자로 추상화함으로써 인간관계를 중립화시켰다. 타인과의 관계를 돈을 통해 맺도록 강제하는 체제가 바로 자본주의다."라고 하였다. 돈이란 결국 누가 벌든 무슨 일을 하고 벌든 다 평등하며, 가진 자에게는 어떤 일이든 마음먹은 대로 할 수 있는 힘과 자유를 제공하게 한다. 우리가 열심히 돈을 벌고 쓸데없는 지출을 줄이는 것도 결국 하고 싶고 꼭 필요한 곳에 쓸 돈을 미리 저축하여 어떤 일을 할 수 있는 힘과 재정적 자유를 얻고 돈으로부터 휘둘리지 않기 위해서이다.

돈은
살아있는 인격체와 같다

　돈은 우리의 지갑 속에 있는 지폐나 동전, 은행 계좌에 찍혀 있는 단순한 숫자로서 죽어 있는 존재가 아니다. 돈은 생명력을 가지고 언제나 돌아다니는 속성이 있다. 실체가 있고, 생각과 감정이 있기 때문에 대하는 사람의 태도나 정성에 따라 다르게 반응한다. 적은 돈이라고 무시하고 함부로 대하든지 도박이나 게임 등 사행성 행각이나 과음 등 나쁜 곳에 사용하면 자기를 무시하고 함부로 대하는 줄 알고 떠나가 버리고 만다. 반면에 아무리 적어도 소중하게 생각하고 사랑하며 좋아하고 정성들여 잘 관리하고, 생명력을 불어넣어 잘 키우면, 소위 돈이 잘 따르는 인격체로 대하는 사람에게는 돈이 가면 자기를 좋아하는 줄 알고 새끼 치듯이 돈이 늘어나는 암놈 돈이 되지만 반면에 소비만 하고 나쁜 곳에 탕진하는 사람에게 가면 자기를 싫어하는 줄 알고 생명력을 잃고 수놈같이 불임이 되어 급기야 소멸하고 만다.

　결국 돈도 사용하는 사람의 성품이나 마음가짐에 따라 새끼를 치듯이 불어나는 돈이 있는 반면에, 그저 소비하고 탕진하여 사라지는 돈이 있다는 것이다. 그것은 그 돈을 보는 그 사람의 마음자리에 달려있기 때문이다.

● 돈은 중력성과 중독성이 있다

질량이 있는 모든 물체 사이에는 서로 끌어당기는 만유인력이 작용한다. 중력의 크기는 물체의 질량에 비례한다. 돈에도 중력이 있어 서로 끌어당기는 힘이 작용한다. 큰돈은 무게감이 크므로 크게 끌어당기고 적은 돈은 무게가 적어 적게 당긴다는 얘기다. 결국, 적은 돈이 모여 큰돈이 되는 이치는 그 무게감에 비례하여 돈을 끌어당기는 중력이 크게 작용하기 때문이다. 돈을 은행에 저축하거나 다른 곳에 투자만 하여도 그 돈 주변에 일종의 에너지 역장이 생겨 그 에너지가 더 많은 돈을 끌어들인다. 그리고 고생해서 번 돈과 일정한 수입의 돈은 그만큼 무게감(중력)이 크고 힘도 세다.

또한 그렇기 때문에 부익부(富益富) 빈익빈(貧益貧) 원칙이 적용된다. 돈이 많으면 점점 더 끌어들여 부익부(富益富)가 되고, 부족하면 점점 더 배척하여 빈익빈(貧益貧)해지며 쓸 곳은 더 늘어나 돈에 대한 고통은 더 크고 깊어진다.

돈은 미끼를 던져 자신에게 계속 빠지게 한다. 돈 쓰는 재미, 돈 모으는 재미 등은 중독성이 있어 한쪽으로 빠지면 빠져나오기가 어렵다. 중독이란 일시적 충동이나 만족을 주는 행동을 인내할 수 있는 자기통제력을 잃은 상태를 말하며 내성과 의존상태, 금단성의 특징을 가지고 있어 한번 빠지거나 몰입하게 되면 쉽게 빠져나오기가 어렵게 된다.

● 돈은 속이는 속성이 있으며 시간에 따라 성장한다

"돈이 거짓말하지, 사람이 거짓말 하냐?" 돈은 인간의 욕심을 부추기고 서로 속이고 거짓말하게 하여 파멸케 한다. 돈은 자신의 좋은 점을 부각시키고 쉽게 얻을 수 있는 것처럼 사람들을 속여 도박, 로또, 경마, 경륜 등에 빠지게 하고 인간을 파멸시킨다.

돈은 시간에 따라 성장한다. 돈의 성장에는 두 가지가 있다.

정상적인 성장, 이 경우는 돈을 저축하거나 투자를 하면 이자나 수익이 발생하여 스스로 성장을 하게 된다.

기형적 성장(비정상적 성장), 이 경우는 돈을 빌리거나 사채를 쓸 때 내는 이자는 항시 저축할 때 받는 것보다 크고 특히 사채의 경우 눈덩이처럼 커진다. 돈은 비정상적이고 기형성장을 통해 인간을 힘들게 하고 멸망시킬 수도 있다.

● 돈은 소비 지향적이며 부패성을 갖고 있다

돈은 항시 밖으로 나가는 속성이 있어서 저축하는 것보다 지금 바로 소비하는 것이 더 쉽다. 소비중심의 행동이나 가치추구 등으로 소비하는 방향이나 경향으로 쏠리는 상태를 말한다. 돈은 소비하는 자체에 목표를 두기가 쉽고, 돈을 소비하려는 의지가 강하게 나타나는 의도적 행위다.

돈은 고이면 부패하는 속성을 가지고 있다. 돈이 많으면 교만하게 되고 음란 방탕하게 된다. 자식들을 망치게 하고 주위의 인간관계를 황폐화하기가 쉽다. 또 돈을 위해 암거래, 권력과 결탁, 뇌물수수 등 부패를 초래한다. 오늘날 권력형 부패는 대부분이 돈과 깊은 관련성이 있다.

● 돈은 방심하면 보복하며 자신을 맹신하게 한다

돈거래에 있어서 발생하는 계약서 내용, 권리채무관계, 보증 관계 등을 세밀히 살펴보지 않고 대충하였다가 엄청난 손해를 보게 되어 가정이 무너지는 경우도 많다. 또한 돈 문제는 복잡할수록 세밀하게 해결해 나가야 한다. 그렇지 않고 어떻게 되겠지라는 생각으로 그냥 미루고 있으면 엄청난 대가를 반드시 치러야 한다. 이자, 카드연체, 카드깡, 빚 문제 등을 조심해야 한다.

돈이 많을수록 좋으며, '돈이면 안 되는 것이 없다'고 인간을 부추기고 돈을 맹목적으로 추구하게 하여 궁극적으로 인간에게 우상이 되고 맹신적으로 추종하게 한다. 바로 돈을 숭배하는 돈교로 교주는 천민자본주의(賤民資本主義)다. 물신주의(物神)와 황금만능주의는 인성을 타락시키는 주 요인이 되고 있다.

● 돈은 독이 될 수 있으며 인간관계를 파괴할 수 있다

돈은 인간들이 조심스레 다루지 않으면 죽음으로 가게 하는 독이고 나쁜 병원균을 퍼뜨린다. 실제로 인간들이 돈을 주고받으면서 많은 병원균을 전염시키기도 한다. 돈은 악의 근원이다. 많으면 교만하게 되고 적으면 의기소침하고 남들과 비교의 대상이 되어 불행의 씨앗이 되고 있다.

모든 인간관계를 파괴하고 멸망시키려 한다. 부모 형제 친구까지도 단절시키고 심하면 살인까지도 한다. 인간성 상실로 심하면 인격을 파괴한다.

돈은 황금만능주의
폐단을 가져온다

  우리 사회는 문화의 차이를 바탕으로 산업화와 도시화 자본주의를
거치면서 물질만능주의가 어느덧 새로운 가치로 자리매김하게 되었다.
지나친 물신주의(物神)로 돈이면 무엇이든지 할 수 있기 때문에 단순한
수단을 넘어 목적 자체로 왜곡되고 있다. 수단과 방법을 가리지 않고
오로지 돈만 된다면 사회정의나 인간성은 문제가 될 것이 없다는 신
격존재로 그 가치관이 전도되어 급기야 여러 가지 사회문제와 인간성
상실의 병폐로 악화되고 있는 실정이 참으로 안타까울 따름이다.

  마치 돈을 종교로 숭배하는 '돈교'로서 교주는 천민자본주의로 돈의
지배력에 우리 모두는 마침내 노예로 전락하게 되는 신세가 되고 말았
다. 마침내 물질에 대한 끝없는 욕망의 포로가 되어 돈에 대한 두려움
과 불안이라는 증후군이 사회 전반에 퍼져 공포의 대상이 되고 있다.
이러한 돈에 대한 맹목적 지향이 이기주의를 잉태하고 결국 자신은 물
론 사회공동체를 파괴하게 될 것이다.

"재물은 소금과 같아서 마시면 마실수록 더욱 목이 마르다."라는 로마 격언과 같이 탐닉은 끝을 모르고 급기야는 주인을 삼켜버리고 만다. 알코올이나 마약, 도박과 같이 중독성이 있어 끊기가 쉽지 않으며 일단 중독이 되면 그만한 대가를 치르고 나서야 끝날 수가 있다.

권력은 검은돈의 위력에 약하다. 400여 년 전 셰익스피어도 금전을 최고의 군인이라고 풍자한 적이 있었다. 언제 어떠한 상황에서도 절대로 패하지 않는 것이 돈이다. 자본주의가 원숙하기도 전에 부패해버린 현대 천민자본주의 사회에서 자본의 위력은 권력과 연계하여 만악(萬惡)의 근원이 되고 있다.

역사적으로 세계경제위기는 화폐의 단순 실물 위주 기능을 초월하여 경제력을 바탕으로 한 국력과 국가 안위를 지키는 핵심 열쇠로, 소위 금융자본주의로 인한 노예로 전락하는 위기에 기인하고 있다. 그리고 물질주의 사회는 사회를 풍요롭게는 하지만 한편 양극화로 행복지수를 더 추락시키는 부작용을 낳고 있다. 그리고 돈이 지배하는 사회는 돈이면 다 된다는 '황금만능주의'라는 잘못된 가치관으로 자칫 인간을 돈의 노예로 전락시키고 인간성 상실이라는 부작용의 근원이 되기 쉽다. 또한 개인적인 탐욕과 과소비, 사치, 무절제 등의 부정적인 폐단이 문제가 되고 있다.

오늘날 사람들의 걱정거리나 스트레스 중에 대부분이 황금만능주의로 인한 돈에 관련된 사안들이다. 오늘날 세간을 떠들썩하게 하는 모든 사건들도 근원적으로 돈에 대한 탐욕에 기인하고 있다고 해도 과언이 아니다. 돈과 정치는 결코 떨어질 수 없는 관계라고 한다. 왜냐하면 정치는 근본적으로 조직이 있어야 존립할 수 있으며 조직을 운영하려면 결국 돈이 필요하여 결국 정치권력은 돈을 바탕으로 유지할 수 있기 때문에 돈과 결탁하지 않을 수 없는 태생적 한계를 가지고 있기 때문이다.

기업가들에게는 기업을 유지시키고 대를 이어 승계하기 위해서 정치권력과 결탁해야 하고 정치권력은 조직을 유지하기 위하여 돈이 필요하므로 결국 기업과 정치권력이 상호보완관계로 유착하지 않을 수가 없기 때문이다. 사회지도층이 이러하다 보니 권력과 명예는 돈을 추구하는 시녀로 전락하고 돈을 추구하는 악순환의 고리는 우리의 건강을 위협하는 스모그나 황사처럼 사회 전 분야에 걸쳐 만연되게 된다.

흔히들 청소년은 어른들의 거울이라고 한다. 청소년은 무비판적으로 어른들로부터 그대로 배우기 때문일 것이다. 2014년과 2015년에 시민단체인 흥사단 투명사회운동본부에서 수도권 거주 청소년 2,000명을 상대로 한 돈에 대한 의식구조 조사에서 10억을 주면 1년 동안 감옥에라도 갈 수 있다고 답한 고교생이 2014년에는 44% 정도였으나 2015년에는 무려 59%로 증가하고 있다. 그리고 서울대학생들을 상대로 "아버지가 언제쯤 돌아가시면 좋겠느냐?"는 질문에서 정년퇴임을 한 후인 63세를 희망하고 있으며 아버지로부터 원하는 것은 40% 이상이 돈이라고 답변하고 있다. 오늘날 황금만능주의를 단적으로 보여주는 충격적인 현상이라고 볼 수가 있겠다.

돈에 대한 관념

● 돈의 본원적 가치

돈(화폐)의 교환수단, 지불수단, 저장수단, 가치척도, 그리고 유동성 기능과 같이 돈이 본래 가지고 있는 역할에 충실한 것이 무엇보다도 중요하지만 사람은 대체로 무의식적으로 돈을 부정적으로 생각하는 경향이 있다. 이를테면 '돈은 쉽게 얻을 수 없다', '깨끗하지 못하다', '돈에 대하여 논하는 것 자체가 천박하다', '돈벌이는 품위가 없다', '부자는 나쁜 사람이다'.

돈은 어떻게 쓰느냐에 따라 그 가치와 결과가 크게 달라질 수가 있다. 꼭 필요한 사람에게 주어 크게 도움이 될 수도 있고, 어려운 사람이나 이웃에게 기부하여 사회에 공헌할 수도 있는 힘이 있다. 돈 자체는 좋고 나쁨이 없다. 다만 그 돈을 바라보는 사람의 관점이나 태도, 인식이 호불호를 결정할 뿐이다.

돈의 원래 목적과 존재가치는 사물의 유통을 원활하게 매개하는 데 있다. 마치 물이 고이면 썩듯이 돈도 강물과 같이 들어오고 나가면서 순환하고 유통될 때 그 생명력이 유지되는 특성이 있기 때문이다.

성장기 아동들에게 가장 큰 영향력이 있는 환경적 요인으로 부모나 형제 등 가족들과 주변 친인척과 사회적 행동성향을 형성하는데 있어 누구를 행동모델로 삼느냐? 하는 것이 매우 중요하다. 특히 돈에 대한 인식이나 사고방식은 선천적인 것이 아니라 태어나 성장과정에서 보고 듣고 배우고 경험한 것으로부터 터득한 돈에 대한 생각, 신념, 태도, 가치관, 세계관의 원인이 되고 있으며 이를 머니 스크립트(Money script : 영화나 연극의 대본처럼 주어진 대로 따라 하는 미리 짜인 각본이나 대사)라고 한다. 이는 어릴 때부터 형성되고 다행히 본인의 노력에 의하여 바람직한 방향으로 바꿀 수도 있다.

유대인들은 태어나 8개월이 되면 걸음마도 떼기 전에 아이에게 동전을 쥐어주고 저금통에 넣게 하며, 5세 전후가 되어 돈에 대한 개념이 생기기 시작하면 용돈을 주어 스스로 용돈의 가치와 저축의 즐거움을 느끼도록 유도한다. 또한 장사를 체험시킴으로써 돈을 벌고 그 소중함을 바르게 인식하게 교육함으로써 어릴 때부터 돈을 경멸하기보다 정당하게 벌고 사치나 낭비의 절제를 통하여 누구나 천국에 오를 수 있는 소중한 것으로 알게 하여 열심히 일한 자에 대한 신의 축복이라고 올바르게 인식하게 한다.

● 돈에 대한 심리적 안도감

돈이 있다는 것은 재화나 서비스를 선택할 수 있는 구매력으로 '돈으로부터 자유가 있다'는 것을 의미하며, 삶을 윤택하게 하는 힘이며 무기가 된다. 따라서 돈에 대한 집착이 사라지고 돈에 대하여 구애받을 일도 없고 실제로 돈이 끊임없이 들어온다면 마침내 더 갖고 싶은 마음도 줄어들게 된다. 나는 돈이 없다는 생각을 하는 순간 돈에 자유롭지 못하다고 느끼며, 반대로 돈이 있고, 돈이 들어온다고 인식하면 돈으로부터 자유로울 수 있다.

이와 같이 돈에 대한 자신의 생각은 자기 스스로 결정할 수가 있다. 선택의 문제인 것이다. 돈의 절대량보다도 돈으로부터 자유로운 '안도감'이 높으면 높을수록 자신감이 높아지고 불안한 마음은 줄어들게 된다. 바꾸어 말하면 안도감은 돈의 절대량보다 돈에 대한 자신의 '마음가짐이나 태도'에 달려있다는 것이다.

이와 반대로 자신감이 없는 사람은 '돈이 없으면 큰일 난다'고 생각하며, '열심히 노력하지 않으면 돈이 들어오지 않는다.'고 생각하는 탓에 불안해한다. 언제나 돈을 갖고 싶어 하고 돈에 매달리고 집착하게 되어 돈을 쓰지도 못하고 모으기만 하고 아무리 모아도 불안해한다. 따라서 자신감과 안도감은 돈을 들어오게 하며, 이는 곧 '존재가치'로 연결되게 된다.

● **돈으로 행복을 살 수 없다**

돈이 있으면 행복할 수 있는 충분조건은 되어도 반드시 필요조건은 될 수가 없다. 바꾸어 말하면 돈이 많더라도 불행한 사람이 있으며, 반대로 돈이 없더라도 행복한 사람은 있다는 이야기가 된다.

돈이 아주 없을 때는 어느 정도 돈이 많아지면 행복을 느낄 수는 있다. 그러나 돈에 대한 기본 욕구가 충족되고 나면 어느 수준 이상에서는 돈의 양과는 무관하다. 예를 들어 미국 가정을 대상으로 한 연구에 따르면 국민소득이 5만 달러 이상이 되면 행복은 소득과는 무관하다고 한다. 이런 측면에서 다행히 돈 이외의 부문에서 행복을 찾기 위한 여지가 있다는 희망이 우리에게는 있게 된다.

올바른 재무인성의 출발은 돈이면 무엇이든지 다 되고, 또 할 수 있다는 생각을 바꾸는 데에 있다. 왜냐하면 돈으로 집은 살 수 있어도 가정은 살 수가 없으며, 돈으로 시계는 살 수 있어도 시간은 살 수가 없다. 돈으로 책은 살 수 있어도 지혜나 지식은 살 수가 없다. 또한 돈으로 피는 살 수 있어도 생명은 살 수가 없기 때문이다.

이와 같이 돈은 무엇을 살 수 있는 구매력은 있지만 본질적으로 내재된 그 가치를 살 수는 없기 때문이다. 결국 돈에 대한 올바른 태도나 관념이 인성이나 창의성의 초석이 되고, 또한 좋은 품성이나 창의성은 돈에 대한 바른 인식을 가지게 되는 원천이 된다. 따라서 오늘날 내면적이고 정신적, 영적 측면에서 행복을 추구하는 방법의 탐구가 우리에게 주어진 과제라 할 수 있다.

● 물질주의적 탐욕은 행복을 떨어뜨린다

물질의 소유 자체에 목적을 둔 사람은 행복을 느끼기가 어렵다. 마치 소금을 먹으면 먹을수록 갈증을 더 느끼는 것과도 같다. 탐욕은 더 큰 탐욕을 불러오기 때문이다. 그러나 돈을 자신이 중요하게 여기는 삶의 가치나 의미를 실현하는 데 사용하는 사람들은 돈이 많을수록 행복감도 증가한다. 결국 돈 자체가 아니라 그 돈으로 얼마나 가치 있고 의미

있는 일을 하느냐에 따라 행복과 자아 실현감은 크게 증가한다. 그렇기 때문에 돈을 버는 목적도 돈 자체를 쌓아놓을 것이 아니라 좋은 일을 하는 데 사용함으로써 사회에 기여하고 풍요로운 인간관계를 만들어 가고 보람 있게 사용함으로써 행복은 찾아오는 것이다.

● 행복하다고 느끼면 행복한 일이 생긴다

지금까지 우리는 돈이 많으면 행복할 것이라고 단순관계로만 생각하고 있었다. 마치 억지로라도 웃으면 행복감을 느끼고 건강해지며, 장수하고, 감사한 마음을 먹으면 감사할 일이 생겨 그만큼 행복하듯이 이제는 행복하니까 저절로 돈도 많이 벌게 된다는 식으로 행복이 돈의 '결과'가 아닌 '원인'으로 바라보는 역발상이 필요할 때라는 사실을 결코 간과해서는 안 되겠다. 행복하면 좋은 직장도 얻고 결혼도 잘한다는 연구결과가 있다. 행복 심리학의 대가인 에드 디너(Ed Diener) 미 일리노이대 교수가 동료들과 수행한 연구결과에 의하면 대학 1학년 때의 쾌활함의 정도와 16년 후 직장연봉과 정비례한다는 결과가 나왔다고 한다.

또한 그는 가난 자체보다도 돈을 탐하는 태도와 사회적 지위나 경쟁에 집착하는 욕심이 불행의 원인이 되고 있으며, 행복의 결정적 요인으로 원만한 사회적 관계, 배움의 즐거움, 삶의 목적과 의미, 작은 일상에서 긍정적인 면을 인식하는 태도와 목표달성보다 그것을 추구하는 과정에서 느끼는 것이 행복의 지름길이라고 강조하고 있다.

그리고 미국의 유명한 경영학자인 배리 스토(Barry Staw) UC버클리대학교 교수의 연구팀이 수행한 연구에서도 긍정적인 정서점수가 높은 직장인들이 그렇지 않은 사람들보다 연봉인상 폭이 더 크다고 하였다.

그리고 캘리포니아 버클리대학교의 켈트너(Keltner, Dacher)와 하커 (Harker, LeeAnne)교수가 밀스 대학의 1960년 졸업생 141명의 졸업사진에서 뒤센 미소(Duchenne Smile : 마음에서 우러나오는 진짜 미소)를 지은 여학생은 절반 정도이며 이 여학생들이 27세, 47세, 52세가 될 때까지 모두 만나 결혼과 생활만족도를 검사한 결과 놀랍게도 졸업사진에서 미소를 짓고 있는 여학생들은 대부분 결혼해서 30년 동안 행복하게 살고 있었다. 긍정적 태도가 곧 행복한 삶과 직결된다는 것을 증명한 사례다.

● 진정한 가치는 돈으로 결정되지 않는다

오늘날 대부분의 사람들은 돈의 위력에 눌려 자신의 가치를 평가 절하하는 경향이 있다. 돈이 없으면 자신을 비하하고 자신의 가치를 돈의 액수만큼 연계하여 평가 절하함으로써 자신감이 떨어지게 된다. 만물의 영장으로써 인간의 존엄성이나 가치는 아랑곳하지 않고 말이다. 이러한 현상은 정신적 풍요는 사라지고 돈과 물질만 추구하는 현대 천민자본주의 사회의 정신적 공황 상태에 기인한다.

각자가 돈이라는 물질 이상의 존엄한 가치를 가진 주체로 인식하지 않는 한 우리는 돈이라는 덫에 걸려 벗어날 길이 없게 된다. 돈이 많은 사람도 돈이 없는 사람만큼이나 때로는 그 이상으로 고통 속에서, 비록 고통의 종류가 다를 뿐 힘들게 살고 있으며 로또복권이나 부동산, 주식으로 벼락부자가 된 사람들도 심각한 '벼락부자증후군'에 시달리며 심리치료를 호소하는 사람만 보아도 돈이 전부가 아님을 반증하기도 한다. 왜냐하면 많은 돈을 소유함으로써 오히려 부담이나 고통으로 느껴 돈에 예속되는 노예로 전락할 수도 있기 때문이다.

무엇보다도 인간은 미국의 인본주위 심리학자인 매슬로우(A. Maslow)의 욕구충족의 5단계 서열에서 보여주는 것과 같이 생존에 직접적으로 필요한 의식주의 '생리적 욕구'가 충족되고 나면 그다음 단계인 '안전의 욕구', '소속과 사랑의 욕구', '자존심과 존경 인정의 욕구'로 나아가고 마지막으로 5단계의 최고 단계인 '자아실현의 욕구'로 나아간다. 자신의 존재 자체에 대한 삶의 의미나 비전, 가치관이 실현됨으로써 느끼는 지고(至高)한 욕구다. 이는 돈으로부터 초월하여 자신의 가치를 실현할 때 느끼는 쾌락과 희열감이다. 인간이 다른 축생과 달리 만물의 영장이라는 지위를 누리는 것도 인간다운 면모를 인정하기 때문이다. 바로 인격이나 인품으로 다른 것으로는 설명되지 않는 지고의 절대적인 가치가 있음을 인정하는 측면이 있기 때문이다.

건강, 돈, 인간관계,
감정 그리고 삶의 조화

● 돈에 대한 균형감각

돈에 대한 이중성으로 양적 측면에서 어느 한 극단으로 기울게 되면 반드시 그에 상응하여 부정적인 면이 있기 때문에 균형감각을 가지는 것이 매우 중요하다. 그렇지 않으면 스스로 만든 감옥에 갇히게 된다. 이를테면 돈이 많으면 상대를 업신여기어 교만한 마음이 생기기 쉽고, 반대로 너무 없어도 의기소침하여 자신감도 없어 우울증에 빠질 수도 있다.

부처님도 돈에 대한 집착을 경계하며 "거문고 줄이 너무 팽팽하면 끊어지기가 쉽고, 너무 느슨하면 올바른 소리가 나지 않는다."라고 비유하며 중도의 가르침을 설하셨다. 따라서 "진정한 행복은 중도 절제의 단순 소박한 삶에 있다."고 강조하셨다. 중도적인 삶이란 쾌락과 금욕이라는 양 극단을 떠나, 혼돈과 모순 속에서도 진정한 삶의 가치와 의미를 찾는 삶을 의미하며, 분수에 맞는 지분지족(知分知足)의 삶이며 사치와 인색이 없는 균형감각을 가진 삶이다.

● 인생의 5가지 영역의 조화

우리 인생에는 5가지 영역이 있다. 건강, 돈, 인간관계, 감정 그리고 삶의 의미다. 행복한 삶을 살기 위해서는 어느 것 하나 중요하지 않은 것이 없다. 이 중에서 돈만큼은 자기가 원하는 것을 할 수 있게 하는 원천이며 경제적 자유를 누리게 하는 필수 조건이다. 돈 문제를 가지고 있는 사람은 이 5가지 영역을 균형 있게 관리하지 못한 사람으로서 돈이 없기 때문에 자기가 좋아하지 않는 일을 해야만 하고, 결국 그 일은 고통과 스트레스로 다가오며 돈도 벌 수가 없게 된다. 그렇기 때문에 무엇보다도 자신이 좋아하며 잘할 수 있는 일을 찾는 것이 중요하다. 이러한 5가지 영역의 조화와 자기 성찰을 통하여 일을 하고, 하고 싶은 것이 무엇이며, 무엇이 되고 싶은지에 대한 질문을 끊임없이 하여 그 해답을 찾아가야 한다.

그렇기 위해서는 자신의 꿈과 목표를 세우고, 가장 중요한 것은 무엇이며, 해야 하는 이유와 방법에 대한 구체적인 전략을 가져야 한다. 이러한 꿈과 목표, 가치와 전략을 유기적으로 묶어 실행할 때 자신의 부는 물론 삶의 의미를 차곡차곡 쌓아 갈 수 있게 된다.[3]

---

3) 윤성식 『부처님의 부자수업』 불광출판사(2016) pp15-17

돈에 대한
전통적 경제관념

● 동양의 공동체 정신

불교의 무아(無我) '나는 없다.'라는 핵심 진리는 자기 중심성을 벗어나 공동체 정신을 가르치고 있다. 공동체 정신은 '나 살고 너 살자'의 자리이타(自利利他)정신이다. 우리 고유의 홍익인간과 두레, 향약(鄕約)[4]의 상부상조 정신은 우리나라가 공동체 정신의 원조임을 알 수 있게 하는 전통이다. 공자의 핵심 사상인 인(仁)은 사람 인(人)과 두 이(二)가 합해진 것이며, 사람은 어느 누구라도 혼자서는 살아갈 수 없고 서로 관계를 맺고 살아야 함을 의미한다.[5]

홍익인간은 국조 단군의 건국이념으로 인류공영의 이상을 실현해야

---

4) 조선시대에 마을의 상부상조하는 자체 규약으로 행정력이 미치지 않는 촌락에서도 치안과 규범이 잘 유지될 수가 있었다.

5) 손기원 『이젠 지혜 경영이다』 지혜미디어(2005)

하는 공동체 정신을 명시하고 있다. 불교의 세 가지 깨달음의 핵심적인 내용은 무상(無常), 연기(緣起), 중도(中道)이며, 모든 것은 끊임없이 변한다는 무상과 모든 것은 서로 의존하는 관계를 맺고 있다는 연기와 그런 진리에 입각하여 양 극단의 치우침이 없는 삶을 살아야 한다는 중도의 실천을 의미한다.

따라서 공생(共生)으로 이 세상에 있는 모든 사물은 조물주가 창조해 놓은 것도, 또한 자체의 힘만으로 있는 것도 아니며, 오로지 인(因)과 연(緣)이 서로 의존하고 관계하여 이룬다. 그렇기 때문에 인간은 나보다 남을 배려하고 조직과 사회에 공헌하며 자연을 지키고 순응하고 헌신하여 삼라만상과 공생(共生)하지 않으면 공멸할 수밖에 없다는 진리를 깨달아야 한다. 또한 나와 세상의 관계를 올바르게 설정하려면 세상을 향해 마음의 문을 활짝 열고 경청하고 수용하여 자신을 낮추는 겸양의 미덕을 몸소 실천하여야 한다.

또한 우리나라의 건국이념인 널리 세상을 이롭게 한다는 '홍익인간(弘益人間)' 아래 누구에게나 최대한의 사랑을 베풀어야 한다는 일종의 휴머니즘이자 상호존중, 우호협력과 공생하는 평화의 메시지를 실천하여야 하겠다.

● 동양의 돈에 대한 전통적 가치관

한국의 경우는 청백리(공직자), 청빈사상(선비정신), 돈보다 학문을 중시하고 학식을 최고의 명예로 삼고 있다. 마음속으로는 돈에 대한 열망이 강하지만 겉으로는 그렇지 않은 것처럼 보여야 하는 소위 '체면 문화' 때문이기도 하다. 왠지 모르게 부자는 무조건 악하고, 오로지 청렴결백하게 살아야만 선한 것처럼 여기는 문화가 있다. 그렇기 때문에 장사나 상공업은 하층민이나 상놈들이 하는 것으로 여겨 장사를 천대하였다.

중국의 경우는 "한 사람이 벼슬을 하면 3대가 먹고 산다"는 속담이 있듯이 권력으로 인한 축재를 어느 정도 긍정적으로 보고 있다. 청백리 사상과는 정반대되는 사농공상에서 무엇을 하든 돈이 최고라는 정서가 있었다. 돈 싫어하는 사람 있을까마는 중국인들의 '돈 사랑'과 배금사상은 천하무적이다. 중국인들의 이런 황금 제일주의는 개혁 개방 이후 더 거세졌다. 중국 경제가 초고속 성장을 하면서 경제 제일주의가 사회 전반을 강타한 탓도 있다.

중국 민간에서 아직도 널리 회자되는 속담에는 "사람은 재물을 위해 목숨을 걸고 새는 먹을 것을 쫓아 죽는다(人爲財死 鳥爲食亡)", 혹은 "재물이 있으면 귀신을 부려 맷돌을 돌리게 할 수도 있다(有錢能使鬼推磨)." 특히 중국인들은 8자가 돈을 번다는 의미를 가지고 있어서 좋아한다.

일본의 경우에는 돈, 권력, 명예 중 하나만 선택하여 그 분야에서 최고가 되는 것을 제일의 가치로 삼는다(상도, 무사도, 장인정신). 일본인들은 이러한 장인정신을 일컬어 잇쇼켄메이(いっしょうけんめい 一生懸命)라고 한다. 즉, 한 가지 일에 평생 동안 목숨을 걸고 대를 이어서까지 최고를 이루려고 매진한다는 것이다. 직업에는 귀천이 없으며 어떤 분야든 최고가 되는 '장인정신'이야말로 오늘날 일본이 명치유신 이래로 경제부흥을 떠받쳐주는 국민정신으로 우리도 본받아야 할 대목이다.

● 부처님의 돈에 대한 철학

흔히들 불교를 '무소유와 금욕의 종교'로 알고 있다. 그러나 부처님은 출가자와 재가자의 삶을 엄격히 구분하며 출가자에게는 무소유 정신을 바탕으로 금욕적 생활을 요구했지만, 일반 속세의 재가자에게는 행복하기 위해서는 돈을 잘 벌어 잘 쓰게 하여 '축재(蓄財)'를 설파했다. 부처님은 생로병사의 고통도 크지만 "죽음의 고통보다 가난으로 인한 고통이 더 크다"며 세상 사람들에게 '벌이 온갖 꽃을 채집하듯이 밤낮으로 재물을 얻으라.'고 설하셨다. 가난하게 살면 큰 고통이 따를 뿐 아니라 때로는 가난으로 죄악의 근원이 될 수도 있음을 경계하고 있다.

부처님은 이처럼 삶의 고통 중 가장 큰 고통이 가난으로 인한 것이라고 하면서 "재물은 젊어서부터 끊임없이 얻어야 빈궁으로부터 자유로운 안락한 삶을 영위할 수 있다."고 설하셨다. 그래서인가. 2600여 년 전인데도 부처님이 제시한 돈 버는 비결은 매우 현실적이고 구체적이다. 부처님은 『중아함경』에서 '소득의 4분의 1은 남에게 빌려주어 이자를 창출하라'고 하셨고, 1/4은 생계비로 사용하기를 권장했는가 하면 1/4은 농사에 투입하고, 1/4은 저축하라고 하셨다.

『잡아함경』에서는 '셋집을 놓아 이익을 구하라'고도 했다. 소위 요즘의 금융행위인 사채업, 임대업과 다를 바 없다는 점에서 그 현실감각이 당시로써는 매우 놀라울 따름이다. 돈을 열심히 벌어 즐거움을 추구하고, 다른 한편으로는 진정한 가치와 의미를 추구하는 '단순 소박한 삶'을 강조하셨다. "거문고 줄이 너무 팽팽하면 끊어지기 쉽고, 너무 느슨하면 소리가 잘 나지 않는 것"과 같이 중도적 균형을 유지하라고 가르치셨다.

그리고 부자가 되기 위해서는 '근면과 검소'를 강조하셨다. 부처님은 먼저 기술을 배우고 난 후 재물을 구하라고 하셨다. 근면과 검소, 기술의 습득을 재화생산의 주요한 덕목으로 꼽아 경제활동의 윤리적 지표를 제시하셨다. 부자가 되기 위해서는 어떤 직업에 종사하든 '근면과 검소'로써 직책을 충실히 이행할 것을 강조하셨다. 재산을 정당한 방법으로 모으고, 이를 도덕적으로 올바르게 나누어줄 줄 알아야 한다. 모으는 목적은 자신의 안락은 물론 타인에게 베풀기 위함이라고 분명히 가르치고 있다.[6] 분배원리에는 이타적인 자비사상이 잘 나타나 있다. 특히 가난한 자와 병든 자들에 대한 보살핌을 주요 내용으로 하는 빈궁전(貧窮田)은 복지개념으로 사회적 분배라는 기능을 하고 있다. 또한 불행의 씨앗인 남과 비교하지 않으며, 사안을 있는 그대로의 자신의 욕망을 객관적으로 바라보는 통찰력과 마음 알아차림(마음챙김 mindfulness)인 불교명상을 제시하셨다.[7]

또한, 잘 버는 것 못지않게 잘 쓸 줄 아는 것도 중요하다고 하시며, 부처님은 많은 재물을 얻으면 즐겁게 스스로 쓰고, 가족은 물론 이웃과 사회에 보시(布施)하라고 하셨다. 그것도 아무런 조건이 없는 순수한 무주상(無住相)보시를 강조하셨다. 보시를 함으로써 자신의 직업으로부터 얻은 부를 사회적으로 환원하는 기능을 통해 모두가 행복할 수 있는 길을 제시하였다. 즉 보시를 통해 사회적 불평등을 해소하려는 종교적 승화로 이끄는 것이 불교적 입장으로 나눔과 베풂을 통해 사회적 불평등을 종교적으로 해결하고자 함이다. 그리고 사회지도층은 자발적인 사회 기여와 책임의식인 노블레스 오블리주를 발휘하고, 정부는 올바른 정치를 통하여 빈부격차 해소 정책을 실현하여 양극화를 해소하고, 개인은 근검절약하고 소박한 중도의 삶으로 사회안전망인 중산층을 두텁게 하여 각계각층에서 부처님의 풍요롭고 안락한 불교적인 삶

6) 이광우(2002),「초기불교의 직업윤리에 관한 연구」p35

7) 윤성식「부처님의 부자수업」, 불광출판사(2016)

을 살아야 한다고 했다. 2600여 년 전부터 부처님은 오늘날의 이상국
가인 복지국가를 꿈꾸고 있었다고 할 수 있다.

현대의 완전한 복지국가 실현의 척도 가운데 하나인 경제적 부(富)의
재분배는 참다운 나눔을 바탕으로 하는 '근본적인 보살도(菩薩道)의 현
대적 실천'을 통해서 실현될 수 있을 것이다.[8]

● 공자의 경제관념

공자의 경제관념과 정치사상은 도덕과 윤리의식에 바탕을 두고 있다.
만민이 신분적으로 평등하고, 재화는 공동의 소유로 공평하게 분배되
며, 인륜이 구현되고, 노약자가 국가의 보살핌을 받는 사회보장과 사회
질서가 안정되며 전쟁이 없는 평화로운 사회건설을 도모함으로써 모두
가 하나가 되는 대동사회(大同社會)로 복지국가를 이상국가로 동경하였
다. 공자가 말하는 '대동사회'는 오늘날 우리가 추구하는 '보편적 복지
사회'에 가깝다. 나와 남이 융합되고, 사람과 자연이 조화되는 사회다.
공동체의 합일과 예의 실현이 사회구성원들의 본성에 기초해서 자발적
이고, 자연스럽게 이루어지는 상생(相生)의 사회다. 이러한 그의 정치이
념과 경제관념은 대부분 사회 윤리적 관념인 인(仁), 극기복례(克己復禮),
정명(正名), 만민의 평등과 균등분배, 인륜의 구현인 대동사회 등에 함
축되어 있다.

공자의 경제사상은 당시로써는 대부분이 전대미문의 창조적인 성격
을 가지고 있었으며, 그의 부민경제는 자유시장과 복지정책이 하나로

---

8) 이광우(2002), 「초기불교의 직업윤리에 관한 연구」 p56

결합된 균형과 조화의 경제철학의 본질이고 이 철학은 18세기 유럽의 자유시장경제와 복지국가론의 탄생에 밑거름이 되었다. 백성의 기본적인 욕구를 충족하기 위하여 농·공·상업을 차별하지 않고 국가존립의 3대 요소인 백성의 믿음과 강한 군대보다 최우선하여 '풍족한 의식주'에 두는 '양민정책'으로 백성이 부자되는 나라를 건설하고자 하였다. "백성이 적음을 근심하지 않고 불균형과 조화롭지 못함을 걱정하고, 가난을 걱정하지 말고 정치의 불안정을 걱정하라는 중화사상에 바탕을 둔 중용지국의 복지국가건설을 주장하였다.

이는 희로애락의 감정에 휘둘리지 않고 자기중심적인 단순감정인 중도의 심적 균형과 측은지심과 수오지심, 공경지심인 타자중심의 공감감정인 조화로써 중화를 의미한다. 그리고 재물이 소수에 모이면 백성은 흩어지지만, 재물이 만인에게 흩어지면 백성이 모이고 융성해진다는 복지국가를 건설함으로 부의 양극화를 억제하여 중용과 조화, 안정이 있는 비례적 균등분배를 정치 이념으로 삼았다.

공자는 가벼운 과세가 강국을 만든다는 공자주의적 신념에 따라 선비계층의 직접적인 생산 활동에 참여를 반대하였고, 소비 측면에서 계층 간의 차별을 인정하고, 상인들은 농부보다 세금이 적고 정부의 간섭을 거의 받지 않게 함으로써 상업이 크게 발전하였다. 또한 도로와 항만, 운하, 도량형, 신의성실 등의 물적, 사회적, 도덕적 조건을 유지하고 기술진흥을 통해 유통을 개선해야 한다고 주장하였으며, 이러한 공자주의는 비교적 간단한 원칙들이지만 당시로써는 높이 평가할만한 것들이다.

아울러 공자의 경제사상은 비록 간단한 몇 조목의 원칙에 불과하지만 이후 중국의 각 왕조가 유가 경제사상으로 자리매김하게 되었으며, 이는 또한 후일 유럽의 18세기 계몽사상과 경제 부흥과 문화예술 분야에서 공자사상과 동아시아의 선비문화가 유럽에 커다란 영향을 끼쳤다. 왜냐하면 유럽의 근대화를 추진한 18세기 계몽주의뿐 아니라, 고대 그리스의 철학과 수학, 과학을 소생시킨 14~16세기의 르네상스도 동아시아의 '공자 철학사상'과 '물질문명'을 받아들였기 때문에 가능한 일이었기 때문이다.[9] 또한 중국의 산업, 상업혁명은 영국의 산업혁명 600년 전인 송나라 때(960~1279) 정점에 달했고, 18세기에 서구로 파급되어 영국 산업혁명의 기폭제가 되었다.

그리고 과거의 기업이 오직 이윤추구를 지상과제로 하다가 최근 몇 년 사이 윤리적 측면을 중시하게 되었으며, 경우에 따라서는 기업의 사회적 책임이나 윤리가 이윤추구보다 우선된다고도 할 수 있다. 이는 시장주의 바탕 위에서 '사회공헌'이라는 부가가치를 생산해야 지속발전이 가능하다고 믿는 상생(相生)의 공동체 정신으로 '제3의 자본주의' 또는 '이타적 자본주의'라고도 말한다. 왜냐하면 세계 경제체제는 개인의 이익만을 추구하는 고전적 자본주의에서 독점, 빈부격차 등을 국가가 적극적으로 개입하는 소위 수정자본주의로 다시 최근에는 '이타적 자본주의로' 또는 '제3의 자본주의'가 태동하고 있는데 이는 기업의 지속적인 사회공헌을 우선하는 개념을 의미하기 때문이다. 이것이야말로 공자가 말하는 "자기가 서고자 하면 남도 세워주고 자기가 달성하고자 하면 남을 달성하게 한다."[10]는 인(仁)을 적극적으로 실천하는 '사랑'과 맥을 같이하는 것이다.

---

9) 황태연, 김종록 『잠든 유럽을 깨우다』 김영사(2015) p26

10) 논어 옹야(雍也) 제28장, 기욕립이립인(己欲立而人) 기욕달이달인(己欲達而達人) 능근취비(能近取譬) 가위인지방야이(可謂仁方也已)

● 예수님의 경제관념

기독교가 경제를 소홀히 했다고 여긴다면 이는 잘못된 생각이다. 성경은 일찍이 경제문제를 영적인 문제로서 중요하게 여기고 있었다. 성경에서 '사랑'에 이어 두 번째로 많이 나오는 구절이 바로 재물−소유와 나눔(700회 이상), 기도(200회 정도), 구제− 등이며, 예수님의 말씀 중에 비유 역시 2/3가 재물, 즉 돈과 관련된 이야기였기 때문이다.[11] 여호와 하나님은 가난한 자들의 하나님으로 묘사한다(욥 34:19). 가난과 부의 가르침에는 첫 번째가 '복 선언'이다. 두 번째로 가난한 사람들에게 하나님의 사랑과 이웃 사랑을 기반으로 하여 재물을 나누어 줄 것을 가르치고 있으며 나눔의 공동체를 강조하고 있다(마가 10:17−22, 마태 19:16−22).

이를테면 가난한 자에게 돈을 꾸이거든 너는 그에게 채주 같이 하지 말며, 변리를 받지 말 것이며~(출애굽기 22:25−27, 레위기 25:35−38), 제 칠년에는 토지 소산에 파종을 하지 말고 그대로 묵혀 두어서 가난한 자로 먹게 하라(출 23:10−11). 추수할 때 다 거두지 말고 열매를 다 따지 말며 떨어진 열매도 줍지 말아서 가난한 사람과 타국인을 위하여 버려두어라(레 19:9−10, 23:22). 그리고 십일조 외에 또 다른 십일조를 구별하여 객과 고아와 과부에게 주어서 네 성문 안에서 먹어 배부르게 하라(신 26:12).[12]

이와 같이 일찍이 자본 중심 사회에서 돈의 부익부 빈익빈의 병폐를 통찰하시고 그 해결책으로 '나눔과 구제'를 유도하며 명령하고 있다고 할 수 있다. 또한 재물의 진정한 소유주는 창조주이신 하나님이며 인간

---

11) 유태엽 『복음서 이해』 감리교신학대학 출판부(2009) p183
12) 최오주(2008), 「사도행전 2:42−45와 4:32−35에 나타난 나눔에 관한 연구」 p19

은 일시적인 기간 동안만 소유권을 행사하기 때문에 가난한 사람과 이웃을 위하는 소유주인 하나님의 뜻에 따라 나누고 구제하라고 하셨다.

기본적으로 예수님은 사유재산을 인정하지 않는다. 하나님은 만물의 창조자요, 주인이시기 때문에 모든 재산은 하나님의 소유이고 인간은 잠시 그것을 관리하는 청지기일 뿐이라고 규정하고 있기 때문이다. 또한 가난은 결코 죄가 아니며, 모든 것을 함께 나누고 구제하여 조화로운 공동체 사회를 염원하고 있다. 이기적인 삶보다는 이타적인 삶을 지양하고 있다(누가 16:9-3). 따라서 자선행위는 복음경제를 실천하는 선택이 아닌 신의 명령으로 간주하셨다. 부의 양극화를 용납지 않으며 돈의 부정적인 면을 우려하고, 충실하고 균형적인 경제관으로 부정한 재물에 위험하게 마음을 빼앗기지 않기를 갈구하고(누가 16:9) 돈의 노예가 되지 말라고 경계하고 있다.

요한계시록에서도 돈으로 말미암아 찌들어버린 탐욕사회의 비윤리적인 관행이나 물질주의와 과소비의 폐단을 경계하고 있다. 돈의 유혹이 너무 강하기 때문에 "낙타가 바늘귀로 나가는 것이 부자가 하나님의 나라에 들어가는 것보다 쉬우니라."(마가 10:25)고 말씀하셨다. 따라서 예수님은 사람을 돈으로 평가하지 말고 그 사람의 마음 상태에 따라 평가하라고 하셨다. 그리고 돈을 아무리 많이 벌어도 돈의 노예가 되지 않고 돈을 하인 부리듯이 부릴만한 자신 있는 신앙을 키우는 것이 우선되어야 하겠다.[13]라고 하셨다.

---

13) 현용수 『자녀들아, 돈은 이렇게 벌고 이렇게 써라』 동아일보사(2007) p201

예수님의 경제관은 곧 유대인의 경제관이며 달란트(돈)의 비유에서 적극적으로 장사를 하여 이윤을 남기는 것을 가장 으뜸으로 칭찬하고, 소극적이지만 은행 같은 곳에 맡기어 이자를 얻는 것이 차선이며, 돈을 땅에 묻어 장사하지도 않고 이자도 받지 못하는 청지기는 심하게 책망을 하셨다. 이와 같이 하느님께서 어느 청지기에게나 비록 많고 적음의 차이는 있겠지만, 맡긴 종잣돈으로 각자 재능에 따라 돈을 늘려가라고 가르치고 있다. 다만 "돈을 버는 목적은 가족과 종교적 공동체와 민족을 위하고 나아가 하나님의 영광을 위하여 그 번 돈을 정의롭게 사용함이 전제가 되어야 한다."고 하셨다.

가난은 수치이며 부는 열심히 일하고 경건한 삶을 사는 자에게 주어지는 보너스로 하나님의 축복이 되지만 그로 인하여 불행의 씨앗이 되기도 하고, 동시에 부정과 악행의 증거일 수도 있다는 이중적인 잣대를 가지고 있다. 그리고 구약에서는 부를 이스라엘 백성들을 불법과 우상숭배로 이르는 걸림돌로 경계하고 있었다.

이와 같이 부는 자신의 그릇된 욕망과 탐욕에 사로잡힌 사람들에게 축복이라기보다는 유혹이요 덫일 수도 있기 때문에 어떤 상황에서도 그리스도인에게 있어서 삶의 목표는 축재나 성공과 행복추구가 아니라 자족할 줄 아는 경건함과 거룩함, 진심으로 하나님과 이웃을 사랑하는 것이 되어야만 한다.

하나님의 백성은 기본적으로 이자를 받고 빌려주는 경제행위를 금지하고 있다. 그러나 신명기 23장에서 타국인에게 빌려주는 경우에는 예

외를 두고 있다.[14] 그리고 돈을 위해서 일하지 않으며 하나님의 뜻인 '희생과 관용'의 정신이 이루어지는 소명의식에서 일하라고 하셨다. 자기를 희생하여 베푸는 자에게 내리는 축복이며, 일상생활에서 하나님에게 의지하여 모든 필요를 채워가는 자가 누리는 자유와 복음을 누리는 공존공영의 대동 사회를 갈구하셨다. 그러나 오늘날 교회의 현실은 돈이 지배하는 황금만능의 사회현실을 그대로 반영하고 있어서 안타까울 뿐이다. 돈 있는 자가 높은 지위에 오르고, 더 높은 명예를 차지하여 가진 자가 가난한 자를 지배하는 물신(物神)적 권력구조가 지배하고 있다.

이상에서 본 바와 같이 부와 재물에 대한 예수님의 가르침의 핵심은 부는 성실한 삶의 축복이기도 하지만 한편 우리들의 영적 생활과 참된 행복에 커다란 위험이 될 수도 있음을 경계하고 있다. 따라서 '돈을 어떻게 사용하느냐?'는 그리스도의 복음을 실천하는 청지기들의 의무임을 자각하여 다음과 같이 물질주의와 과시적 소비로 점철된 오늘날 참된 그리스도인으로서의 삶을 살아야 하겠다.

이러한 그리스도적인 삶을 살기 위하여서는 첫째, 정당하게 상도의에 입각하고, 본인은 물론 이웃에 해가 되지 않는 범위 내에서 많이 벌고 또 쓰며, 둘째, 최대한 많이 저축하고, 셋째, 육신과 안목의 정욕과 쾌락, 이생의 허영심을 만족시키는데 소중한 달란트를 낭비하지 말고 착한 소비를 하고, 넷째, 본인은 물론 가정에 꼭 필요한 것만을 소비하고 남는 게 있으면 이웃과 나아가 사회에 봉사하고 헌납하자는 것이다. 자신에게 필요한 것이나 가난한 사람에게 헌납하는 것은 원래의 주인

14) 벤 위더링턴 3세 『예수님의 경제학 강의』 김미연 옮김, 넥스서cross(2016) p31

이신 하나님에게 되돌려드리는 진정한 청지기의 의무이기 때문이다.

분산투자, 포트폴리오 설계도 유대인의 탈무드에서 그 기원을 찾을 수 있다. '자신의 가진 돈은 세 개로 나눠야 한다. 3분의 1은 땅으로, 다른 3분의 1은 물건(금은보화)으로, 나머지 3분의 1은 현금으로 손에 쥐고 있어야 한다.'고 가르치고 있다.

자기 아들에게 직업을 안 가르치면 자식을 강도로 키우는 것과 같다. 여기서 직업은 시장에서 장사하는 기술을 말한다. 그만큼 유대인은 장사를 중요하게 생각했다. 이것은 바로 하나님의 노동관이며 직업관이다. 장사는 이윤을 남기기 위함이고, 인간은 일을 통하여 삶의 의미를 찾고, 노동의 진정한 의미는 남을 돕는데서 찾아야 하기 때문이다.

그리스도적인 삶을 살기 위한 전략

- 물질주의와 과시적 소비행태는 과감히 척결하라.
- 필수품과 사치품을 분별하는 능력을 키워라.
- 희생이 필요한 사역에 기꺼이 헌신하라.
- 지출을 계획적으로 하고 내역을 기록하여 평가하라.
- 낭비되는 요소를 줄이고 꼭 필요한 곳에 규모 있게 사용하라.
- 돈 쓰기 좋아하는 사람과는 어울리지 말라.
- 자본주의가 추구하는 이윤추구와 경제효율과 성장만이 옳다는 생각을 버려라.
- 빚을 탕감해주고 대가 없이 돈을 빌려주는 등 어려운 이웃을 도우라.
- 신용카드 사용을 억제하라.
- 남은 삶을 이웃을 살피고 자선과 봉사에 헌신하라.

● 한국인의 경제관념 바로잡기

한국인들은 역사적으로 동양의 유교적인 문화권의 영향으로 돈에 대한 부정적인 의식이 자리 잡고 있으므로 '돈은 근본적으로 더러운 것이며 멀리해야 하는 것'으로 인식되고 있지만, 현실의 물질만능 사회에서는 '수단과 방법을 가리지 않고 추구해야 하는 것'이라는 이중적 잣대를 가지게 되었다. 돈의 노예가 아닌 주인으로 살아가야 한다. 유통수단으로 사람을 위해 돈을 만들었는데 돈에 너무 집착하다 보니 사람이 돈의 노예로 전락해버리게 된다. 사물을 바르게 보지 못하고 거꾸로 보아 주객이 전도(顚倒)되고, 헛된 꿈을 꾸고 있으면서도 그것이 꿈인 줄 모르고 현실로 착각하는 몽상(夢想)이 된 형국이다.

따라서 이러한 가치관의 혼란에서 벗어나 돈에 대한 균형감각을 가지게 하는 방법은 어릴 때부터 가정교육이나 일상생활을 통하여 돈에 대한 올바른 인식과 습관을 체험으로 스스로 체득하게 하는 것이 바람직할 것이다. 그야말로 범국민운동 차원에서 '올바른 재무심리'를 갖도록 어릴 때부터 체계적이고 장기적으로 교육 훈련하는 길밖에는 없을 것이다.

유대인의
경제관념

● 상업적 재능 DNA역사

유대인은 국토를 빼앗기고 수많은 박해와 제약으로 오로지 장사만이 살 길이었기 때문에 생존의 절박함에서 교육을 통한 경쟁력 확보를 하여왔으며, 지중해를 중심으로 한 중세 봉건사회에 경리와 무역을 통하여 축재(蓄財)를 할 수 있었다. 세계각처에 흩어져 있으면서도 그들만의 운명공동체 정신으로 네트워크를 통한 결속과 단합을 과시하였다.

유대인 교육의 목적은 다른 사람보다 더 많이 소유하고, 더 높은 사회적 지위나 명예를 얻기 위해서가 아니다. 일상생활을 통하여 자연스럽게 체험함으로써 돈에 대한 올바른 인식과 관념을 가져 현명하게 돈을 관리하는 더불어 살아가는 '공동체 정신'과 건강한 '경제시민'으로 당당하게 살아가기 위하는 데에 있다. 그들은 돈을 버는 목적과 철학이 분명하다. 가족과 종교적 공동체인 이웃과 민족을 위하여 그리고 하나님의 영광을 위하여 돈을 올바르게 사용하기 위함이다. 그리고 그들은 생활 속에 숫자를 끌어들이고 숫자를 생활의 일부로 생각하는 숫자관념에 철저했다. 어릴 때부터 가정에서 이루어지는 올바른 경제 관념을 심어주는 자녀교육이야말로 오늘날 유대인이 세계 경제의 리더로 우뚝 서게 하는 비결이었다.

모든 계약은 신과의 약속이라고 생각하고 신용이 최고의 덕목이라고 간주하며, 오늘날 비즈니스 세계에서 뛰어나는 유대인 상술의 원동력은 바로 오랫동안 경험을 통하여 얻은 '무신불입(無信不立)'의 원칙이었다. 유대인들에게는 변하지 않는 것은 현금뿐이라는 생각이 있다. 유대인 상술에는 천재지변이나 인간들에 의한 재난으로부터 내일의 생명이나 생활을 보장해주는 것은 오로지 현금밖에 없다는 특징적인 관념이 깔려있다. 인간도, 사회도, 자연도 매일 변해간다는 것이 유대교 신의 섭리이며 유대인들의 신념이기 때문이다.

이와 같이 유대인은 기본적으로 돈에 대하여 신성시하며 긍정적인 마인드를 가지고 있다. 돈에 관한 한 더러운 돈, 깨끗한 돈을 가리지 않으며, 돈은 악도 저주도 아니며 인간을 축복해주는 고마운 것이라는 인식을 가지고 있기 때문이다. 부유함은 자신을 지켜주는 보호 장벽과 같으며 빈곤은 폐허와 같이 죄악시하고 있으므로 돈으로 사람을 평가한다는 생각을 가지고 있으며, 오늘날 세계의 부를 주도할 수 있는 원동력이 되고 있다.

PART
2
돈에 대한 심리

잘못된
머니 스크립트(인식)

● 돈이면 모든 것이 다 해결될 것이라는 막연한 기대 심리

자기가 목표하는 돈을 획득하고 나면 행복할 것이라고 생각하나 실제는 환상에 불과하다. 일정수준에 도달할 때까지는 어느 정도 유효하나 그 이상이 되면 돈의 양은 행복과 무관하다.

● 돈과 부자는 나쁘고 천박하다는 부정적인 사회 통념

안빈낙도와 청빈사상이 최고의 덕목으로 여겨지고 사농공상의 천민사상 등 잘못된 유교문화권에서 주로 나타나며, 부자들은 부정축재하고 탐욕스러워 돈은 모든 악의 근원이라는 생각을 가지고 있다.

반면에 유대인들은 직업에는 귀천이 없으며 돈은 하나님이 주신 성스러운 보물로 돈 자체는 좋고 나쁨이 없으며 다만 그것을 무엇을 위하여 어떻게 사용하는지에 따라 선악을 구분할 수 있다고 가르치고 있다.

● 돈을 가지거나 쓸 자격이 없다고 자기비하

상속재산이나 보험금 등 스스로 벌지 않은 사람이나 봉사직업에 종사하는 사람들에게 흔히 나타나며 자존감이 낮고 아무리 돈이 많아도 정신적으로는 빈곤하여 자신을 돈으로부터 멀어지게 한다.

● 돈에 대한 2중 잣대

교육적이나 도덕적으로 돈을 멀리하라고 아이들에게는 가르치지만, 현실생활 속에서는 부모들 스스로가 돈에 지나칠 정도로 집착하는 모순된 태도나 가치관을 말한다.

자녀들은 부모로부터 배우는데 말과 행동이 달라 가치관의 전도로 돈을 터부시하는 잘못된 신념을 키울 수 있다. 황금만능주의 사상으로 돈의 위력이 막강함을 절감하여 돈을 쫓고 숭배하는 경향이 있다.

● 돈은 중요하지 않다

봉사직종에 종사하거나 창조적인 예술가, 가난이 미덕이라고 믿는 종교적 믿음을 가진 사람에게 주로 나타난다. 돈의 폐해나 부자들의 탐욕에서 가난을 합리화하는 심리에서 비롯되며 돈을 밀어내는 속성이 있다.

● 돈에 관해 이야기하는 것은 점잖지 못하다

일반적으로 돈에 대한 이야기는 금기시하는 주제다.

서로 비교 대상으로 생각하며 상대의 자존심을 해치는 것으로 마치 돈으로만 사람을 평가하려고 하여 도덕적으로 천한 인상을 주기 때문에 불편하여 기피한다.

● 돈은 인생에 최고의 의미를 준다

어릴 때부터 가난하게 자라 돈으로부터 학대받은 경험으로 돈을 버는 것이 소원처럼 되어 대인관계나 존경 등 소위 출세하기 위한 마법의 도구로 생각하는 데에서 기인한다. 돈이 성공의 유일한 척도가 된다.

지나친 돈의 추구는 자칫 인간관계를 해치게 되고, 삶의 의미를 찾지 못하여 결국 인생에 있어 돈이 전부가 아니라는 사실을 뒤늦게 깨닫고 후회하게 된다.

세상에는 돈이 최고라 생각하며 다른 가치보다 우선시할 때가 많지만, 돈으로 계산할 수 없는 것들이 훨씬 많이 있다는 사실을 자각해야 한다. 특히 누군가에게 큰 은혜를 받았다면 말이다. 하지만 대개 그 은혜를 미처 깨닫지 못하고 잊어버리거나 넘어갈 때가 허다하다. 마치 당신이 부모님에게 생명을 받고 보살핌으로써 성장을 하였지만 고마움을 잘 깨닫지 못하고 있는 것처럼 말이다. 미처 깨닫지 못한 소중한 것들에 대해서 감사한 마음을 갖도록 해야 할 것이다.

● 돈은 언제나 충분하다

부유한 가정에서 돈에 구애받지 않고 언제나 필요한 것은 부모가 다 사주는 자녀들에게서 나타난다. 언제나 돈을 가질 수 있다고 막연히 생각하기 때문에 현실에서는 최선을 다하지 않으며 의존하려고 한다.

아무리 돈이 넘쳐나도 자신이 노력하지 않으면 얻을 수 없다는 독립심을 키워야 하겠다.

돈에 대한
잘못된 소비심리

● 과소비

수입보다 지출이 많거나, 소득에 비해 지나치게 소비가 많을 경우로 주로 무계획적이고 충동적인 소비심리에 기인한다. 재무심리 측면에서는 돈을 내버리는 속성으로 자신은 물론 가정에 심각한 재무위험을 초래할 수 있다.

'부자병'(아풀루엔자, affluenza)이 대표적이다. 어플루언트(affluent, 풍부한)와 인플루엔자(influenza, 유행성 독감)의 합성어로, 풍요로워질수록 더 많이 갖고자 하는 현대인들의 탐욕스런 욕망이 빚어낸 소비에 중독된 질병이다. 쇼핑중독, 무력감, 과도한 업무 스트레스, 우울증 등의 현상으로 나타난다. SNS나 언론 홍보 등에서 지나치게 소비를 부추기는 소비지상주의로 유행에 낙오자가 되지 않기 위하여 지나치게 빚을 내어 소비하는 현상이다.

● 갑자기 생긴 돈을 눈 깜짝할새 써버리는 것

공돈, 보너스, 복권당첨, 도박, 게임, 어차피 없던 돈 등의 이름을 붙임으로써 심리적으로 쉽게 써버리는 소비행태를 말한다. 쉽게 들어온 돈은 쉽게 나가는 속성이 있기 때문이다. 복권당첨, 도박, 카지노 게임 등 일확천금은 노동이나 피와 땀의 대가가 아니기 때문에 쉽게 탕진해버리려는 심리가 있게 마련이다. 또한 쉽게 세상에 노출되기 때문에 사기꾼의 표적이 되거나, 친인척 지인들의 도움 요청으로 지출 과다나 거절시 지탄의 대상이 되어 인간관계가 쉽게 파괴될 우려가 있기 때문이다.

● 잘못된 투자 결정과 과도한 위험감수

일확천금의 환상에 젖어 체계적이거나 종합적인 사전 정보도 없이 이성을 잃고 부동산이나 주식, 펀드, 선물 등에 무모하게 묻지마 투자를 하거나, 개인투자자들의 뇌동매매와 추격, 단타매매 등 잘못된 매매 습관, 분산투자로 위험을 분산치 않고 한곳에 집중투자하는 행태 등이다.

● 병적 도박

빨리 돈을 벌겠다는 한탕주의나 스트레스 해소를 위한 심리로 자금을 마련하기 위하여 수단과 방법을 가리지 않기 때문에 본인과 가정을 파괴하는 가장 위험한 행태다.

● 강박적 구매

쇼핑 중독(Shopping addiction)이라고도 하며, 소득이나 재정형편을 고려치 않고 절제나 통제가 되지 않으며, 자신도 모르게 불필요한 물건을 구매하게 되는 일종의 심리적 병리현상이다. 구매 후는 죄책감으로 후회하지만, 또 다른 유혹에 쉽게 빠지게 되어 가정경제를 파탄에 빠뜨리는 강력한 요인으로 경계해야 한다.

● 가난의 맹세(청빈 서약)

돈이 많은 것을 오히려 불편하고 죄스럽게 생각하고 돈이 있으면 써버리거나 남들에게 나누어주고, 봉사나 나눔을 좋아하는데 가치를 둔다. 일도 보수를 바라기보다 사명감에 하고 돈도 아주 정의롭게 벌어야 한다는 신념을 가지고 있는 타입으로 돈과는 거리를 두고 돈을 배척하여 밀어내므로 본인은 언제나 가난하게 살고 또 그렇게 살아야 한다고 생각한다.

● 재정문제 회피

돈에 대한 문제를 의도적으로 다른 곳으로 돌리는 행위나 심리상태를 말하며, 돈에 대한 혐오 자극을 감소시키거나 제거하는 반응을 보이거나, 혐오 자극이 존재하지 않지만, 미리 특정 행동을 함으로써 혐오 자극이나 어떤 상황이 발생하지 않게 하기 위함이다.

● 디드로효과(Diderot effect)

하나의 물건을 구입한 후 그 물건과 어울리는 다른 제품들을 계속 구매하는 현상이다. 사람들은 구매한 물품들 사이의 기능적인 동질성보다는 정서적, 문화적인 측면에서의 동질성 혹은 통일성을 추구한다. 어떤 제품의 업그레이드는 그것을 둘러싼 다른 제품의 연속적 업그레이드를 부르는 상향효과를 유발한다. 시각적으로 관찰이 가능한 제품일수록 이 효과가 더 커진다. 심리학을 이용한 일종의 마케팅 수단이다.

● 심리적 회계(mental accounting)

행동경제학에서 나오는 용어로 같은 돈인데도 본인이 심리적으로 느끼는 가치가 다르게 구분하는 회계방식이다.

예를 들어 신용카드나 상품권은 같은 돈인데도 불구하고 현금을 쓸 때보다 2배 이상 쉽게 지출하게 된다. 자투리 돈이나 리베이트로 받은 돈, 환급받은 돈, 도박이나 게임 복권 등으로 횡재한 돈과 같이 노력 없이 갑자기 생긴 돈은 물처럼 쉽게 써 버리는 경향이 있다.

● 후불제 함정

"마음에 들지 않으면 가지고 오세요, 언제든지 환급해드릴게요."와 같은 구입 후 환불제의 유혹을 말한다. 우선 대금 지불 없이 쉽게 상품을 접수하게 하고 일단 접수한 후 환불하기가 귀찮고 또 환불하기에는 어쩐지 심리적 죄책감 등으로 부득이 대금결제를 선호하는 심리를 이용하는 소비유도 마케팅 전략의 일종이다.

● 백화점 상품권의 유혹

상품권은 환금성이 좋아 마치 현금과 같이 시장에서 쉽게 유통이 되고 자금 세탁방지법 대상에서 제외되기 때문에 거래내역도 추적이 잘 안 되어 비자금이나 뇌물로 선호하는 맹점이 있다. 그리고 법인 카드만 있으면 구입도 용이하다. 그리고 상품권을 소지하고 있으면 어쩐지 상품을 구매해야 하는 의무감으로 쉽게 써버리는 경향이 있어 주로 백화점에서 상품구매촉진을 위한 보너스로 활용하며 일종의 심리적 회계를 이용하는 마케팅 수법이다.

● 마이너스 통장

신용카드처럼 즉각적인 상환압박이 없고 이자도 마이너스 통장에서 빠져나감으로 심리적으로 부담이 적어 사용이 용이하다.

● 종합선물 세트의 함정

다양한 종류가 갖춰진 세트물건은 구입할 때는 매력적이지만 실제 소비할 때는 오히려 만족도가 떨어진다. 모양새는 좋을지 모르나 실속은 생각보다 떨어진다. 그러나 사람들은 이러한 다양성을 선호한다. (다양화 편향-diversification vias)

● 마감 시간 효과

물건이 얼마 남지 않았다는 말에 조급함과 희소성에 곧장 속는 심리를 말한다. 과제, 시험, 프로젝트를 비롯한 어떠한 '일'을 함에 있어서, 기한의 제한이 주어진 무언가를 하게 되었을 때, 마감시간 직전에 이를수록 일의 능률이 기하급수적으로 상승하는 심리효과를 이용한 마케팅 기법이다.

● 밴드왜건 효과(Band wagon effect)

대중적으로 유행하는 정보를 따라 상품을 구매하는 현상을 말한다. 유행에 동조함으로써 타인들과의 관계에서 소외되지 않으려는 심리에서 비롯된다.

● 스놉 효과(Snob effect)

어떤 상품에 대한 사람들의 소비가 증가하면 오히려 그 상품의 수요가 줄어드는 효과를 말한다. 부유한 사람들은 타인과의 차별성을 추구하는 경향이 있다. 따라서 자신들이 즐겨 사용하던 상품이라도 많은 이들에게 대중화되면 일반 사람들은 잘 모르는 상품으로 소비 대상을 바꾸고 싶어 한다. 즉, 스놉 효과는 남을 따라 하는 소비행태를 뜻하는 밴드왜건 효과(Bandwagon effect)와는 반대되는 개념이다.

● 베블렌 효과(Veblen effect)

가격이 오르는데도 불구하고 수요가 증가하는 효과를 말한다. 가격이 오르고 있음에도 불구하고 특정 계층의 허영심 또는 과시욕으로 인해 수요가 줄어들지 않고 오히려 증가하는 현상이다. 일반적인 시장가격 원리와는 반대 심리개념이다.

정신적으로 가난한
돈부자

● 인색한 소비

검소하게 사는 것은 자신이 가진 자원을 최대한 활용하지만 인색한 소비는 검소하게 사는 것과는 다르다. 돈이 있음에도 불구하고 절약과 검소를 넘어서 써야 할 곳까지 쓰지 않음으로써 아예 자신에게 가혹하리만큼 소비 자체를 하지 않는다. 자기희생에 대한 강박관념이나 행운을 누리는 것에 대한 죄책감이나 두려운 감정에 기반을 둔다. 그렇기 때문에 돈쓰는 게 싫고 무섭기까지 느끼고, 돈을 가진 것에 대해 죄책감을 느낀다. 심하면 아파도 돈 쓰기가 아까워 병원에도 잘 가지 않는다. 또한 남에게 베풀기는커녕 자신의 이익만 생각하고 추구하는 극단적 이기주의자가 될 수 있다.

● 강박적으로 모은다(저장증)

물건에 대한 집착으로 버리지 못하는 사람을 호더(hoarder)라고 하며 귀중품과 일반쓰레기를 구분하지 못하고 공간만 있으면 보관하여 잡동사니들로 발 디딜 틈도 없게 된다. 물건 버리기가 불안하고 죄책감까지 든다. 이들은 종종 구두쇠라는 소리를 듣게 된다. 내가 쓰기는 싫고, 남 주기는 아까운 물건. 평소에 거의 사용하지 않고 처박아 두었던 물건도 남이 달라고 하면 이상하게도 좋아 보이고, 아깝다. 일단 내 소유가 되면 물건의 가치는 상승한다. _(소유 효과)

● 일 중독증

생활의 수입원으로서의 일에 사생활을 방해받을 정도로 일에 우선하여 몰입된 상태로 영어로는 워커홀릭(Workaholic)이라 한다. 돈을 더 많이 벌거나 남으로부터 인정을 받으려는 욕구가 강할수록 일에 더 몰두하게 된다. 재무심리 측면에서는 돈을 부르는 속성을 가지고 있다.

다만 일 중독은 일과 휴식의 구분이 없기 때문에 피로감에 빠지기 쉬워 일의 능률은 떨어질 수가 있다. 가족이나 주위로부터 외면당하여 고립될 수가 있다. 또한 일을 하지 않으면 죄책감을 느껴 일의 노예로 전락하게 된다. 요즘은 연봉에 상관없이 높은 업무 강도에 시달리기나 퇴근 후에도 SNS의 발달로 인하여 업무의 연장상태로 개인의 삶이 실종되어가고 있는 사례가 많다.

최근 들어 일과 삶의 균형(Work-Life Balance)을 찾자는 '워라밸' 운동이 벌어지고 있으며 일과 가정의 양립에서 노동관의 변화까지 발전하는 오늘날의 라이프스타일을 대변하고 있다.

돈의
심리학

　돈은 살아있는 생명체이며, 인격체로서 돈에도 귀가 있고 마음이 있어 자신을 좋아하고 사랑하며 가까이하려는 사람에게 끌리게 된다. 만유인력의 법칙이 돈에도 적용되기 때문이다. 마치 강아지도 주인이 자신을 좋아하는지 아닌지를 본능적으로 알아차리는 것과도 같다. 또한, 돈을 버는 것도 여자를 대하는 것과도 같다. 진정으로 구애하고 아껴줘야 사랑을 받아주기 때문이다. 힘으로 강간하듯이 일방적으로 탐하면 마지못해 반응하다가 틈만 생기면 도망가 버리고 만다. 돈도 성숙한 사랑을 원한다. 저분에게 가면 따뜻한 사랑을 받겠구나 하는 믿음이 들 때 돈의 길은 수줍게 길을 열어주기 때문이다. 돈에도 다니는 길목이 있다. 돈의 길목에 제대로 들어서고 싶다면 자기를 성숙시키려는 노력이 먼저 필요하다. 힘들어도 정직하고 성실하게 벌고, 의미 있고 가치 있는 곳에 쓸 때 진정으로 아름다운 행복의 길은 열리게 되는 것이다.

　그 길목에 서 있는 사람들은 그냥 흘러가는 돈을 잡으면 되는데, 그 길목에 없는 사람들은 아무리 용을 써도 돈을 붙잡을 수가 없다. 돈의 길목에 있는 사람들은 돈이란 그냥 삶을 부드럽고 매끄럽게 해 주는 윤활유라고 생각한다. 그러나 돈의 길목에 없는 사람들은 하루하루 생존마저 위태롭다. 자본주의 사회에서 돈이 없다는 것은 곧 죽은 목숨을 의미하기 때문에 누구나 돈의 길목에 서기 위해 안간힘을 쓴다. 그런데 그 길목은 참 이상하다. 억지로 찾을 수도 없고, 찾았다고 해도 조금만 소홀하면 어느새 사라지고 만다. 하늘은 스스로 돕는 자를 돕듯이 오로지 그저 주어진 일에 묵묵히 최선을 다하여 가치를 좇다 보면 자신도 모르게 그 길목에 서 있음을 알게 될 뿐이다. 바둑 격언에 부득탐승(不得貪勝)이라는 말이 있다. '승리를 탐하면 이길 수가 없다.'라는 말이다. 돈도 벌기 위한 목적으로 추구만 하면 반대로 돈을 벌 수가 없다. 돈을 좇지 않고 가치를 좇으면 돈은 저절로 따라오게 된다. 목적으로만 대하지 말고 자기가 하는 일에 정성을 다하다 보면 원하지 않더라도 저절로 보상으로 다가오는 것이기 때문이다.

빈자의 마음 버릇 체크리스트

나는 매월 내 돈이 어디에 쓰이고 어디로 흘러가는지 알지 못한다. ☐

충동구매로 산 물건이 많은데 어떤 건지 정확히 모르고 같은 실수를 반복한다. ☐

옷장에 무슨 옷이 있는지 알지 못한다. ☐

인터넷과 홈쇼핑으로 산 물건이 많아 일주일에 한 번은 택배가 도착한다. ☐

먼저 소비하고 남는 돈으로 저축한다. ☐

주로 신용카드로 결제하고 체크카드는 사용하지 않는다. ☐

주말에는 으레 마트에 가서 시장을 보고 필요 없는 물건도 1+1 행사 제품이면 잘 산다. ☐

노후, 자녀교육, 결혼, 등에 대한 구체적인 자금 조달 계획이 없다. ☐

언제 쓸지 몰라 물건을 함부로 버리지 못한다. ☐

신용카드 할부금 대금지출이 없는 달이 없다. ☐

귀찮아서 주말에 한 끼 정도는 외식으로 해결한다. ☐

매월 전기요금과 가스요금이 얼마인지 잘 모른다. ☐

냉장고 냉동실에 무엇이 있는지 잘 모른다. ☐

차림새나 겉모습으로 그 사람을 판단한다. ☐

적금을 타서 써본 적이 없다. ☐

* 귀하는 몇 개나 해당이 됩니까? 10개 이상 해당되면 문제가 되니 시정하셔야 합니다.

● 부자와 빈자의 돈에 대한 생각의 차이

부자는 돈에 대한 가치 기준이 매우 높다. 빈자는 돈이 인생의 전부는 아니다. 돈에 대해 이야기하는 것은 천박하다고 생각한다. 부자는 가치를 제공하는 사업, 사람의 문제를 해결해주는 사업, 욕구를 충족시켜주는 일, 인생에 도움이 될 수 있는 일에 집중한다. 따라서 부자는 돈을 좇지 않고 가치를 좇는다. 반면 가난한 사람은 돈만을 좇는다. 가치를 좇을 시간이 없기 때문이다.

부자는 돈은 반드시 있어야 하며 많아야 한다. 빈자는 돈보다 중요한 것이 더 많다. 돈에 별 관심이 없으니 관리도 안 한다. 부자는 돈에 대한 감각이 뛰어나고 돈의 흐름을 정확히 알고 있다. 빈자는 돈을 좋아하는 것은 인간성 상실이라고 생각한다. 돈만 밝히는 사람은 너무 싫다. 부자는 돈을 간절히 원하며 돈에 대해 끊임없이 관심을 보이며 관리한다. 빈자는 돈은 진정한 행복과 거리가 멀다. 정신적 행복이 삶을 더 풍요롭게 한다고 생각한다.

부자는 돈의 힘을 잘 안다. 돈을 좋아한다고 말하며 돈과 인연이 많다고 생각한다. 빈자는 돈은 인생을 망친다고 생각하며, 사람을 미치게 한다고 생각한다. 부자는 돈에 대해 너무 감정적으로 바라보지 않는다. 돈을 무서워하거나 비판하지도 않는다. 빈자는 돈은 있으면 좋고 없으면 어쩔 수 없다. 있을 때도 있고 없을 때도 있다고 생각한다. 부자는 돈에 대한 본질을 이해한다. 편견이 없으며 시야가 넓다. 빈자는 돈도 없는데 관리가 무슨 소용이며 재무상태는 왜 점검하느냐고 생각한다.[15]

---

15) 돈에 대한 생각의 차이, 마이다스
  https://blog.naver.com/iris-1223/220656653502(2018.11)

부자는 돈 되는 일에 시간과 정력을 바친다. 빈자는 돈 되는 것과는 상관없는 일에도 열심히 일만 하면 된다고 생각한다.

부자는 세상에 공짜는 없다고 생각한다. 반면에 빈자는 공짜라면 양 잿물도 마시려 한다. 물불 안 가리고 일단 공짜라면 받으려고만 한다. 싼 게 비지떡이라고 미끼상품 마케팅에 걸려들어 공짜는 그만한 대가를 치르게 되며 대표적인 가난의 심리다. 공짜는 없으며, 쉽게 빨리 큰 돈 벌 수 있는 길은 없다는 것은 만고의 진리다.

사람의
존재가치

● 사람의 존재급(存在級)

돈에 구애받지 않는 사람이 되려면 자신의 가치를 스스로 인정해서 '존재급(存在級)'을 올리면 된다. 존재급은 물질보다도 정신적인 측면에서 '꿈과 목표'는 물론 '자신감'과 '자부심'을 가지고 삶의 의미와 가치관을 가질 때 올라간다. 왜냐하면 꿈과 목표는 자신이 어디로 가야 할지 몰라 방황할 때 나침판과 같으며, 지치고 힘들 때 받쳐주는 버팀목이고, 외부로부터 자신을 든든히 지켜주는 보호 장벽과도 같다. 또한 어둠을 밝혀주는 등불이며, 멀리 미래를 바라볼 수 있는 천리안이며 망원경과도 같은 것이기 때문이다.

또한 동기를 부여하고 가슴에 불꽃을 피우게 하는 에너지인 열정이며 그 열정이 식을 때 자신을 응원하는 치어리더와도 같다. 그리고 게으르고 권태가 밀려올 때 자신에 대한 채찍과도 같다. 자신감은 스스로 당당하고 긍정적인 생각을 가지게 되는 원동력이다. 다른 사람의 가치를 인정하고 있는 그대로를 수용할 수 있는 여유가 있고, 자신의 실수는 물론 남의 실수나 약점에도 관대할 수 있으며, 타인을 용납하고 사랑하고 관용을 베풀며, 자부심이 강하여 남의 비난에 초연하고 남과 비교하지 않게 해 준다. 또한 자부심은 자기가 관련된 것에 대하여 그 가치나 능력을 믿고 당당히 여기는 마음이다. 나 자신이 내 가족이나 학교, 회사, 나라를 대표한다고 생각하기 때문이다.

● 사람은 존재 자체만으로도 무한한 가치가 있다.

사람은 아무것도 할 수 없고, 가진 것이 하나도 없는 상태에서 자신이 스스로 인정하는 자신의 가치가 '존재가치'이다. 노력 없이 단순히 존재하는 것만으로도 받을 수 있는 자신의 가치를 구체적으로 나타내는 지표가 '존재급'이라고 하며 반면에 열심히 노력해서 어떤 성과를 내어 받을 수 있는 돈을 '성과급'이라고 한다.

존재급은 스스로 인정하여 부여하는 자신의 가치이며 자기 스스로를 긍정하는 일종의 '자긍심'이다. 기왕에 매기는 것일 바에야 높게 책정하는 것이 스스로의 몸값을 올릴 수 있는 첩경이다. 노력하지도 않고 그냥 스스로의 값을 매기기만 하면 되는 것이기 때문이다. 존재급이 높은 사람은 성과급에 연연할 필요가 없이 많은 돈이 자신에게 들어오게 되어있다. 그렇다고 생각만 하여도 돈에 대한 자신의 마음자세가 달라지며 마음의 여유가 생겨 돈의 흐름이 바뀌게 된다.[16]

왜냐하면 사람은 하나님이 창조할 때는 무한한 가능을 가진 이 세상에서는 하나밖에 없는 유일무이(唯一無二)한 독립된 하나의 유일한 존재

---

16) 고코로야 진노스케 『평생 돈에 구애받지 않는 법』, 유노북스(2016)

이기 때문이다. 석가가 태어나자마자 외쳤다는 탄생계로 "천상천하유아독존(天上天下唯我獨尊)" 하늘 위와 하늘 아래에서 오직 내가 홀로 존귀하며, 우주 가운데에서 자기보다 더 존귀한 것이 없다는 뜻으로 존재 자체만으로도 얼마나 존엄하고 가치 있는 것인지를 잘 반영하고 있다. 여기서 말하는 '유아독존'의 '나'는 석가 개인을 가리키는 것이 아니라 '천상천하'에 있는 모든 개개의 존재를 가리키는 것으로서 모든 생명의 존엄성과 인간의 존귀한 실존성을 상징한다.

미국의 유대계 철학자 에리히 프롬(Erich Fromn)이 평생의 사상을 집대성해 내놓은 저서 『소유냐 존재냐』에서 인간이 진정한 자유와 행복으로 가는 길에 관한 질문을 던지고 있다. 그는 인간의 실존양식이 소유의 방식을 넘어 존재의 방식으로 나아갈 때 진정한 자유와 행복의 길에 이르게 된다고 말한다. 안식과 치유를 얻는 길은 소유를 넘어 존재의 의미를 기쁘게 받아들일 때만이 가능하다고 주장한다. 소유의 욕망은 끝이 없어 채워도 채워도 목마르게 할 뿐이다. 소유라는 양식은 우리가 우리 자신을 정의하기 위해 주변의 많은 것들을 얻어내는 습관이지만, 존재하는 것은 우리가 살아가기 위해서, 단지 우리 자신이 되는 것을 중요하게 여기는 신념이기 때문이다.[17]

소유적 양식을 갖고 살아가는 사람들은 무엇인가를 자기의 것으로 소유하기 위하여 끊임없이 투쟁하고 보호하고 경계하게 되지만, 존재는 타인에 대한 교류와 협력, 사랑에 기반을 두고 모든 것들과 참다운 관계를 맺으려는 삶의 양식이기 때문에, 현재 있는 그대로의 존재를 수용하고 우리가 노력으로 이뤄내는 다채로운 감정들은 모두 존재적

---

17) 박찬국 『에리히 프롬의 소유냐 존재냐 읽기』 세창출판사(2014) pp49~51

양식에 어울린다고 할 수 있다.

그래서 그는 "소유-이윤-사유재산의 원칙을 토대로 하는 사회는 소유 지향적인 사회적 성격을 낳으며, 그렇게 일단 지배적인 행동 유형이 수립되면 그 안에서는 그 누구도 생존경쟁에서 살아남기 위하여 국외자가 되거나 추방자가 되려고 하지 않는다."라고 자본주의사회의 모순을 고발했다. 소유물은 재산과 권력, 명예, 사랑, 지식과 정보, 비지니스 등 모든 것들을 망라하며 소유적 실존 양식이 지배적이 되면 서로 빼앗고 빼앗기지 않으려는 갈등과 무한경쟁에 지배되어 서로 적대적일 수밖에 없게 된다.

"자기 것으로 만들고 세계를 지배하며, 그래서 결국 자기 소유물의 노예가 되는 주객이 전도되는 형국에 이르게 된다. 그래서 축재(蓄財)와 타인을 탐욕으로 착취하여 소유 욕구에서부터 오는 기쁨이 아니라, 자기 존재에 대한 믿음과 관계에의 욕구, 관심, 사랑, 주변 세계와의 연대감을 바탕으로 한 안정감, 자아 체험, 자신감. 베풀고 나누어 가지는 데에서 우러나는 기쁨을 추구하여야 한다."[18]

20세기에 인류는 물질적 풍요에 기초하여 '최대다수의 최대행복'과 무제한적인 자유를 희망하였으나 경제적 성장은 빈부격차만 심화시켰고, 무제한적인 자유에 대한 희망도 인간은 거대한 기계의 한낱 부속품으로 전락하고 말았다. 왜냐하면 사람들은 막연히 물질적으로 풍요롭고 건강하면 행복하다고 생각하지만, 존재 양식이 마련되지 않으면 불안과 결핍을 느낄 수밖에 없기 때문에 물질적 가치와 사회적 가치를 훌쩍 넘어서 유희의 지평을 넓혀야 한다. 그는 "자연과학의 지배로부터

---

18) 홍승기 『철학자의 조언』 생각정원(2016)

새로운 사회과학의 지배로 전환"이 필요하다고 한다.

이는 기술적 유토피아에서 한마음이 된 새로운 인류가 경제적 강박, 전쟁, 계급투쟁에서 벗어나서 사랑과 공동체 의식과 생명존중, 이타심 등으로 충만한 평화 속에서 살아가는 인간적 유토피아를 추구하는 길이며, 이게 진정한 행복의 지름길이라고 강조하고 있다. 자기중심적인 사고와 타인과 비교하는 심리가 바로 소유양식으로 고통의 원인이 되기 때문에 결국 소유에서 존재로 자기중심에서 타인중심의 배려심으로 타인과의 비교에서 관계 속으로 나아가고 부의 소유에서 사용과 순환, 나눔으로 전환할 때만이 진정한 자유와 행복에 이르게 될 것이다. 우리는 돈과 권력을 섬기지 말고, '사람값'하는 사람을 섬기는 사회를 꿈꾸어야 하겠다.

● 당신의 존재급(몸값)은 얼마인가요?

사람은 아무것도 할 수 없고, 가진 것이 하나도 없는 상태에서 자신이 스스로 인정하는 자신의 가치가 '존재가치'라고 하였다. 존재급은 스스로 인정하여 부여하는 자신의 가치이며 자기 스스로를 긍정하는 일종의 '자긍심'이다. 생각만 하여도 돈에 대한 자신의 마음자세가 달라지며 마음의 여유가 생겨 돈의 흐름이 바뀌게 되기 때문이다.

자신의 존재급을 높이기 위해서는 우선 자기 성찰을 통하여 자기 정체성을 정확히 아는 데서 출발한다. 자신이 처한 현재의 상황을 정확히 객관적으로 바라보고 평가할 수 있어야 한다. 우선 자기가 누구이며, 현재 위치가 어디고, 또 좋아하고 잘할 수 있는 일은 무엇이며, 인성과 성품, 장단점, 능력, 흥미, 욕구, 그리고 공감능력과 삶의 방식 등

수없이 많을 것이다. 왜냐하면, 자신의 몸값은 다른 사람이 만들어 주는 것이 아니라 본인 스스로가 만들어나가는 것이기 때문이다.

그리고 무엇보다도 평생을 거쳐 반드시 이루고야 말겠다는 자기만의 높고도 큰 꿈과 목표를 가져야 한다. 꿈과 목표는 선택과 집중의 원칙에 의하여 마치 햇볕을 한곳에 모아 불을 지피는 돋보기와 같이 흩어진 에너지를 한곳에 집중하여 효율적으로 목적한 바를 이룰 수 있게 해준다. 꿈과 목표는 나를 응원하고 지켜준다. 결단과 끈기와 맞서는 자신과의 싸움에서 이길 수 있는 강인한 집념과 절박한 헝그리정신이 무엇보다도 필요하다.

꿈과 목표는 구체적이고, 객관적이며, 실현 가능성이 있어야 하고 언제까지 이루려는 전략과 단계적인 목표시점이 있어야 이룰 가능성이 높다. 또한 눈앞의 이익에 급급하여 자신의 소중한 꿈을 한시라도 놓아서는 안 된다. 보여줄 수 있어야 가격도 형성될 수 있기 때문에 실적을 쌓아가야 한다. 그리고 흔하고 구하기 쉬우면 가격이 싸듯이 자기만의 고유한 전문성을 키워야 제값은 받을 수가 있다. 또한 자신이 속한 조직이나 회사에 어떤 부가가치를 줄 것인지 주인의식과 창의적인 경영자(CEO) 마인드를 가져야 한다. 찾지 않는 상품을 만들면 시장이 외면하듯이 최근 트랜드의 변화에 신속하게 대처할 줄도 알아야 한다.

또한 자신이 속한 분야에서 최고의 전문가로 남들의 인정을 받을 수 있어야 한다. 그리고 지금은 개인브랜드의 시대이기 때문에 알리지 말고 알게 하고, 팔지 말고 사게 만드는 자신만의 브랜드를 개발하여야 한다. 그리고 혼자서는 살 수가 없으며, 성공자의 85%는 인간관계가 좌우하며 기회는 사람이 주기 때문에 사람과 호흡하는 인맥을 구축하여야 한다. 그리고 마지막으로 건강관리다. 건강은 건강할 때 미리 준비하는 자의 특권이기도 하다. 건강을 잃으면 모든 것을 잃기 때문에 누구에게도 결코 소홀히 할 수 없는 필수불가결한 덕목이다.

● 직장인의 몸값 높이기

지금은 변화와 도전을 추구하는 직장인이 인정받는 시대다. 이러한 변화의 시대에 긍정적이고, 진취적이며 주도적으로 직장생활을 꾸려가기 위해서는 무엇보다 필요한 것은 자신감과 긍정마인드다. 그리고 주어진 업무 분야에 일인자가 되겠다는 각오는 물론 폭넓은 인문학적 소양을 넓히기 위하여 독서와 취미활동 등 업무시간 외에 자기계발에 지속적으로 투자를 해야 한다. 업무분야는 물론 전문자격증 획득에도 과감하게 도전을 하여야 하며, 지금(Now), 현재 있는 직장(Here)과 지금 하는 업무에서 승부를 걸어야 한다. 여기서 인정받지 못하면 어디에서도 인정받을 수가 없으며, 남의 떡이 커 보인다는 생각은 아예 버려야 한다. 직업에는 귀천이 없다는 옛말은 그냥 하는 얘기가 아니다. 그만큼 직업은 하나님이 부여하는 신성한 천직(天職)으로 단순한 생계수단만이 아니라 사회구성원으로서 자기의 본분을 다함으로써 조직과 사회와 나아가 국가와 인류에 기여하고 봉사하며, 마침내 자아실현을 통하여 궁극적으로 삶의 보람과 행복을 추구하는데 그 의의가 있다. 그러기 위해서는 적어도 자기가 하는 일을 사랑하고 자부심과 최고가 되겠다는 장인정신으로 소명의식을 가져야 한다. 행복의 파랑새는 멀리 있는 것이 아니라 지금, 이곳에 자기가 하는 일을 통하여 그 과정에서 얻을 수 있는 것이며, 몸값을 올리려는 목적을 가지고 일 하는 것이 아니라 그냥 말없이 묵묵히 일하다 보면 자신도 모르게 자신의 몸값은 저절로 올라가게 되는 것이다.

또한 기업이 원하는 인재상에 스스로 충실하여야 한다. 지금은 글로벌 지구촌 시대다. 적어도 세계 소통언어인 영어 하나만은 유창하게 할 수 있도록 틈틈이 익혀야 한다. 그리고 제4차산업 트랜드에 부응하는 최신 감각과 SNS시대에 걸맞게 미디어 소통법에도 뒤져서는 결코 인정받을 수가 없다. 아침형 인간으로 새벽 시간을 효율적으로 활용하여야 하며 출퇴근 시간과 휴일을 효과적으로 활용하는 법을 습관화하여야 한다. 그리고 직장 상하관계는 물론 자칫 소홀하기 쉬운 직장 외 인맥관리도 평소에 조건 없이 유지 관리해두면 언젠가는 소중한 밑거름이 될 수가 있다.

직장인은 직장의 명함으로 자신을 회사와 동일시하는 착각에 빠지기가 쉽다. 직장인의 진정한 몸값은 지금의 직장에서 받는 연봉으로 평가받는 것이 아니라 직장을 그만두었을 때 자기가 시장에서 얻을 수 있는 연봉으로 평가받아야 한다. 지금 회사를 그만두고서도 이 연봉을 받을 수 있는지를 냉정히 객관적으로 평가해보면 그 해답을 알 수가 있다. 그래서 하루 두 시간만이라도 직장에 있을 때 은퇴 후를 생각하며 명함이 아닌 자신만의 고유 브랜드를 구축하기 위하여 적어도 하루에 2시간 정도는 꾸준히 갈고 닦아 철저하게 사전에 준비해야만 한다.

● '보도 섀프'의 몸값

독일의 컨설턴트이자 『돈』의 저자인 '보도 섀프'(Bodo Schäfer)는 자신의 몸값으로 6가지 항목을 제시하며 다른 사람이 자신을 인정해주는 '브랜드가치'가 전체 몸값의 반을 차지할 정도로 절대적이라고 하였다. 각 항목의 상관관계는 곱의 값으로 어느 하나라도 부정의 값이 있으면 전체가 부정의 값이 되므로 어느 하나라도 소홀히 할 수 없다는 것이 특징이다. 다섯 항목은 각 10점 만점이며 브랜드만이 50점이고 전체의 값은 곱하기 개념으로 만점은 5백만 점이 된다. 그는 "봉급은 인상되는 것이 아니라 내 스스로 높이는 것이다."라고 하면서 브랜드값을 올리기만 하면 자연히 몸값이 올라 수익은 그에 따라 올라가게 된다. 자신도 나라고 하는 하나의 상품과 같이 누군가에게 팔리고 발탁되기 위하여 상품가치인 몸값을 적극적으로 올릴 필요가 있다.

그는 경제적 어려움은 항상 인생의 다른 모든 영역을 그늘지게 한다며 평생 돈 버는 기계로 살아갈지, 아니면 스스로 돈 버는 기계를 소유한 사람이 될지 결정하라고 이야기 한다. 그리고 현재 자신이 몰두하고 있는 취미를 찾아 이를 바탕으로 경력을 쌓으라고 충고한다. 하루 종일 일하는 사람은 돈을 벌 시간이 없다고 말하며 자신을 돌아볼 수 있는 삶의 여유는 반드시 필요하다고 강조하고 있다.

어떤 가치를 따를 것인가를 먼저 분명하게 결정한 뒤에야 비로소 자신의 삶을 컨트롤할 수 있다. 인생을 성공으로 이끄는 행동은 기본적으로, 엄격한 규율에서 만들어져 나오는 것이 아니라, 바로 꿈, 목표, 가치, 계획 이 네 가지에서 자연스럽게 흘러나온다.

몸값 계산법	
아침에 일찍 일어나는가?	10점
정확한 인생 목표가 있는가?	10점
건강한 신체와 정신을 가졌다고 자부하는가?	10점
어려운 상황에 처했을 때 진심으로 걱정해 주고 도와줄 친구나 스승, 선배가 있는가?	10점
자신감과 열정을 가지고 하는 일이 있는가?	10점
다른 사람들이 나를 얼마나 알고 인정해 주는가(브랜드)?	50점

* 모든 항목 만점 : 10×10×10×10×10×50 = 5,000,000

PART
3
돈은 그 사람의
척도다

돈은
인품의 척도다

● 사람을 평가할 수 있는 척도

일찍이 탈무드에서는 사람의 됨됨이를 평가하는 기준이나 척도로 '돈, 이성, 술, 시간 관리' 4가지를 어떻게 사용하며 대하는가? 를 보면 알 수 있다고 가르치고 있다.

첫째로 돈을 어떻게 쓰며 평소 돈에 대한 고정관념이나 사고방식, 습관, 태도 등을 보면 그 사람의 인품이나 사람 됨됨이를 알 수 있다고 하였다. 돈을 사용하는 우선순위에 따라 그 사람의 가치관과 인생관을 알 수 있기 때문이다.

돈은 인생의 목적이 아니라 자신의 가치관에 따라 꿈과 목표를 이루기 위한 수단에 불과하다. 돈 벌기보다 돈 쓰기가 더 어려우며, 돈 버는 철학이 중요하지만 돈 쓰는 철학은 더 중요하다. 따라서 유대인들은 돈을 버는 목적은 가족과 종교적 공동체와 민족을 위하고 그리고 하나님의 영광을 위하여 사용하도록 명시하고 그 법칙을 철저하게 지킨다.

그들은 돈을 벌었다고 무조건 좋은 것이 아니라고 생각한다. 왜냐하면 돈을 번 뒤 마음 상태가 어떠냐가 중요하며 그 돈을 어디에 어떻게 사용하느냐? 에 따라 저주도 될 수 있고 축복이 될 수도 있기 때문이다. 따라서 돈을 번 뒤에도 마음이 타락하지 않고 깨끗한 생활을 유지할 수 있는 사람이어야 하고, 하나님이 원하는 선한 곳에 사용할 수 있는 사람이어야 돈을 벌 가치와 자격이 있는 사람으로 생각한다.

가난하다고 다 인색한 것이 아니고, 부자라고 모두가 후한 것도 아니다. 그것은 오로지 사람의 됨됨이에 따라 다르다. 사람 됨됨이에 따라 사는 세상도 달라지기 때문이다. 후한 사람은 비록 가진 것은 없을지언정 늘 베푸는 넉넉한 마음으로 행복하고 성취감을 맛보지만, 인색한 사람은 비록 가진 것은 많을지 모르지만 마음에 욕심이 가득 차 있어 먹어도 늘 배가 고프기 때문에 천국과 지옥이 따로 있는 것이 아니다.

둘째로 이성 특히 여성에 대한 평소의 성향이나 태도 이성 관계나 오늘날 많은 사회문제로 대두되고 있는 각종 성추행이나 성도착증 등 잘못된 성적충동 등을 보면 그 사람의 평소 이성관이나 성적충동 절제력 등을 알 수가 있다.

셋째로 술 먹는 버릇을 보면 그 사람의 평소 인품을 알아볼 수가 있다. 술도 음식이지만 지나치게 술을 먹음으로써 마침내 술에 취해 이성을 잃고 끝장을 보고야 말겠다는 나쁜 주벽 등으로 동행하는 상대에게까지 못살게 굴며 실례를 저지르는 자신도 잘 모르는 술버릇이 있는 사람이 있다. 특히 직장인들 중에 상급자가 직위를 빌미로 하급자에게

술 마시기를 강요하고 끝장을 보려는 주벽과 비즈니스로 거래처에서 소위 갑질하는 경우도 있다.

마지막으로 시간을 관리하고 사용하는 평소의 습관이나 태도를 보면 그 사람의 성품과 습관을 알 수가 있으며, 나아가 그 사람의 미래까지 짐작해 볼 수가 있다. 한 사람의 미래는 시간을 사용하는 '현재 그 사람의 생각이나 습관에 달려 있기 때문이다.'

그런데 이 4가지는 매력적이지만 도를 지나치면 안 된다는 공통점이 있다. 그리고 앞의 세 가지는 누구라도 조심을 하지만, 마지막 시간은 함부로 쓰는 경향이 있다. 유대인들은 성년식에 손목시계를 선물하는 것도 '시간을 잘 지키고 활용하는 사람이 되라'는 소망이 담겨 있기 때문이다. 유대 격언에 '시간을 훔치지 마라'는 단 1분 1초라도 다른 사람의 시간을 허비하게 해서는 안 된다는 의미다. 상품이나 돈을 도둑맞듯이 시간도 낭비하면 도둑맞는 것과 같다고 생각한다.

사람은 돈을 대하는 무의식적인 습관, 사고방식, 믿음 태도 등에 따라 여러 가지로 다른 생각과 행동 유형을 보인다.

그 돈에 대한 신념과 행동 패턴에 따라 부자와 가난한 자로 귀결된다. 이러한 돈에 대한 생각, 신념, 태도 등 사고방식을 머니 스크립트(money script)라고도 하며 어린 시절에 형성되고 삶의 경험을 통해 지속적으로 변화되기도 하고 발달되기도 하며 구체화되어 하나의 패턴으로 굳어진다.

여덟 가지 유형은 순진형, 피해자형, 전사형, 희생자형, 무모형, 예술가형, 군주형, 머신형으로 나뉘고 자세한 설명은 Money Type(PART4 189페이지)을 참고하기 바라며, 인간관계에 있어 돈에 대하여 어떻게 영향을 미치고 받는지 등의 결과인 그 사람의 인성으로 부지불식간에 나타나게 된다.

● 공자는 사람을 바로 알아보는 9가지 방법을 말했다

"무릇 사람의 마음은 험하기가 산천보다 더하고, 알기는 하늘보다 더어려운 것이다." 하늘에는 그래도 봄, 여름, 가을, 겨울의 사계절과 아침, 저녁의 구별이 있지만, 사람은 꾸미는 얼굴과 깊은 감정 때문에 알기가 어렵다. 외모는 진실한 듯하면서도 마음은 교활한 사람이 있고, 겉은 어른다운 듯하면서도 속은 못된 사람이 있으며, 겉은 원만한 듯하면서도 속은 강직한 사람이 있고, 겉은 건실한 듯하면서도 속은 나태한 사람이 있으며, 겉은 너그러운 듯하면서도 속은 조급한 사람이 있다. 또한 목마른 사람이 물을 찾듯 하는 사람은 의(義)를 버리기도 뜨거운 불을 피하듯 한다.

그러므로 군자는 사람을 쓸 때는 다음과 같이 사람을 평가하는 아홉 가지 지혜를 가르쳐주고 있다.
첫째, 먼 곳에 심부름을 시켜 그의 충성을 보고
둘째, 가까이 두고 써서 그의 공경을 보며,
셋째, 번거로운 일을 시켜 그의 재능을 보며,
넷째, 뜻밖의 질문을 던져 그의 지혜를 보며,
다섯째, 급한 약속을 하여 그의 신용을 보며,
여섯째, 재물을 맡겨 그의 어짊을 보며,
일곱째, 위급한 일을 알리어 그의 절개를 보며,

여덟째, 술에 취하게 하여 그의 절도를 보며,

아홉째, 남녀를 섞여 있게 하여 그의 이성에 대한 자세를 보는 것이니 이 아홉 가지 결과를 종합해서 놓고 보면 그 사람의 됨됨이를 알아보게 되는 것이다.

가난하다고 다 인색한 것은 아니다. 부자라고 모두가 후한 것도 더구나 아니다. 그것은 사람의 됨됨이에 따라 다르기 때문이다. 후함으로 하여 삶이 풍성해지고, 인색함으로 하여 삶이 궁색해 보이기도 하는데 생명들은 어쨌거나 서로 나누며 소통하게 돼 있다. 그렇게 아니하는 존재는 길가에 굴러 있는 한낱 돌멩이와 다를 바 없다. 나는 인색함으로 하여 메마르고 보잘것없는 인생을 더러 보아 왔다. 심성이 후하여 넉넉하고 생기에 찬 인생도 더러 보아 왔다.

인색함은 검약이 아니다. 후함은 낭비가 아니다.

인색한 사람은 자기 자신을 위해 낭비하지만, 후한 사람은 자기 자신에게는 준열하게 검약한다. 사람 됨됨이에 따라 사는 세상도 달라진다. 후한 사람은 늘 성취감을 맛보지만, 인색한 사람은 먹어도 늘 배가 고프다. 천국과 지옥의 차이다.[19]

---

19) 박경리 『버리고 갈 것만 남아서 참 홀가분하다』 박경리유고 시집, 마로니에북스 (2008)

부자 재무인성과
삶의 태도

● 돈을 좇지 말고 돈이 쫓아오게 하라

말을 함부로 하지 마라. 좋은 말씨는 좋은 운을 부른다.

말은 힘이 있고 에너지가 있어 생각과 행동을 바꾸게 한다. 우리가 무심결에 하는 말도 어떤 사람에게는 운명을 바꾸기도 한다. 운은 생각에서 비롯되며 사람의 입에서 출발한다. 좋은 말씨는 좋은 호감을 불러와 돈 운을 불러들인다. 말씨는 우리의 행동과 습관을 만들고 그 행동과 습관은 다시 우리의 인생을 만들기 때문이다.

설령 무엇인가 싫어해도 좋으니 좋아한다고 말해보자. '좋다 좋다' 하다보면 나도 모르게 마인드가 좋게 바뀌고 좋은 일들이 생기게 되어 돈의 운도 저절로 따라오게 되어 있다. 이것이 바로 말이 가진 신비한 각인효과의 힘이다. '사랑합니다, 감사합니다, 덕분입니다, 미안합니다.'라고만 습관적으로 말하여도 인간관계가 좋아지고 호감 가는 인상을 주어, 돈 운을 끌어들이는 기적을 불러일으킬 것이다.

불교에서는 입으로 짓는 네 가지의 악업(惡業)을 남을 속이는 거짓말인 망어(妄語), 요망한 말로 남을 현혹시키는 기어(綺語), 이간질로 화합을 깨뜨리는 양설(兩說), 남에게 퍼붓는 욕지거리인 악구(惡口)로 구분하고 있다. 모두 다 사람에게 상처를 주고 세상을 어지럽히는 말들이다. 한마디 말이 천 냥 빚을 탕감할 수 있는 것은 말의 위력 때문이다. 사랑의 말이 사랑을 낳고 미움의 말이 미움을 부르게 된다. 내가 한 말은 반드시 나에게 돌아온다. 그래서 말씨는 곧 말의 씨앗이며, 고운 말씨는 풍성한 열매를 선사하게 되지만 나쁜 말은 결국 본인에게 나쁜 결과를 초래하게 된다. 말의 열매를 뿌린 자가 거두어야 한다는 점에서 사람은 말을 경작하는 농부와 별로 다를 게 없다. 그래서 기왕이면 좋은 말의 씨앗을 많이 뿌려 풍요로운 인생을 경작하여야겠다.

● 스스로 나는 내 편이라고 믿어라 (자기 칭찬, 격려, 확신, 자존감)

내가 선택한 모든 것을 인정하고 내 결정에 자신감과 긍지를 가져라. 내가 나를 믿고, 주님이 나를 사랑하고, 온 우주가 나를 믿고 내 편이라고 생각하는 순간 불안해하던 잠재의식이 '나는 잘할 수 있어!' 라고 말하며 나에게 미소를 짓게 된다.

칭찬은 최종 결과에 대한 칭찬이 아니라 과정 하나하나에서의 구체적인 칭찬이어야 한다. 그리고 진정한 칭찬은 상대방에 대한 인정이 전제되어야 한다. 인정이 없는 칭찬은 단지 아부나 아첨에 불과하기 때문이다. 격려는 용기나 의욕이 나도록 북돋워 준다는 의미로 상대방의 상황을 그대로 수긍하고 바람직한 방향을 같이 모색하는 과정이다.

'자존감=성공/야망'으로 정의하기도 한다. 즉 자존감은 '자기가 되고 싶은 존재(야망)'에 얼마나 가까이 성공했는지에 의해 결정된다는 의미다. 자존감은 자신감(self-confidence)과 자아 존중(self-respect)이라는 두 요소가 통합된 개념이다. 자신감은 자신의 능력에 대한 믿음이며, 자아 존중감은 자신이 가치 있다는 느낌이다. 자존감은 자가 자신은 가치 있는 존재이며 나름대로 능력을 가진 존재라고 스스로 평가하는 것이기 때문에 그 사실을 사실대로 받아들이고 스스로 인정하는 것이다.

이러한 자존감을 키우고 자신을 사랑하기 위해서는 첫째로 우선 부끄러워하지 말고 스스로를 지금의 있는 그대로 인정하고 받아들여야 한다. 자존감은 키우고 자존심은 버려야 한다. 남이 나를 어떻게 생각하느냐 보다, 내가 나를 어떻게 생각하느냐? 가 더 중요하다.

둘째로 나를 좋아하고 사랑해야 한다. 사람은 누구나 장점과 단점을 가지고 있다. 단점에 치중하여 의기소침하지 말고, 단점은 적극적으로 개선하고 장점은 개발하여 긍정적인 나로 만들어 가면 된다. 내가 잘났다고 생각하는 마음은 부정적인 자존심이므로 버려야 하고, 반면에 내가 소중하다고 생각하는 긍정의 자존감은 적극적으로 키워나가야 한다. 나 자신에게 친절하기 위해서는 '나의 고통은 나만의 것이 아니라 다른 사람에도 일어난다'는 사실을 자각하는 것이 좋다.

셋째로는 자신감(自信感)을 가져야 한다. 대체로 자신감을 잃고 불안해하는 이유는 과거에 성공해본 경험이 없어 시작도 해보기 전에 실패가 두려워 시도조차 못 하는 경우가 많으며, 또한 아무런 준비 없이 무모한 도전으로 실패가 두려워서 아예 시도조차 못 하고 불안해하기 때문임으로 우선 작은 경험이지만 자주 성공경험을 만드는 것이 무엇보다 중요하다. 그리고 자기능력을 무조건 확신하고 성공한 자신을 상상하여 스스로 자기암시를 해보면 도움이 된다.

넷째로 남과 비교하지 않는다. 자존감은 '내가 목표로 한 것'에 대비한 '자신이 실제 이룬 것'의 값에 대한 만족도이기 때문에 자신을 타인과 비교하는 상대적인 개념이 아니다. 남을 지나치게 의식하여 객관적인 잣대로만 사람을 평가하는 것이 두렵기도 하고 지나친 성취 욕구나 목표가 높기 때문에 자신감이 떨어질 수 있으므로 욕구나 목표를 자신의 능력에 맞게 하향 조절할 필요도 있다. 마지막으로는 자기인정을 하는 것이다. 사람은 누구나 본능적으로 다른 사람으로부터 인정받으려는 욕구가 있다. 그러나 인정 중에서 최고의 인정은 남들보다 '자신으로부터 받는 인정'이다. 왜냐하면 자신에게 스스로 인정받지 못하면 남으로부터 인정도 받기 어렵기 때문이다. 그리고 자신을 먼저 사랑하고 스스로 인정받는 사람이 나아가 진정으로 남도 사랑할 수 있고 남으로부터 인정도 받을 수 있기 때문이다. 결국 자신을 긍정하고 자존감을 높이는 가장 좋은 방법은 자신을 인정하고 스스로를 끊임없이 칭찬하고 격려하는 것이다.

● 지금 하는 일에서 재미와 보람을 느껴보자

지금 하는 일이 먹기 위해 마지못해 하는 일이 아니라, 성취의 기쁨으로 나의 가슴을 쿵쾅거리게 하여 나로 하여금 열정의 불꽃이 계속 피어오르게 하고, 그런 일을 하는 삶이 스스로 행복하다고 느끼게 하라.

일의 의미는 사람이 하는 일의 현상을 인식할 때 '일이 중요하다는 느낌'과 '일에서의 가치'라고 할 수 있다. 일의 의미에 대한 정의는 사람들이 쓸모 있으며, 가치 있고, 중요하며, 자신의 일과 관련된 경험과 활동에 대해 경시하지 않는 것과 차이를 만들 수 있다고 그들이 느끼는 것이나 '개인이 주관적으로 부여하고 있는 자신이 하고 있는 일에 대한 인지적 평가'라고 한다. 또한 일의 성과는 목표달성의 정도, 생산성, 효율성 등과 밀접한 관계를 가지고 있으며, 개인이나 조직 구성원의 업무 달성도가 어느 정도인지를 가늠해보는 개념이다.

일의 성과와 만족감은 그 일을 왜 해야 하는지 이유를 알고 하면 성과가 1.6배에 이른다. 그러나 누가 시켜서 하는 것이 아니라 스스로 해야 할 이유도 알고, 기왕에 할 바에야 기쁜 마음으로 즐겁게 하면 무려 성과가 마지못해 하는 것보다는 2.56배로 커진다고 한다. 소위 일의 성과에 대한 $1:1.6:1.6^2(2.56)$의 법칙이 성립한다고 할 수 있다.

한편 미래학자 다니얼 핑크(Daniel H. Pink)는 그의 저서 『드라이브』(Drive)에서 성공하는 사람의 동기를 세 가지 버전으로 구분하여 설명하고 있다. 동기 1.0은 가장 기본적인 생물학적 동기, 즉 생존을 위한 동기다. 동기 2.0은 외재적 동기, 경제적인 동기다. 경제적인 보상, 외부에서 주어지는 자극, 보상과 벌칙을 말하는데 흔히 '당근과 채찍'으로 표현하고 있고, 외부적이라고 인지되는 힘에서 기인되는 특정 결과에 대해 압력과 요구로 통제되는 동기다. 동기 3.0은 내재동기다. 외부에서 주어지는 동기가 아니라 스스로 원하며, 의미를 부여하고, 재미있고 즐거운 마음으로 하게 하는 것으로, 자신의 의지와 자율적 결정에 의한 동기 3.0에 해당한다. 그는 생존을 위한 동기 1.0에서 점차 차원이 높은 단계로 나아가며, 당근과 채찍의 보상을 추구하는 동기 2.0에 이어 이제는 새로운 패러다임의 동기 3.0시대로 나아가야 한다고 주장한다. 지금은 내재동기인 자신이 자신의 삶을 주도 하겠다는 자율성과 중요한 무언가를 더욱 잘하고 싶다는 몰입에 의한 숙련, 그리고 자신보다 더 큰 무언가를 위해 지금 하는 일을 하고 싶다는 목적의식이 이끌어가는 시대다. 즉 자율적이고 창의적인 동기에 의해 움직이는 사람이 더 성공하는 시대라고 주장한다. 이는 결국 사람은 자율성과 유능성, 관계성이라는 3가지 욕구가 충족될수록 더 행복하고, 더 높은 수준의 내재동기를 갖게 되며, 더 열심히, 신나게, 더 많은 성과를 내며 살게 된다는 '자기결정 이론'에 바탕을 두고 있다.[20]

그리고 로체스터 대학교 사회심리학자 에드워드 데시(Deci)는 인간의 동기를 크게 '외재적 동기'와 '내재적 동기'로 나누는 것과 같다. 우리가 어떤 일을 할 때 외부 지시나 보상 때문에 행동할 땐 칭찬이나 보상을 받기 위한 '외재적 동기'가 작용하고, 반면에 보상이 없어도 목표 자체를 위해 스스로가 자발적으로 흥미나 즐거움, 만족감을 위해 행동 하는 '내재적 동기'가 작용한다. 외적 동기는 결과만을 강조하지만, 내적 동기는 영적인 측면, 평범한 존재의 순간보다 더 높은 차원에서 경험하는 상태다. 이 경험을 몰입이라고 하며, 강렬한 몰입을 경험할 때 우리의 삶은 한 차원 높아지고 즐거워진다.[21] 마치 직업에도 세 가지 차원이 있는 것과도 같다. 첫째로 가장 기본적인 생계수단으로서의 직업, 둘째로 사회적 분업과 역할, 그리고 마지막으로 내면의 성취감이나 자아 효능감으로써 소위 A, 매슬로우가 얘기하는 욕구충족의 지고(至高)한 단계인 '자아실현'을 이루는 상태를 의미하는 것이다.

---

20) 다니엘 핑크 『Drive』 김주환 역, 청림출판(2018) pp279-283
21) 에드워드 L.데시 『마음의 작동법』 이상원 옮김, 에코의 서(2011) P89

● 감사하는 마음을 가지자

감사하는 마음이야말로 자신을 낮추고 상대를 높이는 겸양의 미덕이다. 이 감사라고 하는 말 '유카리스토스(eujcavristo /영어의 Eucharistia)'는 감사하는(thankful), 헬라어로 유카리스티아(eujcaristiva: 감사함)에서 유래했으며 은혜를 잊지 않는, 고마워하는, 감사한(thankful) 등을 의미한다. '유(euj)'라는 말, 곧 '좋다'라는 말과 '카리스토스 (cavristo /영어의 Charis)'라는 말, 곧 '은혜'라는 뜻을 지닌 단어의 합성어다. 그렇다면 감사라는 말은 '좋은 은혜'라는 의미를 담고 있는 단어다.

감사하는 마음을 갖는 순간 우리 몸에서는 '도파민이나 세로토닌'과 같은 마음을 평온하고 기쁘게 해주는 일종의 '행복호르몬'이 분비되고 면역력(일명NK세포)이 증가하여 항암작용을 하고 해독과 방부제 역할도 하여 건강에도 매우 좋다. 조물주의 의지를 엿볼 수 있는 대목이다.

감사(Appreciation)는 단지 고맙다는 생각만이 아니라 고마움을 심장으로 느끼는 것을 의미하며, 감사하는 마음을 가질수록 심장변동률에 탄력이 붙고 인지적, 정서적, 사회적 회복 탄력성을 키워주므로 인성 덕목의 핵심 요소라고 할 수 있으므로 인간관계에서 돈을 끌어들이는 기본 덕목이다.

탈무드에도 "가장 행복한 사람은 매사에 감사하며 사는 사람이다." 라고 말하며 '그럼에도 불구하고 무조건적인 감사'야말로 성경에서 말하는 '범사에 감사하라'(give thanks in all circumstances,)는 가르침이다.

올바른 부자 인성은
재무심리로부터 형성된다

돈을 올바르게 벌고 소비함으로써 인내심이나, 절제, 탐심억제, 물질 만능 배제, 책임감, 배려심, 근면 절약, 의사결정 능력, 인간관계 등의 기본자세를 통하여 돈에 대한 올바른 가치관과 습관의 경제관념을 심어줄 수가 있게 된다.[22] 돈에는 발이 없고 날개도 없다. 오로지 사람만이 운반할 수가 있다. 그래서 인간관계가 좋지 못하여 사람의 호감을 얻지 못하는 사람은 돈을 끌어들이지 못하여 절대로 부자가 될 수가 없다, 결국 올바른 인성이야말로 돈을 끌어들이는 기본 동력이라고 할 수 있겠다.

돈을 올바르게 벌고 가치 있게 쓸 줄 아는 것을 보면 그 사람의 사람 됨됨이를 알 수가 있다. 모으기만 하고 쓸 줄 모르고, 부자인 채로 죽는 것은 정말 부끄러운 일이기 때문이다.

탈무드에서는 "능히 베풀 수 있는 만큼의 재물만을 얻어야 하며, 자선과 구제는 단순한 동정심이 아니라 정의요 의무이며 또한 본인에 대한 최고의 투자다."라고 가르치고 있다. 또한 성경에는 "구제를 좋아하

---

22) 정우식 『돈 걱정 없는 재무심리와 재무코칭』 와일드북(2018) pp201~203

는 자는 풍족하여질 것이요 남을 윤택하게 하는 자는 윤택하여지리라"
(잠 11:25) 라고 자선과 구제를 권장하고 있다. 유대인들은 자녀들에게
직업 기술을 안 가르치면 강도로 키우는 것과 같다고 하며 어릴 때부
터 철저하게 돈을 다루는 방법을 훈련시키고 있다.

● 나눔의 주요 인성덕목

돈 버는 능력(+)의 대표적인 인성덕목은 근면 성실성, 인간관계의 친
화력, 신뢰, 책임감, 배려심, 삶의 유연성, 끈기, 꿈과 목표 유무, 계획
성과 치밀성, 실속을 차림, 이해타산을 분별하는 셈법, 인사성 등이 있
다. 돈 쓰는(-) 능력의 대표적인 인성덕목으로는 절제력, 계획성과 치밀
성, 예산관리, 위험 사전인지, 기록습관 등이 있다. 돈 불리(×)는 능력
의 대표적인 인성 덕목은 경제와 금융에 대한 지식과 정보, 경험, 투자
역량과 리스크 관리 등이다. 끝으로 돈 나누(÷)는 대표적인 인성덕목은
상대를 배려하고 더불어 살아가는 공동체 의식과 생명존중, 책임감, 감
사하는 마음 등이 필요한 주요 인성덕목들이다.

돈을 벌기보다는 쓰기가 더 어렵고 중요하다. 특히 나눔은 인간만이
가진 최고의 아름다운 덕목이다. 나눔의 가치가 함유하고 있는 도덕적
인성덕목으로는 사랑, 공동체 의식, 생명존중, 이타주의, 자기희생, 배려,
책임 등이 있다고 살펴보았다. 이와 같이 더불어 살아가는 사회에 필수
불가결한 '공동체 의식과 사랑과 박애정신, 생명존중, 이타주의, 배려, 책
임' 등 오늘날 도시화, 산업화, 핵가족화로 인한 극단적 이기주의가 팽배
하고 인간성 상실에 따른 인성의 황폐화를 치유하여 살만한 세상을 만
드는데 인성교육 차원에서도 매우 유익한 방편이라고 생각이 된다.

● 돈을 직접 벌고 쓰는 경험 쌓기

이스라엘에서는 어릴 때부터 부모님의 손을 잡고 상품을 직접 팔아 보는 경험을 통하여 돈을 벌고 자기가 손수 번 돈의 가치를 몸소 느끼도록 하고 있다. 돈의 가치를 모르면 사치, 낭비, 무절제로 흐르기가 쉽다. 그러므로 돈은 그저 생기는 것이 아니라 열심히 일한 대가로 얻는 소중한 것으로 어릴 때부터 가르치는 것이 매우 중요하다. 이런 경험이 오늘날 세계 부의 절대를 좌지우지하는 비결이 되고 있다. 외형적인 물건을 구입하는데 돈을 절약하고 직접 즐길 수 있는 경험을 얻고 시간을 사는 것이 훨씬 가치 있는 일이다.[23]

용돈을 줄 때도 현금보다도 주식투자용 통장을 만들어 주어 재테크 관념을 심어준다. 13세 성년식 때도 친지들로부터 받은 축하금을 몽땅 통장에 저금하게 하여 성인이 되었을 때 장사나 사업 밑천으로 활용함으로써 당장 장난감이나 기호품을 사는데 써버리기보다 돈을 저축하여 더 큰돈을 벌기 위한 방법(재테크/ 고기 잡는 법)을 가르쳐 준다. 절제와 저축하는 습관교육을 통하여 삶의 의미를 찾고 꿈과 목표를 실현하기 위한 경제교육이 자녀교육에 훨씬 유익하다고 생각하기 때문이다.[24]

따라서 자신의 회사에 아무도 모르게 신분을 감추고 아들에게 가장 낮은 직분인 청소부부터 묵묵히 훈련함으로써 회사의 밑바닥 사정부터 익히게 하여 후일 최고경영자에 대비시킨다.[25] 우리나라 같으면 외국에 유학시켜 어린 나이에 중간 간부나 탑 경영자로 바로 영입하므로

---

23) 현용수 『자녀들아, 돈은 이렇게 벌고 이렇게 써라』 동아일보사(2007) p180
24) 전성수. 양동일 『유대인 하브루타 경제교육』 매일경제신문사(2014) pp221~227
25) 현용수 『자녀들아, 돈은 이렇게 벌고 이렇게 써라』 동아일보사(2007) p66

밑바닥 사정을 모른 상태로 갑질이나 하는 파렴치한 재벌 2세들을 흔히 보게 되는 것과는 대조적이다.

유대인들은 수 세기 동안 나라 없이 떠돌며 디아스포라(Diaspora)[26]로서의 생활을 해온 역사가 있기 때문에 아무리 좋은 직업을 가지고 있더라도 비상시를 대비하여 3D업종의 기술을 연마해 두는 전통이 있다. 그들은 집안의 전기를 고치기나 화장실 주방 고치기 등 사소한 일들도 직접 한다. 가게나 식당에서도 가족들이 돕는 경우가 많다. 어렵고 힘든 잡일들도 평소에 경험하게 하여 자연스럽게 도와주므로 협동심과 배려심, 솔선수범, 겸손 등의 인성을 익히게 하는 전통이 있기 때문이다.

● 살아있는 체험경제교육

학습효과는 강의를 듣거나 읽기 등의 수동적인 학습법은 기억에 오래 남지 못한다. 반면에 토론이나 체험 등의 능동적이고 자기주도적인 참여 학습법은 기억에 오래 남아 그만큼 학습효과가 크다는 연구발표가 미국 MIT대 미국행동과학연구소(The National Training Laboratories)[27]에서 있었다. 유대인이나 필란드 학생들은 공부를 우리보다 덜하고도

---

26) 팔레스타인을 떠나 세계각지에서 흩어져 살면서 유대교의 규범과 생활습관을 유지하는 유대인을 가리키며, 본토를 떠나 타국에서 자신들의 규범과 관습을 유지하며 살아가는 공동체 집단 또는 그들의 거주지를 가리키는 말로 확대하여 사용되기도 한다.

27) 세계 최고의 미국행동과학연구소(NTL)는 듣고 보는 '강의식 수업'부터 '실제 해보기', '서로 토론하고 설명하기', '직접 가르치기' 등으로 분류하여 학습하게 한 후 24시간 후 얼마나 기억에 남는지 실험했다. 그 결과 '강의식 수업'은 5~30%, '실제 해보기' 75%, '서로 설명하고 가르치기' 90% 기억한다는 결과를 나타냈다.

성공하는 이유가 바로 하브루타(havruta)[28]와 같은 토론과 체험교육에 기인하기 때문이다. 유대인들은 자녀들에게 직업 기술을 안 가르치면 강도로 키우는 것과 같다. 고 생각하며 어릴 때부터 직접 저금통에 저금하는 것부터 시장에서 직접 돈을 벌어보고 써 보는 체험을 시키는 것이 오랫동안 전통으로 자리 잡고 있다.

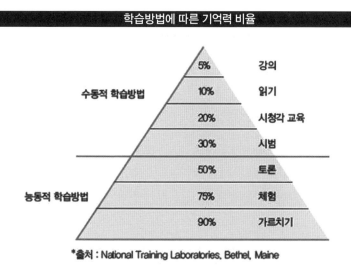

학습 피라미드 : 공부를 하고 24시간 후에 남아 있는 비율을 공부방법에 따라 나타낸 것

---

28) 나이 계급, 성별에 관계없이 두 명이 짝을 지어 서로 역할을 바꾸어 가며 질문하고 논쟁을 통해 진리를 찾아가는 유대인의 전통적 토론학습법.

● 체험은 기억을 통하여 정체성을 결정한다

기억은 추상이 아니라 천억 개의 신경세포와 100조 개의 나뭇가지 모양의 '시냅스(synapse)'[29]에서 전기화학작용으로 만들어지며 그 기억들이 저장됨으로써 무의식 상태로 성격이나 태도, 가치관 등의 정체성이 형성된다. 이것을 가능하게 해주는 것은 소통하고 관계하는 경험이다. 신경세포는 경험을 따라 연결된다. 일상에서 사람들과 소통하고 관계하면 뇌 안의 신경도 소통하고 관계하면서 뇌의 신경 연결이 많아지면서 기억되고 뇌는 밝아진다.

개인의 차이는 결국 얼굴이나 이름이 아니라 뇌의 신경 세포에 저장된 기억의 차이에서 찾아야 한다. 진화 생물학자가 말하는 유전자(DNA)보다도 태어나고 성장한 환경과 경험에 대한 사회학습으로 기억된 신경세포연결망들의 결과물이 더 크다고 할 수 있다. 결국 공동체인 가족이나 친지, 각종 모임, 학교 동창, 직장동료 등은 바로 그 공동체에 대한 기억의 작용으로 동질감과 정체성을 공유하게 된다. 아이들을 키울 때 핏줄보다는 기른 정이 더 깊고 친근감이 가는 이유도 바로 여기에서 찾을 수 있다.

---

29) 한 신경원에서 생성된 신경임펄스(nerve impulse, 신경충격)가 다른 신경원으로 전달될 수 있도록 특수하게 분화된 구조를 말하며, 신경전달 물질이라는 화학적 물질을 통해 신경임펄스를 전달한다.

IQ보다
CQ / NQ가 높아야 성공한다

● 인성지수(CQ)

지능지수에 관해서는 스탠포드대학의 루이스 터먼(Lewis Madison Terman) 박사의 연구가 잘 알려졌다. 그는 각 초등학교와 중학교에서 명석하다고 추천을 받은 25만 명을 상대로 IQ(Intelligence Quotient)[30] 검사를 실시해서 IQ가 140이 넘는 천재 학생들 1,500명을 선정하고 그 후 수십 년 동안 자세히 관찰했다.

연구 결과, 이 집단에서 뛰어난 업적을 낸 사람은 나오지 않았다. 물론 사회적으로 성공한 사람들이 있었지만, 그 비율은 평범한 아동들을

---

[30] IQ는 1905년 심리학자인 알프레드 비네가 정상아와 지진아를 판별할 목적으로 고안한 것이 시초다. 이후 일반인의 지능을 평가하는 '스탠퍼드-비네' 검사로 발전되며 현재 IQ검사의 원형이 됐다. IQ 위주의 지적재능뿐 아니라 EQ(감성지수), MQ(도덕지수), EnQ(엔터테인먼트지수) 등 여러 가지 분야에서 다양한 재능을 측정하는 지수들이 소개되고 있다. (시사상식사전, 박문각)

대상으로 했을 때의 비율과 다르지 않았다고 한다.

결국 루이스 터먼 교수는 오랜 추적 연구를 통해 창의적 성공의 조건은 실력이나 지능이 아니라 "좋은 인성(성품)으로 성격과 인격, 기회포착능력, 정서조절능력, 리더십, 창의성 내적 동기 등이 좌우한다."고 결론을 내리고 있다.[31] 다시 말해서 타고난 지능, 신체적인 조건, 힘 있는 부모, 재력과 능력…, 이런저런 환경적 요인에 있지 않으며, 오로지 스스로 그 환경을 어떻게 해석하고, 어떻게 느끼며, 어떻게 반응하고 행동할 것인지를 매 순간 결정하는 '긍정적인 사고와 올바른 태도의 성품'에 달려 있다는 이야기이다.[32]

이처럼 지능지수는 사람의 성공 여부를 예측하는 수단으로서는 적합하지 않다는 사실을 알 수 있다. 이에 대해 하워드 가드너 교수는, IQ 검사가 놓치고 있는 성공의 열쇠를 '인성지수(CQ(Character Quotient)'와 '감성지수(EQ(Emotional Quotient)'에서 찾고 있다. 즉, 수학, 논리, 운동, 음악 등 모든 분야에, 성공하기 위해 재능과 함께 반드시 필요한 것이 인성지수라는 것이다.

인성지수는 크게 두 가지로 나뉘는데, 첫째로는 자기 자신을 이해하는 능력과 다른 사람을 이해하는 능력이다. 자기 자신을 이해하는 지수에 가장 큰 영향을 미치는 것은 감성(정서성)의 영역인 감정조절 능력으로 자기의 감정 상태를 정확히 인지하고 자기의 감정 상태를 자기가

---

31) 최성애. 조벽 『조벽교수의 청소년 감정코칭』 해냄(2013) pp 44~46

32) 1921년 미국 스탠포드 심리학과 루이스 터먼 교수는 1910년에 태어난 소년 소녀 1,500명을 무작위로 선발해 무려 80년 동안 이들이 어떤 삶을 살았고 어떻게 생을 마감했는지 등 인생 전체를 총체적으로 추적하고 분석했다. 결국 그는 오랜 추적 연구를 통해 성공의 조건은 실력이 아니라 '좋은 인성'이라는 결론을 내렸다.

원하는 방향으로 스스로 절제할 줄 알 때 인성지수는 높아진다. 한편, 다른 사람을 이해하는 능력이란, 사회성의 영역으로 다른 사람의 감정 상태를 파악하여 분위기를 맞추고, 타인의 태도 변화에 영향을 미칠 줄 아는 공감능력이다. 결론적으로, 자기 자신의 감정을 조절하고 남을 배려함으로써, 인간관계를 잘 맺고, 유지하며, 조절하고, 갈등을 관리하는 능력이 강한 사람이 성공할 가능성이 높다는 것이다. 이처럼 인성은 개인의 행복뿐 아니라 사회적 성공과도 밀접하게 연관되어 있다.

지금까지의 우리나라 교육은 오로지 일류대학 진학과 일류회사 취업을 위한 입시위주의 과열경쟁중심에만 치중하고 인성을 등한시함으로써 이기주의, 학교폭력, 부모와 노인 학대, 부정부패, 황금만능주의, 자살 등 각종 사회병폐와 범죄 발생이 세계 상위권이라는 불명예를 낳았다. 우리의 아동들을 '진정한 성공자'로 길러내고 싶다면, 우리 교육은 도덕성을 중시하고 아동들에게 인성을 가르쳐 주고 바로잡아 주는 방향으로 나가지 않으면 안 된다. 앞으로 인성을 갖추는 것이 사회생활에서 지금보다 더 중요해질 것이라고 생각하느냐는 질문에, 매우 그렇다/71%, 그렇다/21%로 절대다수가 긍정적으로 인식하였으며, 부정적인 인식은 8%에 그치고 있다.[33]

● 공존지수(NQ)

공존(共存)은 공동체의 새로운 네트워크(Network) 사회에서 서로 함께 잘 살기 위하여 갖추어야 할 공존의 능력으로 사회지수(Social Quotient)

---

33) NAVER 대국민설문조사

라고도 한다. 상대를 존중하고 양보하는 자세(You First), 상대를 이해하고 배려하는 겸손한 태도(Understand), 상대의 입장에서 생각하고(易地思之) 경청하는 자세, 남이 잘되어야 나도 잘 된다는(Win-Win) 자세, 이 세상에 공짜는 없다(No give & No take), 먼저 베풀어라(Give & Take), 교감하고 먼저 연락한다(Out of sight Out of mind), 약속과 신의는 지킨다(無信不立) 등이 대표적인 공생공존 지수 항목들이다.[34]

그렇기 때문에 인간은 나 보다 남을 먼저 배려하고 조직과 사회에 공헌하며, 자연을 지키고 순응하며 더불어 살지 않으면 공멸할 수밖에 없는 운명이고 우주의 법칙임을 명심해야겠다. 또한 나와 세상의 관계를 바로 유지하려면 세상을 향해 마음의 문을 활짝 열고 자신을 낮추는 겸양과 나눔의 미덕을 몸소 솔선수범하여 실천하여야 할 것이다.

● 인성은 경쟁력이다

1953년 미국의 카네기멜론대학에서의 조사에 의하면 성공자의 85%는 뛰어난 기술이나 재능을 가진 사람보다 원만한 인간관계의 소유자라고 한다. 인간관계는 인성이나 성품에 의해 결정되며, 성품의 덕목은 예절과 효도이며, 개인적으로는 정직과 책임감이며, 상대를 존중하며, 배려하고 나아가 사회적으로 소통하며 협동하는 능력을 말한다. 따라서 인성은 단순하게 그 사람의 도덕성이나 인품, 인격을 초월하여 가치와 성공전략의 주요한 요인이 되고 있다.

34) 김무곤 『NQ로 살아라』 김영사(2003) pp72-117

● 지금은 공감의 시대다

미래학자 앨빈 토플러는 "21세기는 도덕성을 지닌 민족이나 개인만이 번영할 수 있을 것이다."라고 예측하였다. 또한 종교개혁가 마틴 루터는 "한 나라의 국력은 군사력, 재력, 정치력이 아니라 훌륭한 성품을 가진 국민이 얼마나 많이 있느냐에 달려 있다"고 성품의 중요성을 강조하였다. 그리고 1871년 새뮤얼 스마일스(Samuel Smiles)는 그의 『인격론』에서도 "인격이란 이 세상을 이끌어가는 가장 중요한 원동력이다."라고 말하였다.

이와 같이 단순히 돈을 중심으로 한 물질보다는 도덕성, 인격, 성품 등, 보다 더 본질적인 내적 가치가 더 중요한 공감의 공동체 정신으로 공생과 공존의 기본 요소가 된다.

● 재무교육의 목적

재무교육은 개인적 차원에서 먼저 돈을 어떻게 버느냐? 보다 어떻게 쓰느냐? 가 더 중요하다. 돈은 일을 하여 벌어야 한다는 올바른 노동관과 합리적인 소비에 대한 이해, 3D업종을 체험해봄으로써 생활력과 투지력을 키워 경제적 자립심을 향상시키고, 돈을 불리는 방법 등에 관하여 훈련을 시키는 것이다.

재무 교육을 통해 결국 깨달아야 할 것은 '돈은 일을 해서 벌어야 한다.'는 사실이다. 돈은 나무에서 자라는 것도 누군가가 주는 것 또한 아니라 반드시 일정한 대가를 치러야 얻을 수 있는 것이고, 시간, 노력, 아이디어 등의 정당한 대가를 치르면 나도 돈을 벌 수 있다는 개념이 머릿속에 자리 잡아야 성인이 되어서 정당하고도 책임감 있게 돈을 벌고 소비할 수 있게 된다. 왜냐하면 돈과 노동의 관계를 이해하기 가장 쉬운 방법은 직접 돈을 벌고 써 보는 것이며, 돈을 벌고 쓰는 과정을 통해 자녀가 느끼고, 생각하고, 보고, 듣는 기회를 얻는 것에 초점을 맞추는 것이 부모의 경제 교육법이라 할 수 있기 때문이다. 그러한 경험들이 쌓이다 보면 자신만의 균형 잡힌 경제관념을 갖춘 성인으로 점차 자라날 수 있는 것이다. 결국 다른 사람보다 더 많이 소유하고 더 높은 지위를 얻기 위해서가 아니라, 돈이나 돈과 관련된 것들을 현명하게 다룰 수 있게 함으로써 돈을 숭배하도록 가르치는 것이 아니라 돈을 잘 다스리도록 가르쳐 건강한 경제시민으로 살아가게 하려는 데 목적이 있는 것이다.[35]

그리고 경제정보, 경제체제를 움직이는 제도, 주요 경제개념 및 데이터에 대한 이해와 분석 등 경제에 대한 이해를 높임으로써 국민들로 하여금 경제 전반에 대해 이해하도록 도와주며, 나아가 사회의 일원으로서 역할을 다 하는 공동체 의식과 협동심 배려 등의 상호 공존공영의 유기적인 인성덕목을 갖춘 창의적인 인재를 육성하는데 재무교육의 목적이 있다 할 것이다.

창의와 인성은 독자적인 기능이 있는 반면에 서로 유기적인 결합을 통하여 올바른 인성과 덕목을 갖춘 창의적인 인재를 육성하는 데에 있다. 이를 위하여서는 창의성의 배양과 발휘를 촉진하는 사회문화적인

---

35) 문미화. 민병훈 『행복한 부자로 키우는 유대인식 경제교육』 달과 소(2007) p39

공감대와 풍토가 뒷받침되어야 가능한 일이다. 오늘날 첨단기술과 정보화 시대에서는 어떤 프로젝트탐구활동에 있어서 개인보다는 팀으로 공동 추진하는 것이 효과 면이나 연구 성과도 훨씬 뛰어나므로 구성원들 간의 협동심이나 배려심, 신뢰와 책임감과 같은 인성이 어느 때보다도 필요한 덕목이라 할 수 있기 때문이다.

따라서 재무인성교육을 통하여 얻을 수 있는 이점은 첫째, 돈을 올바르게 벌고, 쓰고, 불리고, 나누기를 하는데 있어서 당사자의 정신건강과 쾌감, 심리적 만족감을 맛볼 수 있게 하여 행복한 삶을 영위토록 하며, 또한 자본주의사회의 경제적인 병폐인 빈부격차를 조금이라도 해소하는데 도움이 될 뿐 아니라 원초적으로 나눔의 가치가 함유하고 있는 도덕적 덕목인 사랑, 공동체 의식, 생명존중, 이타주의, 자기희생, 배려, 책임의식 등을 고취시키는데 있다고 하겠다.

올바른 인성은
돈을 끌어들인다

● 이웃에 베푼 경주 최 부자

"돈은 똥이다."

재물은 모아놓으면 썩는 오물이지만 밭에 골고루 뿌려 나누면 거름이 되기 때문이다. 경주 최 부자의 3대 장손 최국선 씨가 어느 날 지나가는 스님에게 시주하며 가르침을 청하였다. 스님의 "재물은 똥과 같아서 한곳에 모아두면 악취가 나지만, 사방에 골고루 뿌리면 거름이 됩니다."라는 가르침에 크게 깨달아 실천함으로써 이웃에게 베풀며 의롭게 살게 되어 무려 12대 300여 년 동안 모든 사람들로부터 존경을 받으며 그 많은 부를 유지할 수가 있었다.

일찍이 부자 3대를 못 간다는 말이 있다. 그러나 경주 최 부자 집의 만석군 전통은 이 말을 비웃기라도 하듯 1600년에서 1900년 중반까지 무려 300년 동안 12대를 내려오며 만석군의 전통을 이었고 마지막에는 1950년 전 재산을 스스로 영남대 전신인 대구대학에 기증함으로써 스스로를 역사의 무대 위로 던지고 사라졌다. 그러면 300년을 넘게 만석 군 부자로 지켜올 수 있었던 비결은 무엇이었을까?

최 부자 집 가문이 지켜온 가훈

- 절대 진사 이상의 벼슬은 하지 말라. 높은 벼슬에 올랐다가 세파에 휘말려 집안에 화를 당할 수 있다.
- 재산은 1년에 1만석 이상을 모으지 말라. 지나친 욕심은 화를 부른다. 일만 석 이상의 재산은 이웃과 사회에 환원한다.
- 나그네를 후하게 대접하라. 누가 와도 넉넉히 대접하여 푸근한 마음을 갖게 한 후 보냈다.
- 흉년에는 남의 논밭을 매입하지 말라. 흉년에 먹을 것이 없어서 남들이 싼값에 내놓은 논밭을 사서 그들을 원통하게 해서는 안 된다.
- 가문에 며느리들이 시집오면 3년 동안 무명옷을 입혀라. 내가 어려움을 알아야 다른 사람의 고통을 헤아릴 수 있다.
- 사방 100리 안에 굶어 죽는 사람이 없게 하라. 특히 흉년에는 양식을 풀어 이웃에 굶는 사람이 없게 하라.

그리고 최 부자 가문의 마지막 부자였던 최준(1884~1970)의 결단은 또 하나의 인생 사표(師表)이다. 자신이 못다 푼 신학문의 열망으로 영남대학 의 전신인 대구대와 청구대를 세웠고 백산상회를 세워 독립자금을 지원 했던 그는 노스님에게서 받은 다음의 금언을 평생 잊지 않았다고 한다.

"재물은 분뇨(똥거름)와 같아서 한 곳에 모아 두면 악취가 나 견딜 수 없고, 골고루 사방에 흩뿌리면 거름이 되는 법이다."[36]

---

36) 전진문 『경주 최 부자 집 300년 부의 비밀』 민음인(2014)

● 스웨덴 발렌베리 가문의 전통

스웨덴의 GDP의 30%를 차지하는 세계적인 금융산업 집단인 발렌베리(Wallenberg) 그룹은 창업자인 안드레 오스카 발렌베리 이후 5대 150년에 걸쳐 성공적으로 경영권을 이어가고 있는 모범적인 사례로 손꼽히고 있다. 두 명의 상속인이 최고경영자를 맡아 금융과 산업을 나누어 상호 견제와 균형을 유지하며 상호출자관계로 연결하지 않고 독립적으로 운영됨으로써 투명경영과 책임경영이 오히려 그룹발전의 원동력이 되고 있다.

창업자의 유지에 따라 최고경영자의 3가지 조건으로 첫째, 혼자 힘으로 명문대를 졸업할 것, 둘째, 해군사관학교를 졸업하여 강인한 정신력을 기를 것, 셋째, 세계적인 금융 중심지에 진출하여 실무경험을 풍부히 쌓을 것을 주문하며 자식이라도 이 요건에 부합하지 않으면 과감히 배척하고 외부에서 전문경영인을 영입하는 것은 참으로 전 세계가 본받아야 할 덕목이라고 생각이 된다.

이와 같이 가족경영이라 하더라도 경영능력을 엄격히 검증해서 승계시키는 시스템이 잘 갖추어져야만 한다. 오너 경영자가 제멋대로 황제경영을 하다가 말년에 경영권 승계문제로 자녀들 간의 다툼으로 혼란스러운 관행을 더 이상 반복해서는 안 되고, 수익의 일정 부분을 반드시 사회에 환원함으로써 존경받고 신뢰가 있는 기업가로 자리매김하여야 함을 가르쳐 주고 있다.

발렌베리 가문의 자녀교육 10훈

① 해군 장교로 복무하여 강인한 정신력을 기르도록 한다.

② 명문대와 세계적인 기업에서 넓은 안목을 기른다.

③ 국제적인 인맥네트워크를 만든다.

④ 대대로 내려오는 원칙을 공유하고 중시한다.

⑤ 돈은 번만큼 사회에 당연히 돌려주어야 한다.

⑥ 일요일 아침마다 자녀들과 산책하며 함께 시간을 보낸다.

⑦ 형제간 옷을 대물림하며 검소한 생활을 몸에 익힌다.

⑧ 결코 튀지 않게 행동한다.

⑨ 할아버지가 손자의 스승이 되어 지혜를 전한다(격대 교육)

⑩ 후계자가 되려면 먼저 애국심을 갖춰야 한다.

● 유대인 로스차일드 가문

또한 오늘날 세계 부의 30%나 차지하는 물경 5경(5만 조 원)에 달하는 부를 가진 유대인 로스차일드 가문(Rothschild Family)은 250년 전인 1750년부터 8대에 걸쳐 부를 이어오는 세계 최고의 대부 금융가문이다. 창업자 마이어 암셀 로스차일드(1744-1812)는 독일 프랑크푸르트의 유대인 집단 거주지역인 게토에서 아들 5명과 함께 작은 방에서 살았기 때문에 그곳에는 비밀이 없었고, 한번 명성을 잃게 되면 모든 걸 잃게 되는 곳이었다. 그때부터 우리 선조는 "형제들 간은 끈끈한 관계는 물론 고객과의 긴밀한 유대관계가 중요한 자산"임을 익혀 알고 있었고, 이들이 유럽 각지로 흩어지면서 커뮤니케이션 기술이 더욱 절실했으며 이 역시 사업 성공의 또 다른 축이 될 수 있었다.

그는 그의 다섯 아들에게 "화살을 하나하나 부러뜨리기는 쉽지만, 뭉친 화살은 부러뜨리기가 어렵다."는 탈무드의 우화를 유언으로 남겼으며 그런 의미로 오늘날까지 가문의 로고가 화살 5개이다. 기원전 6세기경 흑해의 유목민 스키타이 왕은 죽음을 앞둔 시점에서 아들 5형제에게 화살을 주며 낱개는 잘 부러뜨릴 수 있지만 5개를 묶으면 좀처럼 부러뜨릴 수가 없음을 보여주며 형제간의 우애와 단합과 협동을 유언으로 남겼다. 바로 형제간에 화합하라는 유훈이었다. 돈이 피보다 강하다는 세간의 우스갯소리도 있지만 "피가 돈보다 더 진하다"라는 사실을 이 가문은 몸소 실천해 보이고 있다. 또한, 돈 버는 재주만으로는 부자가 될 수 없으며 '사회를 위한 기부와 자선이 동반되어야'하고 '돈보다 사람, 인간관계가 더 소중함'을 일찍이 잘 알고 실천하였다. 오늘날 재벌들이나 부자들이 깊이 배워야 할 대목이다.

2018년 5월 16일부터 서울 워커힐호텔에서 개최된 제9회 아시안리더십콘퍼런스(ALC)에서 로스차일드가문의 후계자 중 한 명인 제임스로스차일드 웨스트애로 대표는 가문의 성공철학으로 사람중심 경영의 '커뮤니케이션'과 '관계'를 꼽았고 AI(인공지능)시대에도 이들의 중요성은 변하지 않을 거라고 강조하였다.

유대인 로스차일드 가문의 자식 경제교육 10가지

① 성공하는 사람처럼 행동하라. 그러면 나도 모르는 사이에 성공한다.

② 안 되는 것을 남 탓으로 돌리지 마라. 그것은 노예가 되는 지름길이다.

③ 정보가 곧 돈이다. 정보의 안테나를 높이 세워라.

④ 인맥이 힘이다. 인맥네트워크를 형성하라.

⑤ 남을 위하라. 그래야 남도 나를 위한다.

⑥ 위기가 기회다. 불황에서 돈 벌 확률이 평상시보다 10배는 높다.

⑦ 팀워크처럼 중요한 것도 없다. 조직의 단결에 최선을 다하라.

⑧ 교육비에 과감히 투자하라.

⑨ 성공한 사람과 교분을 가져라. 놀라운 파워가 공유된다.

⑩ 길이 아니면 가지 마라.

● H그룹의 갑질

기업의 규모에 무관하게 우리나라에서는 창업 2세의 기업승계를 단순히 부의 대물림으로 부정적으로만 보는 경향이 많다. 물론 그동안 많은 기업이 단순히 자식이라는 이유 하나만으로 리더십이나 관리능력의 검증 없이 그것도 기업현장에서 밑바닥부터 차곡차곡 쌓아나가는 현장체험도 없이 어린 나이에 바로 탑의 자리로 올라가는 좋지 못한 전례들 때문이다.

2018년 4월 세간을 떠들썩하게 하는 H그룹 오너 3세들의 갑질 논란으로 그룹 회장의 경영권 유지조차 힘들게 되고 있다. 회장은 자격도 안 되는 자녀들을 너무 이른 나이인 30대 초반에 경영진에 기용하여 인사를 망친 대표적인 사례다.

반면에 일본의 총수들은 달랐다. 예를 들어 도요타의 경우다. 2008년 금융위기 때 구원투수로 창업자를 대표하여 최고경영자에 복귀한 도요타 아키오(豊田章男) 사장은 1984년 28세의 나이로 오너 4세지만 평사원들과 마찬가지로 이력서를 낸 뒤 남들과 똑같이 치열한 입사경쟁을 뚫고 평사원으로 입사하였다. 오너로서 어떠한 특혜도 없었다. 그후 똑같이 경쟁을 뚫고 한 단계씩 승진하여 마침내 53세에 사장에 올랐다. 캐논, 세이코, 린나이 등에도 창업자 후손들이 경영하고 있지만, 우리나라와 같이 오너라는 이유 하나만으로 무조건 경영권을 물려주지 않는다. 혹독한 검증을 거쳐 경영자로서의 자질을 입증해야만 경영을 맡긴다.

그러나 일부 기업에서는 오너 2세의 책임 경영으로 위기를 기회로 삼아 성공한 사례도 많음을 결코 간과해서는 안 된다. 기업이 사회적 책임을 다하기 위해서는 대를 물려 장수기업이 많이 있어야 그 사회가 건전하게 발전할 수가 있다. 수십 년이나 수백 년을 이어가는 장수기업이 늘어나기 위해서는 무엇보다도 승계절차가 투명하고 정당하여 누가 보더라도 존경과 신뢰를 받을 수 있어야 가능하다. 주로 장수기업은 가족기업형태로 대를 이어간다.

맡은 분야에서만은 누구도 따라올 수 없는 자기만의 유일한 경쟁력을 확보하여 그야말로 장인 정신으로 철저하게 무장되지 않으면 어렵다. 더구나 대를 잇는 후계는 단순히 창업자의 과실을 따 먹는 데 그치지 않고 변화에 민감하며, 도전정신을 발휘하여 보다 더 창의적이고 발전적인 기술개발로 한 차원 높게 혁신할 때만이 그 빛을 발하게 된다. 이런 점에서 일본에는 200년 이상 되는 장수기업이 2011년 통계로 무려 3,113개나 있고 독일에도 1,563개나 된다고 한다. 우리도 본받아야 할 덕목들이다.

● 이솝우화에 나오는 배려하지 못한 사례

여우에게 항아리에 음식을 담아주고 두루미에게는 쟁반에 담아준다. 여우는 혀로 쟁반의 음식을 핥아 먹을 수는 있지만, 부리가 없어 항아리의 음식은 먹을 수가 없고, 반대로 두루미는 긴 부리로는 쟁반의 음식은 먹을 수가 없기 때문이다.

초식동물인 소와 육식동물인 사자의 결혼 이야기로, 사자는 소를 위하여 자신이 좋아하는 토끼와 사슴을 매일 힘들게 잡아서 소에게 준다. 소는 자신이 좋아하는 풀을 매일 뜯어 사자에게 준다. 그러나 이들은 얼마 가지 못 하여 서로 헤어지기로 하였다. 자신의 입장으로만 생각하는 사례를 풍자한 대표적인 우화들이다.

● 배려와 균형 이야기

옛날에 기어 다니는 앉은뱅이가 있었다. 추운 겨울밤이면 얼어 죽지 않으려고 남의 집 굴뚝을 끌어안고 밤을 보내고, 낮에는 장터를 돌아다니며 빌어먹으며 살아갔다.

그러다 어느 날 장터에서 구걸하는 맹인을 만났다. 동병상련의 아픔이 있었기에 두 사람은 끌어안고 울면서 같이 살기로 하였다. 앉은뱅이는 맹인에게 자기를 업으면 길을 안내하겠다고 하였다.

맹인이 앉은뱅이를 업고 장터에 나타나면, 서로 돕는 모습이 보기가 좋았던 사람들은 두 사람에게 넉넉한 인심을 보냈다. 그러자 빌어먹고 살지만, 예전보다는 살기가 좋아졌다. 보는 놈이 똑똑하다고 하더니, 점차 앉은뱅이는 맛있는 음식은 골라 먹고 맹인에게는 음식을 조금만 나누어 주다가 보니 앉은뱅이는 살이 쪄 점점 무거워지고, 맹인은 못 얻어먹어 점점 약해져 갔다.

어느 날 두 사람은 시골 논길을 가다가 맹인이 힘이 빠져 쓰러지면서 두 사람 모두 도량에 처박혀 죽게 되었다. 우리도 마찬가지다. 똑똑하고 능력 있다고 베풀지 않고 혼자만 배를 채우다 보면 앉은뱅이의 실수를 할 수가 있다. 우리도 균형을 잃으면 공멸할 수 있다.

식사 후, 적극적으로 밥값을 계산하는 이는 돈이 많아서 그런 것이 아니라 '돈보다 관계'를 더 중히 생각하기 때문이고, 일할 때, 주도적으로 하는 이는 바보스러워서 그런 게 아니라 '책임'이라는 것을 알기 때문이다.

다툰 후, 먼저 사과하는 이는 자가가 잘못해서 그러는 게 아니라 '당신을 아끼기 때문'이다.

늘, 나를 도와주려는 이는 나에게 빚진 게 있어서 그런 게 아니라 '진정한 친구로 생각하기 때문'이며, 늘, 카톡이나, 안부를 보내주는 이는 한가하고, 할 일이 없어서 그러는 게 아니라 마음속에 늘, '당신을 두고 있기 때문'이다.

● 정주영 회장의 고령교 공사 / 신뢰(無信不立)

<u>한번 잃어버린 신용은 결코 되찾을 수 없어!</u>

1953년 정주영 전 현대그룹 회장은 6·25전쟁으로 파괴된 대구와 거창을 잇는 정부로부터 따낸 고령교 복구공사에서 엄청난 시련과 교훈을 얻었다. 당시로써는 국내 최대 규모로 총 공사비는 5,457만 환에 공기 24개월로 물자수송은 물론 지리산의 공비 토벌을 위해서도 시급히 복구되어야 했다. 열악한 환경과 하루가 다르게 치솟는 물가로 인해 엄청난 시련에 직면했다. 차라리 신축을 하는 것이 나을 정도로 공사는 험난했으며, 장비 부족으로 지지부진하기만 했다. 설상가상으로 천정부지로 폭등하는 물가로 인해 노임을 제때 받지 못한 인부들은 파업을 벌이고, 사무실과 집은 빚쟁이들로 들끓어 지옥을 방불케 하는 상황이 매일같이 벌어졌다. 쌀 한 가마에 40환 하던 물가가 공사가 끝날 무렵인 2년 뒤에는 4천 환까지 무려 100배나 치솟을 정도로 하루가 다르게 폭등하는 자잿값과 노임을 감당해 낼 수가 없었던 것은 당연하였다. 애당초 계약할 때 인플레이션을 고려하지 않은 것이 화근이었다. 공사비가 물가에 연동되는 계약이 아니었기 때문에 고스란히 사업주가 책임을 떠안을 수밖에 없는 상황이었다.

누가 봐도 공사를 중도 포기하고 간판을 내려야만 할 극한상황이었다. 측근들은 공사 중단을 강력히 주장하였으나 정주영은 사업하는 사람에게는 신용이 첫째이니, 무슨 수를 써서라도 공사는 약속한 기일에 맞춰 끝내야 한다는 생각뿐이었다. "사업은 망해도 다시 일어설 수 있지만 한번 잃어버린 신용은 결코 되찾을 수가 없다"는 확고한 신념이 있었기 때문이었다. 그리하여 본인과 아우와 매제의 집은 물론 현대건설 간부들의 집까지 급히 처분하여 마련한 자금으로 당초 공사비보다 훨씬 많은 7천만 환의 막대한 적자를 보고 공사를 마무리할 수 있었다.

그 후 회사는 거덜 나고 가족들은 초동다리 옆 판잣집으로 내몰렸지만, 신용이라는 소중한 자산만은 지킬 수 있었다. 그러나 후 일 현대건설의 신용도를 높이 평가한 정부는 2년 뒤인 1957년 한강 인도교 복구 공사를 맡겼으며, 이를 밑거름 삼아 일약 5대 건설사의 반열에 올라서는 전환점을 맞게 되었다.

● 목숨을 건 신뢰

프랑스 혁명(1789년 7월 14일부터 1794년 7월 28일) 중의 이야기이다. 1792년 8월 10일 혁명의 막바지에 파리 시민들은 총궐기하여 튈리르 궁으로 쳐들어갔다. 프랑스 왕 루이 16세(재위 1774~92)와 왕비 마리 앙투아네트가 시민 혁명군에 포위되었을 때, 궁전을 마지막까지 지킨 것은 프랑스 군대가 아니었다. 모든 수비대가 도망갔지만, 왕실의 호위를 맡았던 스위스 용병 700여 명은 남의 나라의 왕과 왕비를 위해 용맹하게 싸우다가 장렬하게 최후를 맞았다. 시민혁명군이 퇴각할 수 있는 기회를 주었는데도, 스위스 용병은 계약기간이 수개월 남았다는 이유로 그 제의를 거절했다. 당시 전사한 한 용병이 가족에게 보내려 했던 편지에는 이렇게 쓰여 있었다.

"우리가 신용을 잃으면 후손들은 영원히 용병을 할 수 없을 것이다!! 우리는 죽을 때까지 계약을 지키기로 했다."

오늘날까지 스위스 용병이 로마교황의 경비를 담당하는 전통이 이어지고 있는 데는 이와 같은 배경이 있다. 젊은 용병들이 목숨을 바치며 송금한 돈은 헛되지 않았다. 당시 중세 때 만해도 스위스는 다른 이웃

나라에 비해 가난한 나라 중의 하나였으며, 생계를 위해 국외로 나가 인력수출로 생계를 꾸려가고 있을 때였다. 이때부터 스위스 용병들은 타 용병들과는 다르게 후손을 위해서라도 절대 배신은 안 된다는 생각으로 '충성과 신의'의 모토에 따라 배신을 하지 않고 신뢰를 목숨보다 더 소중하게 여겨 용맹과 신뢰의 용병으로 명성을 떨치게 되었다.

이런 전통은 훨씬 이전으로 거슬러 올라간다. 1527년 스페인 국왕이자 신성로마제국의 황제였던 카를 5세가 교황 클레멘스 7세와 프랑스 연합군을 공격하는 과정에서 로마를 약탈하는 일이 벌어졌다. 이때 다른 군대는 모두 스페인군에 항복하였지만, 스위스 용병은 187명 가운데 147명이 전사하면서까지 교황을 보호하며 피신시키는 데 성공하게 되었다. 이러한 충성심과 용맹으로 감동한 교황은 이때부터 바티칸 교황청 근위대를 스위스 용병들로 구성하는 전통이 생겨났다.

후일 스위스 용병의 신화는 다시 스위스 은행의 신화로 이어졌다. 용병들이 송금했던 피 묻은 돈은 결코 헛되지 않았다. 이 목숨 바쳐 송금한 돈을 관리하는 스위스 은행의 금고는 그야말로 목숨을 걸고 지켜야 하는 것으로 여겨졌다. 그 결과 스위스 은행은 '안전과 신용'의 대명사가 되어 이자는커녕, 돈 보관료를 받아가면서 세계부호들의 자금을 관리해 주는 존재가 되었다. 신뢰야말로 사람의 마음을 얻고 움직이게 하는 원동력이고 서로에 대한 믿음이 없으면 인간관계는 존립할 수가 없는 최고의 덕목이 되고 있다.[37]

---

37) "naver통합"https://9062jung.blog.me/221148639597, 목숨을 건 신뢰 중에서(2018)

● 믿음의 유산(遺産)

미국의 개척사에 보면 18세기 초 두 명의 젊은이들이 청운의 꿈을 안고 배를 타고 와 신대륙인 미국에 내렸다. 그 두 사람은 마르크 슐츠와 조너선 에드워즈라는 사람인데 이 두 사람은 똑같이 신천지에서 새로운 미래를 개척하기 위하여 왔다.

마르크 슐츠는, '내가 이곳에서 큰돈을 벌어 부자가 되어서 내 자손에게는 가난이라는 것을 모르고 살도록 돈을 벌어야 하겠다.' 생각하고 뉴욕에다 술집을 차려서 열심히 일했다. 결국 그의 소원대로 엄청난 돈을 벌어서 당대에 큰 부자가 되었다. 반면에 조너선 에드워즈(Jonathan Edwards, 1703~1758)는 내가 여기까지 온 것은 신앙의 자유를 찾아서 왔으니, 자유의 나라인 이곳에서 바른 신앙생활을 해야겠다고 생각하고 열심히 공부해서 목사가 되었다.

그리고 세월이 흘러 150년이 지나 5대 자손들이 태어난 후에, 뉴욕시 교육위원회에서는 컴퓨터로 이 두 사람의 자손들을 조사해 보았다. 조사결과, 놀라운 결과가 나왔다. 많은 재산을 벌어 자손들이 잘살게 해 주어야겠다고 생각한, 마르크 슐츠의 자손은 5대를 내려가면서 1,062명의 자손을 두었는데 그 자손들이 교도소에서 5년 이상의 형(刑)을 받은 자손이 96명, 창녀가 된 자손이 65명, 정신이상, 알코올 중독자만 58명, 문맹자가 460명, 정부의 보조극빈자가 286명이었으며, 정부의 재산을 축낸 돈이 무려 1억 5천만 불에 달했다는 통계가 있다. 우리나라 돈으로 환산하면 약 1,800억 원이나 된다.

반면에 신앙을 찾아 미국에 왔던 조너선 에드워즈는 미국의 명문대학 프린스턴 대학을 당대에 설립하고 5대를 내려가면서 1,394명의 자손을 두었다. 자손들 중에 선교사와 목사만도 116명이 나왔고, 예일 대학교 총장을 비롯한 교수, 교사만도 86명, 군인이 76명, 나라의 고급관리가 80명, 문학가가 75명, 실업가가 73명, 발명가가 21명, 부통령이 한 사람, 상원의원, 하원의원, 주지사가 나왔고, 장로 집사가 286명이 나왔다고 한다. 명예로운 시민이 된 자손이 도합 816명이 된다.

놀라운 것은 이 가문(家門)이 나라에 낸 세금(稅金)과 지도자로서 미국발전에 지대한 공헌(貢獻)을 했고, 정부 재산을 하나도 축내지 않았다는 것이다. 연구의 결과 유산 중 최고의 유산(遺産)은 '믿음의 유산(遺産)'이었다.

부모가 자식에게 거액(巨額)의 재물(財物)을 유산으로 줄 수 있다. 그런데 결과는 이 유산이 자식들을 망하게 하고 오히려 불행의 씨앗이 된다는 것이다. 그러기에 '재물의 유산'보다 더 중요하게 물려주어야 할 것이 있다. 바로 그것은 '올바른 믿음'이라는 인성과 '건강한 재무심리'를 유산으로 남겨 주는 것이다. (옮겨온 글)

PART
4

내 안에 잠든
부자 심리를 깨워라

사람은 누구나
부자의 자질을 타고난다

● 돈에 대한 관점 바꾸기

사람은 누구나 태어날 때부터 스스로 부자가 될 자질을 타고난다. 다만 그 자질의 근원인 부(富)의 심리를 제대로 알지 못하여 깨우고 개발하지 못할 뿐이다. 내 안에 잠재하는 부의 심리를 깨우고 개발하기 위해서는 무엇보다 먼저 돈에 대한 근본적인 심리와 마인드 재정립이 가장 우선 되어야 한다. 기도나 예배 자선 등은 영적인 기운이 감도는 반면에 돈이나 권력, 성 등은 어쩐지 세속적이고 비윤리적인 것으로 금기시되는 것이 현실이다. 무엇보다 부는 악이 아니라 부를 지나치게 사랑하는 사람들의 '탐욕이 만 악의 근원'이라는 생각부터 가져야 한다. 소위 돈에 대해 잘못 형성된 심리와 인식, 태도 신념의 편견일 뿐이다.

1611년 성경의 영어 번역본인 킹제임스성경(The King James Version / KJV)인 '디모데 전서'(딤전6:11)에서 '돈을 사랑하는 탐욕이 모든 악의 뿌리'라고 분명히 밝히고 있다. 돈 자체는 악이나 탐욕이 아니며, 또한 가난도 착함이 아니다. 이스라엘 사람들은 부를 사랑하고 가난을 경멸하고 있다. 따라서 우리 모두는 그동안 잘못된 돈에 대한 교육과 도덕주의에 의한 편견에서 깨어나 돈에 대한 균형감각을 가져야 하는 과제를 안고 있다. 자본주의 사회에서 돈이 없으면 죽은 목숨이나 다름없다. 돈이 없으면 평생 돈에 끌려다니며 고통을 받게 되고, 또한, 많아지면 인간관계가 깨지고 가정과 자식에게 문제가 생기기가 쉽다.

각종 스트레스와 우울증에 시달리게 되고, 사기가 저하되어 업무성과가 떨어지고, 인간관계도 무너져 궁극적으로 건강까지 해치게 되어 기대수명도 떨어지게 되는 부작용을 가져오게 된다. 따라서 이러한 돈에 대해서 제대로 알려 하지 않고 회피만 한다면 결국 돈이 내 삶을 지배하게 되어 돈에 휘둘리고 예속되는 돈의 노예 신세로 전락하게 될 수밖에 없는 게 현실이다.

그러나 우리는 지금까지 돈에 대해서 제대로 배운 적이 없다. 손자병법에 "지피지기(知彼知己)면 백전불태(百戰不殆)"라고 한다. 돈을 알면 돈을 이길 수 있다는 얘기다. 돈을 잘 알고 잘 다루기만 하면 기쁨과 즐거움을 주는 애완동물이 되지만, 잘 알지 못하고 함부로 다루면 인생을 송두리째 파멸로 이끌 수도 있는 사나운 맹수로 변할 수도 있다.

이러한 부의 원천은 바로 당신 안에 잠들고 있을지도 모를 부자를 지향하는 재무심리에 달려 있다. 그 재무심리는 부모나 친지 가까운 주변에서 과거의 경험이나 가르침의 영향으로 머니 스크립트가 되어 알게 모르게 자신의 심리를 지배하게 되고 행동으로 나타난다. 그러나 잘못된 재무심리는 얼마든지 본인이 의지로 고칠 수가 있다. 본인의 의지와 선택에 달렸다. 돈에 대한 관점부터 바꾸어야 부자로 가는 열차에 동승할 티켓을 받을 수 있다.

잠자는 부자 심리를
깨우자

부자 되는 첫걸음이자 핵심은 티끌 모아 태산이 되듯이 버는 것보다 적지만 한푼 두푼부터 덜 쓰고 저축하는 길이다. 그리고 두 번째는 전문가의 조언을 받아 '재테크 지혜를 모방하라'는 것이다.

또한 부자가 되기 위해서는 어떤 직업에 종사하든 '근면과 검소로써' 직책을 충실히 이행해야 한다. 재산을 정당한 방법으로 모으고, 이를 도덕적으로 올바르게 나누어줄 줄도 알아야 한다. 모으는 목적은 자신의 안락은 물론 '타인에게 베풀기 위함'이라고 생각을 가져야 한다. 베풂(나눔)은 더 큰 부를 가져오는 원천이기 때문이다. 그리고 가난은 일종의 생활 습관병이라는 생각을 해야 한다. 매일의 사소한 생활 습관이 굳어져 가난한 체질로 만들기 때문이다. 부처님은 일찍이 "나는 내 생각의 소산이다."라고 말씀하셨다. 현재의 나라는 존재는 그동안 내가 생각해온 결과물에 불과하다. 부자가 되고 싶으면 지금 생각을 바꾸어 습관화하여 부자체질로 바꾸면 된다. 마치 그 사람의 몸매는 그 사람의 생활습관의 결과물인 것처럼 말이다.

● '뉴 플러스'(New Plus)

마이너스(-)를 마이너스(-)하면 플러스(+)가 된다. 즉 부정을 부정하면 긍정이 되는 원리다. 쓸데없이 새는 돈을 아끼면 돈이 된다는 뜻이다. 그리고 우리는 언제나 좋은 결과를 기대하지만 살다가 보면 원치 않지만 예상치 못한 불행, 위험, 가난, 불명예 등을 직면하게 된다. 진정으로 성공과 부, 행복을 얻으려면 무작정 그것을 쫓지만 말고 눈에 보이지 않고 숨겨진 위험에 주의를 기울이고 사전에 예상하여 제거하는 지혜와 노력이 무엇보다 중요하다.

특히 재테크에는 지뢰밭이 있게 마련이기 때문에 리스크관리는 필수다. 그리고 부부관계에서도 결혼하기 전에 서로가 행복하게 잘 살자고 약속하였지만, 서로의 환경과 문화와 사고의 차이 때문에 예상치 못한 갈등과 불화로 싸우고 이혼까지 가는 사례가 많다.

이를 대비하기 위하여 미리 예상되는 불행의 예상 리스트인 'Angry List'를 작성하여 서로 교환하여 그 틈새를 미리 채우고 갈등을 조정하면 행복한 결혼생활을 영위할 수가 있는 것이다. 이것이 바로 새는 돈(-)을 막고 위험을 사전에 제거(-)하면 플러스(+)가 된다는 NPTI연구원의 '뉴 플러스'(New Plus) 개념이고 원리이다.

'뉴 플러스'(New Plus) 10계명

① 마이너스를 마이너스 하라
② 게으른 본성을 마이너스 하라
③ 가난의 언어를 마이너스 하라
④ 화려함을 마이너스 하라
⑤ 시간을 마이너스 하라
⑥ 유혹을 마이너스 하라
⑦ 지출을 마이너스 하라
⑧ 수도꼭지 크기를 마이너스 하라
⑨ 소득의 리스크를 마이너스 하라
⑩ 곳간을 마이너스 하라

● 곱하기(×)심리를 가져야 부자가 될 수 있다

5+5=10이지만 5×5=25로서 2.5배나 된다. 이 원리는 시간이 지남에 따라 몇 배의 승수효과로 차이가 더 확대된다. 부자들은 처음부터 큰 돈을 가지고 시작하지 않았다. 다만 적은 돈이지만 곱하기 마음으로 인내를 가지고 꾸준히 투자해 온 결과로 부자가 될 수 있었다. 부자가 되려는 절실하고도 강력한 마음이 먼저 있었기 때문에 돈이 화답한 것에 불과하다.

첫째, 돈이 없어도 곱하기 심리를 가지는 것이 먼저다.

둘째, 관심시장의 정보를 입수하여 분석하고 반드시 복수의 전문가들로부터 조언을 구한다.

셋째, 종잣돈부터 시작하여 알까기 전략으로 점차 확대한다.

넷째, 조급한 마음은 금물이다. 장기적인 트랜드와 가치투자에 집중하고 한탕주의로 끝내지 말고 꾸준히 반복적인 인내력이 필요하다.

다섯째, 자기만의 로스컷(Loss Cut/ 손절매 기준)을 설정하고 지킨다.

여섯째, 어떤 경우라도 생존에 필수적인 돈인 씨 돈은 손대지 말고 유보하고 있어야 만일의 경우에 보험 역할을 한다.

● 나눗셈(÷)의 함정에서 벗어나야 한다

요즘 세상은 참 편리하다. 지금 당장 현금이 없어도 물건을 사거나 서비스를 제공받을 기회는 얼마든지 있다. 바로 카드나 할부제도로 쉽게 구입할 수 있는 기업의 각종 마케팅에 둘러싸여 있기 때문이다. 바로 큰 금액도 장기간 나누면(÷) 매달 느끼는 상환금액은 크게 감소하

여 별로 부담을 느끼지 못하는 심리를 이용하는 것이다. 그것도 분납
(÷) 무이자라는 유혹이 있어 더한층 쉽게 넘어가기가 일쑤다. 또한 은
행으로부터 대출하고도 원금상환은 일정기한 뒤로 미루고 그것도 쉽게
상환기한을 연장할 수도 있으며 이자만 갚으면 되기 때문이다. 물론 필
요 담보가 충족되는 경우로 한정은 하지만 이자만 갚는 은행의 마케팅
의 유혹에 쉽게 노출되어 있어 큰 금액의 대출도 부담 없이 쉽게 사용
할 수 있기 때문이다.

게다가 마이너스(-) 통장이라는 신용대출제도로 이자도 한도 내에서
자기도 모르게 자동으로 빠져나가고 몇%의 이자가 얼마나 빠져나가는지
굳이 알 필요도 없기 때문에 부담 없이 마이너스함정에 쉽게 빠질 수 있
는 위험에 노출되어있다. 그래서 부자가 되기 위해서는 반드시 현금이나
체크카드로 현금결제를 원칙으로 하고 고객의 빚을 가볍게 보이도록 하
는 일종의 각종 마케팅 제도인 할부나 원금상환 유예대출, 마이너스 통
장 등의 유혹에서 벗어나 건강한 부자심리의 근력(筋力)을 키워야 한다.

● 플러스발상(+)은 돈을 끌어들인다

일의 성과는 사고방식×열의×능력이라고 한다. 즉 사고 방식에 따라
일의 성과가 좌우된다는 의미다. 따라서 사고방식만 버꾸어도 인생은
180도 달라진다. 긍정적인 사고방식(플러스.+발상)은 진취적인 사고, 건설
적, 생산적인 사고와 감사하는 마음, 배려, 나눔, 협력, 봉사, 겸손, 밝
고 선한 마음 등에서 나오며 돈을 끌어들이는 속성이 있다. 반면에 부
정적인(-) 발상은 이기적이고 배타적인 태도와 독선적, 아집, 저주, 원
망, 시기, 질투, 불교의 세 가지 독인 탐진치(貪瞋癡) 등으로 돈을 배척한

다. 또한 플러스발상(+)을 하면 뇌 내(內)에서 베타 엔돌핀(β-endorphin)과 면역작용을 하는 산소독 중화효소인 SOD(Superoxide dismutase)등과 같은 뇌 내 모르핀이 나와 건강에도 매우 유익하다.

● 숫자감각과 셈이 빨라야 한다

숫자감각과 셈은 부(富)의 핵심 코드다. 숫자감각은 부를 컨트롤하는 숫자와 부를 창출하는 감각이 결합된 개념이다. 이재(理財)에 밝아야 부자가 될 수 있다는 말은 바로 숫자를 이해하고 지배하여 감각적으로 잘 활용하고 셈이 빨라야 부자가 될 수 있다는 애기다. 부를 지배하는 시간, 인력, 자금, 물량, 데이터 등의 모두가 수치로 통제되기 때문이다. 생활 속에 숫자를 끌어들이고 숫자를 생활의 일부로 생각하는 숫자관념에 철저해야 한다는 애기다. 히딩크가 2002년 월드컵에서 4강의 신화를 이룬 비결도 바로 숫자관리를 과학적이고 체계적으로 잘 활용하였기 때문에 가능하였다고 평가하고 있다. 단순히 감각적 판단이 아니라 선수 개개인의 특성과 기량, 장. 단점 등의 수치화된 데이터를 분석하여 적재적소에 용병하였다. 스포츠는 물론 모든 사물, 정보, 인간관계까지 모름지기 모든 경영학은 기본적으로 회계시스템을 바탕으로 하는 숫자를 다루는 학문이라 할 수 있다.

빅데이터와 AI(인공지능)는 제4차 산업혁명의 핵심 키 워드다. 이세돌에 승리한 구글의 인공지능 '알파고'를 비롯하여 최근 프로축구경기에 운영하는 빅데이터와 AI가 대표적이다. 매년 전 세계서 11만 개 정도를 분석하여 지금까지 몰랐던 축구 전술을 분석하고 평가하여 영화를 추천하듯이 스카우트 제의까지 하고 있다. 불과 3시간 만에 300쪽이 넘는 보고서도 가볍게 처리할 수 있다고 한다. 손흥민도 가끔 입고 훈련하는 '캐터펄트(Catapult)'조끼는 GPS(위성 위치 확인 시스템)로 선수의 이동경로, 속도를 수집하고 심박수, 균형감각, 신진대사량까지 모은다. 이 얇은 조끼가 선수 자신도 알기 어려운 정보들을 1초당 약 1,000개를 수집할 수 있으며, 한 게임을 뛰면 540만 개의 데이터가 쌓인다고 한다. 머지않아 인간이 몰랐던 축구 전술을 AI가 개발해 코치하는 날이 와 축구도 알파고 감독이 뜰 날도 멀지 않았다고 예측라고 있다.[38] 이제는 핀테크(Fin Tech)와 IT, ICT 기술발달로 금융 분야에도 AI가 지배할 날도 멀지 않았다. 그러나 아무리 AI시대가 올지라도 인간의 마음을 다루는 재무심리테라피(Financial Psychological Therapy)는 기계가 대신할 수 없으며 반드시 필요한 분야가 될 것이다.

● 당장 돈 되는 일에 집중하자

당장 돈 되는 일과 장기적인 준비과정을 구분하여 균형 있게 시간과 정력을 투자한다. 지금 당장 돈 되는 일(E1, E2)과 나중에 돈 되는 일 준비(E3, E4), 돈 안 되는 일(Ex)로 구분하고 한 달 내로 돈 되는 일에 50%, 다음 달에 돈 되는 일에 25%, 두 달 이후 수입창출 되는 일에 10% 정도로 배분을 하고 그 외 장기적으로 자기계발과 새로운 미래의 수입원 발굴(기업의 미래의 먹거리와 신상품개발에 투자하는 R&D와 같다)에 반드시 15% 정도는 할애하여 미래를 대비해야 한다. 시간과 노력이라는 투자자원의 효과적인 선택과 집중으로 업무효율을 극대화한다.

---

38) 조선일보, 2019.3.8 A8면

● 네 가지 재무심리의 머니 톡스를 디톡스하라

재무심리의 네 가지 마음인 돈을 버는(+) 마음과 쓰는 마음 (−), 불리는 마음(×), 그리고 나누는 마음(÷)의 장애(독소)요소를 파악하여 사전에 치유하고, 부자의 심리로 바꾸고 습관화하여 체질화시키고, 행동으로 실천하여 스스로 삶의 변화를 도모하여야 한다. 올바른 마인드 세트와 머니 스크립트를 가지도록 재무 테라피와 재무 장애인 머니 톡스(Tox)를 해독하고 제거하여 디톡스(De Tox)하는 것이다.

● 부의 원천인 저수지와 수도꼭지를 키우자.

부의 원천인 저수지와 수도꼭지를 키우기 위하여 자신만의 전문성과 창의성을 발휘하여 브랜드 가치를 높이는 노력을 지속적으로 하여야 한다. 그러기 위해서는 본능적으로 하기 싫은 것부터 하면 된다. 사람은 원래 본능적으로 게으른 존재이며, 자신의 평안과 안락을 도모하는 이기적인 존재다. 서 있으면 앉고 싶고, 앉으면 눕고 싶고 누우면 자고 싶기 때문이다. 일하기보다 쉬고 싶고, 늦잠 자고 싶고 취미나 여가를 즐기고 싶은 마음이 먼저 든다.

● 미래상(Dream Picture)과 자기 절제력을 키워라

지금 당장 달콤하고, 쾌락과 편안함을 선호하기 때문에 부의 원천인 저수지와 수도꼭지를 키우기 위하여 자신만의 전문성과 창의성을 발휘하여 브랜드 가치를 높이는 노력을 지속적으로 하여야 한다. 그렇기 위해서는 지금보다 미래를 위하여 지금 당장의 만족보다도 참고 인내하는 자기 절제와 통제력이 무엇보다 필요하게 된다. 마치 자기계발전문가인 호아킴 데 포사다의 마시멜로(marshmallow, 달콤한 과자) 이야기처럼 4살 정도의 어린아이들에게 맛있는 마시멜로를 보여주며 15분 뒤에 먹으면 한 개를 더 주겠다는 약속을 지킨 아이들이 10년 뒤 참지 못하고 먹은 아이보다 SAT(미국의 대학입학 학력평가시험) 시험성적이 20%나 더 높았다는 실험에서도 알 수 있듯이 지금 당장의 쾌감이나 만족을 지연시킬 수 있는 자기 절제력이 성공의 동인이 된다는 얘기다. 사람들은 오늘 할 일을 내일로 미루기나 미래를 대비하는 마음보다 지금 당장을 선호하는 것은 심리적 거리감 때문이다. 어떤 것이 더 멀게 느낄수록 우리는 그것의 가치를 더 깎아내리는 가치폄하를 하기 때문이다.

미국의 UCLA 앤더슨 경영대학원의 할 허시필드(Hal Hershfield)박사는 '미래의 나를 어떻게 느끼느냐? 에 따라 돈을 다루는 방식이 크게 달라진다는 사실을 실험으로 증명하였다.[39] 5년이나 10년 후 당신의 모습을 상상해 보고 그림으로 그려 사실에 가깝게 생생하게 느끼도록 표현해 볼수록 상상 속의 미래상을 현실로 받아들여 심리적으로 가깝게 느껴 미래상을 위하여 현재의 만족이나 쾌감을 억제하고 자연스럽게 조정하게 된다는 것이다. 꿈과 목표도 종이에 적어 매일 휴대하고 염원하면 훨씬 성공확률이 높다는 얘기와도 같다. 이러한 절제심리는 상세하게 그린 미래상에 대한 그림(Dream Picture)이 구체적이고 생생할수록 미래의 자기와 영향을 주고받으며 돈과 관련된 선택을 할 때 더 미래상의 가치폄하는 사라지고 미래를 준비하는 참을성이 높아진다.

---

39) 새라 뉴컴 『당신의 잠든 부를 깨워라』 김정아 역, 유노북스(2017) p140

● 스스로 운명의 주인이며 영혼의 선장이 되라

자신의 삶은 자신이 통제한다는 생각을 가져야 한다. 스스로 자신의 운명을 통제할 때 가장 행복하고 자기효능감이 높게 나타난다. 부자들 대부분이 '자신의 삶은 스스로 통제하여 개척하는 것'이라고 긍정적으로 생각한다. 나는 내 운명의 주인이며, 내 영혼의 선장이라고 자부한다. 나쁜 습관의 무의식을 의식으로 전환하지 않으면 무의식이 당신의 인생을 지배할 것이라는 사실을 잘 알기 때문에 운명이라고 체념하는 것이 아니라 적극적으로 개척하여 창조해나간다. 백만장자의 1/3은 유산상속으로, 1/3은 기업이나 사업을 통하여, 나머지 1/3은 재테크를 통하여 부(富)를 일구었다. 대부분의 부자들은 자신의 삶을 긍정적으로 통제할 수 있었기 때문에 자력으로 부를 이룰 수 있었다.

● 기회와 찬스는 평소에 준비하고 결단하는 자의 몫이다

이탈리아 토리노박물관에는 고대 그리스 신화에 나오는 조각가 리스포스의 작품인 '기회의 신'이 있다. 신화에 의하면 시간에 관한 두 명의 신이 있는데 하나는 크로노스(chronos)인 절대시간의 신이고 또 하나는 카이로스(kairos)로 상대시간의 신으로 기회(chance, 타이밍)를 의미한다. 기회신의 특징은 앞머리가 무성하고, 뒷머리는 대머리며, 등과 양발에는 날개가 달려있고, 손에는 저울과 칼을 들고 있다. 앞머리가 무성한 이유는 사람들로 하여금 내가 누구인지 금방 알아차리지 못하게 하고, 나를 발견했을 때는 쉽게 붙잡을 수 있도록 함이고, 뒷머리가 대머리인 것은 내가 일단 지나고 나면 다시는 나를 붙잡지 못하도록 함이며, 발에 날개가 달린 이유는 최대한 빨리 사라지기 위함이다. 저울은 기회를 정확히 판단하라는 의미고, 날카로운 칼은 칼같이 결단하여 행동하라는 의미다. 바로 내 이름은 기회(chance)다. 또한 위기는 위험과 기회의 합성어다. 위기는 실패할 위험이 있지만 한편 성공할 기회도 있다는 의미다. 성공과 실패는 바로 당사자가 그것을 어떻게 대처하느냐? 하는 선택의 문제일 뿐이다. 머뭇거리면 이미 늦다. 준비하여 조건을 미리 갖추지 못하면 기회가 와도 자기 것으로 만들 여력이 없다. 평소에 준비하고 있다가 기회가 왔을 때 칼같이 결단하여 바로 행동하는 자가 그 기회를 붙잡을 수 있게 하기 위함이다. 실패한 8할은 판단을 잘못해서가 아니라 제 때에 결정을 내리지 못했기 때문이다. 사람은 누구에게나 돈을 붙잡을 기회가 온다. 다만 부자는 그 기회를 미리 준비하고 있다가 바로 낚아채는 사람이다. 매의 눈과 독수리의 발톱을 가져야 한다. 사전준비와 결단이 부자가 되는 알파와 오메가다.

발상의 전환이
돈을 끌어들인다

● **돈을 끌어들이는 부자 심리**

① <u>나눔(÷)은 부와 행복을 끌어들이는 원천이다</u>

주는 자가 받는 자보다 복이 있다(사도행전20:35)와 나누면 자신에게 더 크게 돌아온다. 그리고 하나님은 "구제하는 자에게는 궁핍하지 않게 해 주시고, 그렇지 못한 자에게는 저주를 내리신다." "주라 그리하면 너희에게 줄 것이니 후히 되어 누르고 흔들어서 넘치도록 하여 너희에게 안겨 주리라"(눅6:38)라고 가르치고 있다. 남을 돕는 것은 결국 자신을 돕는 보약으로 언젠가는 큰 보답으로 돌아오게 된다. 돈을 얻는 확실한 방법은 '돈은 주는 것'이라는 사실을 많은 부호들이 돈이 없을 때부터 실천하여 큰 부를 이루게 되었다고 증언하고 있다. 나눔(÷)은 더 큰 부(富)를 끌어들이는 원천이라는 발상의 전환을 가져야 한다.

② 나눔은 '부의 사회 환원'과 빈부격차해소를 통한 이타적 자본주의 긍정적인 영향을 미친다

예수님은 사랑을 통한 '나눔과 구제' 정신으로 그리스도적인 삶을 살아 자본주의 사회의 구조적인 모순점인 빈부격차 해결에 대한 그 대안을 제시하였다. 부처님은 자리(自利)보다 이타(利他)행을 실천하여 자기보다 남을 위하는 이웃사랑으로 보살도(菩薩道)를 실천함으로써 나눔과 베풂, 구제활동 등 보시(布施)를 통하여 스스로 득도해탈하고 종교적으로 승화시켜 부(富)의 사회적 불평등을 해결하고자 하였다. 공자의 인(仁)의 철학은 오늘날 예수님의 사랑과 맥을 같이 하고 있으며, 인간의 도덕적 자각에 의한 인(仁)의 정신으로 천하의 모든 백성이 신분적 평등과 재화의 공평한 분배와 인륜(人倫)의 구현으로 상징되는 '대동사회'를 건설하고자 하였다.

③ 나눔은 성공적인 비즈니스에 긍정의 효과를 가져 온다

인간관계는 물론 실제 비즈니스 세계에서도 호혜성의 원칙에 따라 Give & Take로 모든 관계가 형성되지만, 특히 상대에게 더 많이 줌으로써 더 크게 얻을 수 있다는 사실을 타인을 중시하며 이타적인 삶을 사는 '기버(Giver)'와 평소에 나눔과 소통으로 덕을 베풀어 자신을 도울 수 있는 우호 세력을 많이 확보하는 '득도다조(得道多助)'하는 개인이나 기업이 성공하는 사회라는 것을 확인하였다. 과거의 기업이 오직 이윤추구만 해 왔다면 오늘날에는 기업의 윤리적 측면이나 사회적 책임이 우선하는 시장주의 바탕 위에 사회공헌이라는 새로운 가치를 창조하여야만 존립하고 지속발전이 가능한 시대로 바뀌고 있다.

④ 자녀에게 부의 상속보다
건강한 재무심리상속이 자녀 장래에 더 효과적이다

자식에게 너무 많은 재산을 남겨주는 것은 오히려 독이 되어 자식을 망치게 하는 것과도 같다. 노력 없이 쉽게 벌거나 상속받고 횡재한 재산을 노동의 가치를 손수 체험하지 못하여 노동의 소중함을 알지 못하기 때문에 쉽게 낭비하기가 일쑤기 때문이다.

그리고 지나친 상속은 장래에 자녀의 인성을 망치는 길이며 스스로 부를 이룰 수 있는 기회와 독립심, 자긍심을 아예 빼앗는 일이다. 따라서 물고기를 바로 주기보다도 물고기 잡는 법을 가르쳐 주는 것이 건강한 재무심리를 키우는 길이기 때문이다.

⑤ 나눔이 '부의 소유에서 사용'으로
패러다임의 변화에 긍정의 효과를 미친다

부자란 얼마나 돈을 많이 가지고 있느냐? 하는 양의 기준이 아니다. 이타적인 마음으로 공동체를 위하여 얼마나 많이 쓰고 나누느냐? 하는 사용(유통)의 기준으로 평가되어야 한다. 지금은 공유경제의 시대로 '소유에서 사용으로 패러다임이 바뀌고 있다.' 돈이 아무리 많아도 쓰지 않고 은행에만 두면 화폐수집가에 불과하고, 필요한 곳에 필요한 사람에게 사용될 때라야 마중물로 돈의 본래 목적인 창조적 역할을 다하는 것이기 때문이다.

⑥ 나눔이 '성공적이고 좋은 삶'에 긍정의 효과를 미친다

사람은 존재 자체만으로도 무한한 가치가 있으며, 돈 이외의 것에서 인생의 목표와 가치를 정립하여야 한다. 돈이 목표가 아니라 수단이며,

소유가 아니라 존재적 실존양식의 삶을 살아야 한다. 물질적으로 많이 가지거나 사회적으로 높은 직위나 성취도 중요하겠지만, 무엇보다도 자신의 기대치를 낮추고 상대와 비교하지 않는 마음의 자세가 더욱 중요하다. 그러기 위해서는 돈이 아니라 가치를 좇으라고 부자들은 조언하고 있다.

행복은 우선 돈에 대한 주인의식과 돈으로부터 자유로우며, 돈과의 올바른 관계 설정이 전제되어야 하고, 구체적인 해결방안으로 돈에 휘둘리지 않고 돈을 목적이 아니라 수단으로 인간관계를 우선하는 것으로부터 온다. 돈을 잘 쓰고 인생을 잘 마무리하는 진정한 웰 빙(Well-being)과 웰 다잉(Well-dying)의 의미를 고찰하고 그 해법을 제시하기 때문이다.

⑦ 재무인성은 돈을 끌어 들여 부자로 가는 지름길이다

돈을 끌어들이는 재무인성덕목으로는 사랑, 공동체 의식, 생명존중, 이타주의, 자기희생, 배려, 책임 등이 있으며, 도전, 창의, 쾌활한 성격, 적극적이며 긍정마인드를 기초로 하고 있다. 이는 곧 나눔에 내재하는 원초적인 덕목들로 남을 도우려는 이타심과 남을 우선하는 양보와 존경, 배려심에서 이루어지는 공동체 의식과 상생 마인드에서 나오며, 좋은 인간관계는 결국 돈을 끌어들이는 원동력이 된다.

⑧ 나눔은 심리적 만족감과 정신건강에도 좋다

나눔은 당사자에게 심리적으로 삶의 만족, 자아존중감, 주관적 안녕감(행복), 자기효능감, 삶의 질 향상 등에 긍정적인 영향을 미친다고 볼 수 있다. 또한 나눔활동을 통하여 지금까지 맛보지 못했던 심리적 쾌감을 맛볼 수 있으며, 인체의 면역기능을 향상하는 행복 호르몬인 엔도르핀이 분출되어 도취감을 느낄 수가 있고 건강에도 매우 좋아 장수할 수 있다. 결국 나눔이란 심리적 만족은 물론 심신의 건강과 돈을 끌어들이는 원동력이 된다.

잘못된 생각을
바로잡자

● 풍요로움의 의미를 잘못 이해하고 있다

사람들이 죽을 때 가장 많이 후회하는 것은, 다른 사람들이 기대하는 삶의 모습(경제적 성공, 권력, 명예)을 좇느라 진정 자기 자신의 삶을 살지 못하였고, 자기 자신에게 솔직한 인생을 살지 못했던 것에 대한 후회였다. 하지만 진정한 자산이란 자신이 가장 소중하게 여기는 것으로, 그것은 가족일 수도 있고, 여행을 통한 풍부한 견문일 수도 있다. 자신이 가장 소중하게 생각하는 것이 무엇인지 깨닫고, 그 자산을 쌓는 일에 우선순위를 두는 것이 좋다. 진정으로 '풍요로운' 삶을 살아가고 있는 사람들은 자신이 좋아하지 않고 열정을 갖고 있지 않은 쓸데없는 일에는 결코 시간을 낭비하지 않는다.

● 목표가 너무 많다

너무 많은 것을 원하면 아무것도 제대로 이루지 못한다. 어느 곳에도 집중하지 못하기 때문이다. 이루고 싶은 일 25가지를 노트에 적어봐라. 그중에서 가장 이루고 싶은 것 5가지에만 체크를 해라. 그 5가지가 당신이 가장 중요하다고 생각하는 것이다. 우선순위가 높은 것부터 해야 일의 효율이 높아진다. 나머지 20가지는 머릿속에서 지워버리고 5가지 목표를 달성하기 위해 전력을 다하라. 양보다 질이고 선택과 집중의 원리다. 성공전략의 본질은 '무엇을 할 것인가?' 가 아닌 '무엇을 하지 않을 것인가?'를 선택하는 능력이다.

● 사소한 습관은 무시한다

100에서 1을 빼면 99가 아니라 0이다. 1%의 작은 실수로 인하여 결국 모든 것이 무너질 수 있다. 깨진 유리창의 법칙(Broken Windows Theory)이나 뉴욕 시내의 낙서에서 보는 바와 같이 사소한 것을 방치하면 작은 범죄가 큰 범죄로 이어질 수 있기 때문에 작고 사소한 것부터 철저히 관리하면 결국에 큰 범죄나 실패를 사전에 막을 수 있다는 교훈을 주고 있다. 세계적인 마케팅전문가인 세스 고딘(Seth Godin)은 작은 실수로 전체 이미지를 망치는 상황을 "테이블보의 잉크 한 방울"로 비유하고 있다. "지난 10년간 성공했던 모든 브랜드는 소수의 사람들에게 집중한 마케팅을 펼쳐 성공했다"고 말한다. 그는 스타벅스를 소수 마케팅의 성공사례로 들며, 커피의 품질, 마시는데 드는 시간, 커피값, 분위기 등에 관한 확고한 신념을 가진 소수의 사람들을 중심으로 마케팅을 해 브랜드를 구축하는데 성공하였다. 처음부터 다수(mass)를 공략하는 마케팅의 일반적인 관념과는 반대되는 개념이다. 성능 좋은 염색약을 수영장에 풀면 금세 물든다. 그러나 바다에 풀면 아무도 알아보지 못한다. 한 수영장에 염색약을 푼 뒤 다음 수영장으로 확산하는 게 훨씬 현명하다는 이치와 같다고 말한다. 그는 "성공했다고 해서 거만해져서는 안 된다."고 말한다. 시장은 자그마한 생각의 변화도 쉽게 알아채는 능력이 있기 때문이다.

● 잔돈은 무시한다

부자는 단 돈 1원이라도 큰돈과 마찬가지로 소중히 여긴다. 이런 사람은 1억 원을 벌어도 그 돈을 잘 유지할 수가 있다. 1원을 귀하게 여기지 않는 사람은 1억 원을 소유한다 해도 그 돈을 오랫동안 보유하가가 어렵게 된다. 그것은 크든 적든 돈을 대하는 마음의 태도가 습관이 되어 마음에 작은 구멍으로 점차 커져 나중에는 자신도 모르게 큰돈이 새어나가게 되기 때문이다. 유대인들은 자녀에게 1억 원도 1원으로부터 시작한다고 가르치고 있다. 우리나라의 "천 리길도 한 걸음부터"라는 격언과도 같다. 가난한 사람은 1원을 우습게 보는 버릇이 있지만 부자는 1원이라도 귀하게 생각한다. 부자와 가난한 자의 차이는 바로 적은 돈이지만 돈을 대하는 마음, 곧 재무심리의 차이가 종국에는 부와 가난을 가늠하게 된다.

● 원하는 것과 필요한 것을 구분하지 못 한다

마음의 균형은 자기 절제와 온화함을 바탕으로 한다. 자기 절제로 쓸데없는 유혹에 흔들리지 않고 외부의 소음에도 늘 온화하다면 마음의 균형이 잡혀 있는 것이다. 마음의 균형을 얻으려면 자신이 원하는 것(Wants)과 자신에게 필요한 것(Needs)을 확실히 구분하고, 가능한 필요한 것만으로 만 단순하게 살아야 한다. 필요한 것은 보다 근본적이고 중요한 것이기 때문이다. 그리고 실제 자신이 할 수 있는 일(can list)에서 꼭 실행할 'will list'를 선택하는 것이다. 문제는 많은 사람들이 원하는 것에 너무 많은 시간과 돈을 낭비한다. 성공은 원하는 것에 대한 충동조절능력이 있느냐? 가 관건이다. 시간과 돈을 필요로 하는 것에만 제한하면 시간 활용의 효율성이 높아지고 돈이 쌓인다.

● 새로운 사람을 만나지 않는다

스타벅스의 CEO 하워드 슐츠는 매일 다른 사람들과 점심을 먹는 습관이 자신의 성공비결이라고 말했다. 부자들은 인간관계를 유지하는 것 외에도, 새로운 사람과의 관계를 형성하는 것 또한 자신의 성공에 크게 영향을 준다는 사실을 잘 알고 있다. 왜냐하면, 정보화시대에서 다양한 정보가 곧 돈이고 성공의 열쇠이기 때문이다. 새로운 사람, 여러 분야의 사람을 만나봐야 시야가 넓어지고 창의력도 향상되는 법이다. 다양하고 폭넓은 인맥으로 자신의 삶을 좀 더 풍요롭게 만들고 싶다면 여러 사람들과의 접촉을 피해서는 안 된다. 포용력 있는 태도야말로 사람들이 제일 좋아하는 인간적인 덕목이기 때문이다.

● 위험을 감수하지 않는다

"이 세상에서 가장 위험한 것은 위험을 감수하지 않으려고 하는 것이다." 시도하지 않으면 아무것도 얻을 수가 없다. 성공은 실패를 두려워하지 않고 시작하고 도전하는 자에게 주어지는 선물이다. 작은 꿈을 꾼다면, 작은 것을 이루는데 그칠 것이다. 사람은 스스로가 가능하다고 생각하는 만큼만 성공할 수 있다. 위대한 성공을 하고 싶다면 위대한 꿈을 가져라. 인생이란 새로운 경험에 도전하는 것이며, 리스크를 감수하는 만큼 보상이 따라오게 된다.

● 평판의 중요성을 이해하지 못한다

현대 사회에서는 평판이 돈에 맞먹는 자산이다. SNS의 발달과 국민의 수준이 높아졌기 때문에 나쁜 짓을 하거나 비열한 술수를 써서 성공하기는 어려워졌다. 재벌 자녀라 해도 갑질이나 부적절한 행동을 하면 심한 비난을 면치 못한다. 개인은 물론 기업도 언제 어디에서든지 처신을 잘못했다가는 사회에서 매장되기 십상이다. 평판을 쌓는데 20년이 걸리지만 무너지는 데는 단 5분도 안 걸린다. 그렇기 때문에 항상 처신을 조심하고 사회와 공생공존 하기 위하여 올바른 인성을 갖기 위해 노력해야 한다.

● 운명을 믿는다

『부자습관』의 저자 토마스 콜리가 233명의 부자와 128명의 빈자를 대상으로 '운명을 믿는가?'라는 설문을 진행했다. 그 결과, 빈자의 90%가 그렇다고 대답했으며, 부자는 단 10%만이 그렇다고 대답했다. 가난한 사람들은 종종 부는 대물림된다고 생각한다. 완전히 틀린 말은 아니지만, 우리는 부자들 대부분이 '자신의 삶은 스스로 개척하는 것'이라고 생각한다는 사실에 주목할 필요가 있다. 영국의 시인 윌리엄 헨리(William E. Henley)의 시 '인빅터스 (Invictus, 정복되지 않은)'에서 "나는 내 운명의 주인이며, 내 영혼의 선장이다."라고 말하고 있다. 심리학자 칼 융은 "무의식을 의식으로 전환하지 않으면 무의식이 당신의 인생을 지배할 것이다. 그것을 당신은 운명이라고 부른다." 운명이 아니라 내가 가지 않은 것이다.

● 자기만 잘하면 성공할 수 있다고 생각한다

성공한 사람을 보면 대부분의 사람들은 그가 '뛰어난 재능'을 지니고 있어서 성공했다고 생각한다. 그러나 그 어느 누구도 혼자서는 위대한 일을 해낼 수는 없다. 1980~90년대 비지니스 세계의 키워드는 '관리'였다. 2000년대 들어서는 '리더십'으로 바뀌었고, 작금의 4차산업 혁명 시대에 들어서는 바로 '팀 리더십'이다. 그 이유는 한 사람이 모든 것을 다 잘할 수 있는 시대는 지났기 때문이다. 지금의 4차산업 시대에는 팀워크와 협력, 융합의 시대이다. 더불어 살아가는 세상에서는 주고받는 (Give & Take) 상생(相生/Win- Win)의 협력관계이므로 남을 돕는 사람은 더불어 살아가는 세상의 의미를 알고 협력을 통해서 더 많은 것을 성취할 수 있고, 더 큰 파이로 종국에는 자신에게 돌아오기 때문이다.

● 먼저 연락하면 자존심 상한다고 생각한다

사람들은 보통 먼저 연락하면 자신이 손아랫사람으로 취급받거나 손해를 봐 자존심이 상한다는 생각을 하고 있다.

과연 그럴까? 특히 사랑은 쟁취하는 것이다. 내가 머뭇거리고 있을 때 다른 여자도 나와 같은 생각으로 그에게 다가가고 있을지도 모른다는 것이다. 용기 낸 자가 썰렁한 남자에서 남자 친구로 먼저 만들 수가 있다. 인간관계나 비즈니스에서 연락을 먼저 하면 손해 보거나 자존심이 상한다는 생각을 버려야 한다. 잠깐만이라도 자주 연락하고 만나라, 연락하지 않고 보지 않으면 멀어지는 것은 인지상정이다(Out of Sight, Out of Mind). 전통적으로 한국사회에서는 자신의 감정이나 욕구를 겉으로 드러내지 않는 것을 미덕으로 여겨왔다. 그러나 효과적인 인간관계에 서는 자신의 심리적 상태나 의도를 먼저 솔직히 표현하는 것이 불필요한 오해를 미리 방지하는 차원에서 바람직하다. 자기 표현능력은 자신의 감정, 사고, 욕구, 바램 등을 상대방에게 효과적으로 전달하는 중요한 대인 커뮤니케이션 기술이다.

먼저 연락하면 이득을 보는 것은 무엇보다 적극적인 사람이라는 긍정의 이미지를 얻을 수 있다는 점이다. 관심이 많거나 더 사랑하고 있다는 증거도 된다. 그리고 자기 확신과 자신감이 있는 사람으로 인식된다. 두드리면 열릴 것이다. Give & Take와 같은 이치다. 연애에 있어서 누가 연락을 먼저, 혹은 더 많이 하느냐는 사랑의 척도가 될 수 있다. 정말 사랑한다면 상대를 기다리게 하지 말고 먼저 버튼을 누르는 것이 정답이다.

● 베풀면 손해라고 생각한다

옛말에 베풀면 돌아온다는 말이 있다. 양보하면서 착하게 살면 결국에는 더 큰 것을 돌려받거나 원하는 것을 이룰 수 있다는 말이다. 돈을 얻는 확실한 방법은 돈을 주는 것이다. 영어에도 Give & Take라는 말도 있다. 먼저 주고받으라는 뜻이다. 순서가 주는 것이 먼저다. 먼저 남에게 베풀면 그다음에 받게 된다는 것이다. 먼저 받고 주는 것이 아니다. 성경의 사도행전 20장 35절에 "주는 것이 받는 것보다 복이 있다."라는 구절은 이를 뒷받침하고 있다.

결정적인 순간에 대의를 위해서, 상대방을 위해서 쉽지 않은 양보를 하는 사람에게는 당장은 손해를 보게 되지만 반대급부로 사람들의 경탄을 자아내어 그 사람의 인격을 높이 평가하게 되고 평소의 생활 모습이나 삶의 철학에 관심을 가지게 되는 것이다. 인격적인 존경과 신뢰는 인간관계의 가장 큰 자산으로 작용하여 후일 이익을 본 사람은 반드시 그를 찾게 되어 더 큰 이득으로 되돌아올 수 있기 때문이다. 잃는 것이 있으면 얻는 것이 있게 마련이다.

인디언 사회에서는 많이 베푸는 추장일수록 더욱 더 많은 존경을 받았다고 한다. 베푸는 입장에서도 선물을 받는 즐거움 보다 더 큰 것이 선물을 하는 즐거움이라고 한다.

● 바꾸어야 할 생각들

① 나는 부자가 될 수가 없어

대부분의 사람들은 몇 번의 좌절을 겪고 나면 '난 안 돼'라고 자신을 믿지 않게 된다. 그러나 부자들은 생각이 다르다. '저 사람도 부자가 되었는데 나라고 왜 못돼? 라고 스스로에게 반문한다. 부자가 되는 것은 부자가 되고 싶은 욕망이 부족해서가 아니라, 자신에 대한 부자가 될 수 있다는 믿음이 부족하여 부자가 못 되는 것이다.

우리의 생각은 행동을 결정하고, 우리의 행동은 운명을 결정한다. 이처럼 자신에 대한 규정이 행동을 결정하고 나아가 운명까지 결정하는 것을 '자기규정효과(self-definition effect)'라고 한다. '나는 이런 사람이다.'라고 스스로 규정하게 되면 정말 그런 사람처럼 행동하게 되고 결국 그렇게 되고야 만다.

② 공부를 잘해야만 부자가 될 수 있어

공부를 잘하면 부자 밑에서 많은 월급을 받고 일할 수는 있을지는 모르나 반드시 부자가 되기 위한 전제 필수조건은 못된다. 대학을 졸업하지 않고도 부자가 된 사람은 수없이 많다. 지금은 학벌이 부를 결정하는 시대는 이미 지났다. 다기능 사회에서는 독특한 기술이나 자신만의 유일한 브랜드가치 하나로 소위 전문가로써 부를 이루는 길은 무수히 많다. 다양한 분야에서 자기만의 전문가가 되어야 한다. IT 정보화 사회에서는 대학이 지식을 독점하는 시대는 더구나 아니다. 지식정보는 얻고자 하면 그것도 무료로 언제든지 어디에서나 학벌이나 나이에 무관하게 쉽게 접할 수가 있기 때문이다. 평생학습시대다. 미처 공부할 학령기를 놓쳤다면 지금부터라도 용기를 가지고 도전해보는 게 낫지 않을까요?

③ 열심히 일해야만 부자가 될 수 있어

건설현장에서 열심히 땀 흘리며 일하는 노동자가 부자가 되는 것이 아니라 열심히 일은 하지만 어떻게 효율적이고 전략적, 창의적으로 일하느냐에 달려있다.

열심히만 하면 성공하는 시대는 지났다. 이제는 얼마나 전략적인 마인드와 정보를 가지고 효율적으로 접근하느냐에 달렸다. 지금은 일만 열심히 하는 개미보다 좀 게으르지만 여유롭고 창의성이 있는 베짱이가 나은 시대다.

④ 부자가 되려면 운이 있어야 해

부자들은 단순히 운이 좋아서만 부자가 된 것이 아니라 기회가 오면 그 기회를 놓치지 않고 집요하게 성공의 발판으로 만들었기 때문이다. 남들은 이것을 단순히 운이 좋았다고 말할 뿐이다. 기회는 적어도 준비한 자들의 몫이고, 성공은 꾸준한 노력의 결과 때문이다.

성공에는 속임수나 요행이 없다. 오로지 노력과 시간에 비례한다. 미국의 골프천재 게리 플레이어(Gary Player)는 "사람들은 내가 운이 좋았다고 말하지만, 연습을 하면 할수록 운이 좋아지는 것을 알고 있다."고 하였다. 밭을 갈고 씨앗을 뿌리며, 자기계발을 하고, 땀도 흘려야 풍성한 수확과 행운이 오는 것이다.

⑤ 돈을 벌려면 돈이 있어야 해

자본주의 사회에서는 돈이 돈을 번다는 지나치게 잘못된 생각에 사로잡혀 있다. 수저론이 세태어로 회자되고 있지만 대부분의 부자들은 가진 돈이 없어도 아이디어와 창의력으로 타인의 자금을 활용하여 큰 부를 축적할 수 있는 시대라고 말한다.

⑥ 은퇴할 돈만 있으면 돼

대부분의 중산층들은 큰돈보다는 어느 정도의 여유로운 노후만 보장되면 그만이라고 안일하게 생각하고 은퇴한다. 그러나 앞으로는 100세 시대로 은퇴 후 생각보다 생존기간이 길다. 결국, 말년에 은퇴 후 쉬기만 하면 극빈자로 추락하기가 일쑤고 건강마저 잃고 빨리 늙는다.

⑦ 돈을 벌기 위해 일 한다

부자들은 돈을 벌기 위해서 일한다는 생각과 돈을 목적으로 추구하는 삶을 결코 살지 않는다. 일을 통하여 가치 있는 삶을 삶으로써 성취와 자아실현으로 돈은 자연스럽게 부차적으로 따라오는 법이다. 바둑에도 '부득탐승'이라는 격언이 있다. 돈을 좇으면 돈은 저만치 도망가버려 돈을 벌 수가 없으며, 열심히 일하다 보면 자연스럽게 돈이 따라오게 된다.

⑧ 모든 것을 가질 순 없어

많은 사람들이 부자가 되려면 가정의 희생을 감수해야만 이룰 수 있다고 생각하며, 부와 가정의 행복을 동시에 가질 수는 없다고 당연히 받아들인다. 가화만사성이라고 가정의 화목과 행복은 밖에서 마음 놓고 일하여 부자가 될 수 있는 원동력이 되고 있다.

⑨ 큰 부자는 하늘이 내린다

큰 부자가 되고 말고는 내 노력 밖의 일이라는 체념이 담겨있다. 욕심을 내려놓는 것이다. 하지만 부자들은 생각이 다르다. 자신이 무엇이 되던 자기 안의 문제라고 생각한다. 부자들은 지금의 인생이 지금까지 살아온 날들의 결과물이라고 생각한다. 부처님도 "지금의 나는 내 생각의 소산이다."라고 설파하셨다. 지금 생각을 바꾸면 나도 바뀌고 미래도 바뀐다. 그 사람의 몸매는 그 사람의 생활습관의 결과물과도 같다. 자신이 지금 어떻게 하느냐? 에 따라 앞으로의 삶도 바뀔 것이라는 인과응보의 법칙을 믿어야 한다.

⑩ 인생은 한방이야

차근차근 부를 축적하기보다는 한 방에 일확천금을 얻으려는 안일한 생각에 사로잡혀있다. 도박, 사행성 게임, 주식, 선물, 부동산 투자나 경매, 경마, 골동품 등 취업난과 치솟는 집값 등 절망감에 한탕주의가 만연하기 때문이다.[40]

---

40) "머니투데이" 권성희 부장, 줄리아 투자노트 참조

2017년 12월 한국금융투자자보호재단의 설문조사(전국 만25세~64세 일반인 2,530명)에서 가상화폐 경험이 가장 높은 연령대가 20~30세대로 전체 42.1%로 가장 높았으며, 50~60세대보다 2배나 높게 나타났다. 또한 도박과 사행성 게임에 손대는 청년층이 전체(4,039명)의 65.7%로 해마다 늘어나는 추세가 이를 반증하고 있다. 청년층의 한탕주의 외엔 답이 없다는 절망감에 기인하며 휴대폰으로도 쉽게 가상화폐나 주식, 사행성 게임에 접근할 수 있는 점도 2030세대의 일탈을 부추긴 결과라고 볼 수 있다.

부자 심리의
실천전략

● 부자의 마음가짐

부자가 되고 싶으면 우선 마음부터 넉넉히 가져야 한다. 경제적으로나 정신적으로 넉넉한 사람은 으스대지 않으며, 모든 사람에게도 겸손하며 친절하다. 부자가 되고 행복하고 싶으면 지금 부자고, 행복한 것처럼 마음먹고 행동하면 된다. 빈곤한 마음과 행동은 절대 부자가 될 수 없다.

또한 부자가 되고 싶으면 부자와 어울려야 한다. 그들만의 삶의 습관, 행동, 사고방식을 곁에서 직접 보고 배워야 나도 부자가 될 수 있다. 부자는 경멸의 대상이 아니라 나의 이상과 배움의 대상이 되어야 한다는 뜻이다.

흔히들 말하는 부자의 정의는 '정신적으로 자신이 하고 싶은 일을 할 수 있는 마음의 여유와 물질적으로 그 일을 할 수 있는 능력을 가지며, 그 일을 통하여 사회적으로 존경과 인정을 받음으로써 자아실현을 이룰 수 있는 사람'이라고 한다. 스스로 생각하는 부자의 모습은 더 이상 돈에 대하여 걱정하거나 구애받지 않으며, 정신적 물질적 여유는 물론 기꺼이 나눌 수 있는 '아름다운 부자'가 진정한 부자라고 할 수 있다.

부자의 마음가짐은 아래와 같다

첫째, 돈은 공기와 같이 눈에 보이지는 않지만 어디에나 존재하며, 누구에게나 평등하고, 아무리 사용해도 없어지지 않듯이 누구라도 받을 수 있는 '풍족함'을 인식한다.

둘째, 나는 풍족함을 얻을 수 있는 존재라고 깨달음으로써 자신을 인정하고 허락하는 것이다.

셋째, 필요해서 원하는 것만 골라 받지 말고 불필요한 것도 통째로 받는 것이다.

넷째, 풍족함을 얻고 유지하려면 들어오면 내어놓아야 한다. 즉 물이 순환하듯이 들어오고 나가며 순환하여야 생명이 유지되는 것이다. 순환을 멈춘다는 것은 곧 사용하지 않고 소유만 하는 것을 의미한다. 돈은 쓰고 베풀면 반드시 그 이상으로 들어온다는 사고가 부자의 마음가짐이다.

다섯째, 많이 가지려고 하지 말고 지금 가진 것에 만족하면 부자다. 왜냐하면 만족은 소유 욕망에 반비례하기 때문이다.

여섯째, 본능적으로 하기 싫은 일을 하면 반드시 성공할 수 있다는 신념과 철학을 가지고 그대로 실천한다.

일곱째, 돈에 대한 현실감과 균형 잡힌 생각으로 미래에 다가올 눈에 보이지 않는 재무위험을 미리 감지하고 대처를 함으로서 위험을 최대한 줄여준다.

여덟째, 돈만 쫓다보면 정작 중요한 자신의 삶의 의미와 가정을 잃어 버리기가 쉽다. 일과 휴식의 적절한 균형이 바람직하다. 소위 워라밸한 삶이다.(Work &Life Balance)

아홉째, 은퇴는 없다고 생각하고 평생 현역으로 살아야 건강하게 오래 살 수 있다. 돈이 있다고 편안하게 여생을 즐기며 죽음을 기다리기 보다 죽을 때까지 건강하게 즐거운 마음으로 의미 있는 사회활동을 하는 것이 필요하다.

열째, 남의 성공을 시샘하기보다 그 사람의 보이지 않는 노력과 고통을 인정하고 존중하는 마음의 여유를 가질 때 스스로 진정한 부자의 마음에 다가갈 수 있다. 호수에 유유히 떠 있는 백조도 물 밑의 발은 끊임없이 움직이고 있다는 것과 같은 이치다.

● '건강하고 행복한 부자'가 되는 생산적인 행동들

"내가 이것을 진정으로 원하고 있느냐?" "이것이 가격만큼의 가치가 있느냐?" 혹시 다른 것으로 대체해도 되는 물건은 아닌지? 라는 세 가지 질문에 "예."라고 대답할 수 있을 때에만 지갑을 연다. 즉 지금 내가 사려는 것이 '내게 실제로 필요한 것인지' 아니면 광고 마케팅에 휘둘려 '왠지 필요하게 될 것 같아서인지' 아니면 다른 것으로 대체해도 되는 물건인지? 등을 잘 따져 구분할 줄 아는 합리적인 소비심리를 가져야 한다.

누구나 부자 되기를 원한다. 그러나 부자는 누구나 원한다고 되는 것이 아니다. 부자가 되기 위해서 부자가 될 수밖에 없는 특별한 이유가 있다. 그 이유는 다양하지만, 아래와 같이 몇 가지 실천하는 공통점을 발견할 수가 있다.

부자가 되는 행동

① 돈을 쓰기 전에 저축할 돈부터 미리 떼어 놓는다.
  (수입이 아니라 저축을 통해서 부자가 된다.)

② 가계부를 잘 정리한다. (수입 지출 분석)

③ 독서를 많이 한다. (자투리 시간이나 출퇴근 활용)

④ 경제공부를 많이 한다. (부자가 되려면 경제를 알아야 한다)

⑤ 경제신문을 매일 구독하고 중요한 것은 스크랩한다.
  (투자한 금액의 수천 배 가치)

⑥ 경제방송을 정기적으로 시청하여 경제 감각을 익힌다.

⑦ 시간 사용계획을 세우고 낭비를 최소화한다. (시간이 돈이다)

⑧ 주변에 후원자를 만들어 둔다.
  (인맥 관리는 무한한 자산으로 잠재적 가치가 있다)

⑨ 이자 내는 것을 무서워한다. (빚은 우리를 노예로 만든다)

⑩ 돈이 돈을 버는 방법을 연구한다.
  (신형가전제품이나 사치품보다 자산을 먼저 산다)

⑪ 금융상품이나 부동산에 대해 많이 알려고 노력한다.

⑫ 결단력 있게 일을 추진한다. (성공은 타이밍이 좌우한다. 「Good to Great」의
  저자인 제임스 콜린스는 "실패한 8할은 판단을 잘못해서가 아니라 제때에
  결정을 내리지 못했기 때문이다."라고 결론지었다)

⑬ 자신의 미래를 자주 설계하고 미래 경제목표를 명확히 세운다.
  (Mind Dream Picture)

⑭ 자본증식의 법칙인 이자의 이자가 기적을 낳는다는 믿음을 가지고
  실천한다.

⑮ 적은 돈은 아끼지만, 투자는 신중하고 과감히 한다.

⑯ 비록 가진 게 적지만 가진 것으로 기꺼이 베풀 줄 안다.
  (베풀면 후일에 더 많이 들어온다)

⑰ 항상 감사하는 마음을 가지고 매일 성공을 상상한다.

⑱ 일찍 일어나며 항상 건강관리에 신경을 쓰고 매일 규칙적으로 운동한다.

⑲ 주위에 돈 관리를 해주거나 금융지식이 많은 부자들과 친교한다.
（좋은 전문상담자와 친교）

⑳ 적은 돈이라도 꾸준히 금리수준 이상의 자산에 투자한다.

㉑ 모든 사람들로부터 신뢰를 얻는다. (無信不立)
위국지도(爲國之道) 막여시신(幕如示信):[41] 나라를 다스리는 데 가장 중요한
것은 내가 먼저 국민의 신뢰를 얻는 노력을 해야 한다. 국민들에게 나라를
믿어 달라고 호소하기 전에 솔선수범하여 스스로 신뢰를 얻을 수 있도록
진정성을 보여주어야 한다는 뜻이다. 비록 나라경영에만 적용되는 것이
아니다. 모든 인간관계에서 가장 기본이 되는 덕목 중의 하나다.

㉒ 외모와 옷매무새, 구두손질까지도 깔끔하게 하는 생활습관을 들인다.
외모와 옷, 신발 상태 등에서 그 사람에 대한 마음의 정리정돈 상태가 잘
나타나기 때문이다.

---

41) 조선조 세종대왕의 어전회의 시 하신 말씀.

부자 되는 16가지 실천전략

① 원대한 꿈과 목표부터 가져라.

구체적이고, 객관적이며, 실현 가능하고, 언제까지 이루겠다는 계획서를
만들어라. (SMART규칙)

② 삶의 규범을 배우고 익혀 타의 모범이 되어라.

정직, 신뢰, 진실, 불굴의 의지, 열정, 활력, 겸손, 근검절약, 타인 배려, 존중,
배움, 이타심, 솔선수범, 등 올바른 인성을 가져라.

③ 자기계발에 힘쓰고 가진 것을 적극 활용하라.

평생학습과 경험, 타인관찰, 경청, 타고난 능력 개발과 활용

④ 다른 사람을 도움으로써 자신을 도우라.(삶에 대한 긍정)

타인을 돕는 길은 곧 자신을 돕는 길이기도 하다. 다른 사람을 돕는 것은
자신의 삶을 긍정적으로 받아들이는 하나의 방식이다.

⑤ 소중한 것부터 먼저 하라.

선택과 집중, 일의 우선순위를 지켜 생산성을 높여라. 한 곳에 모든
에너지를 집중해야 한다. 마치 돋보기를 사용하여 불을 집히는 이치와 같다.

⑥ 지금 하고 있는 일에서 행복을 찾아라.

행복은 우리가 하는 모든 것의 과정에 있으며 그것이 쌓여서 이루어진다.
지금 하는 일에 최선을 하다 보면 행복해지고, 돈은 저절로 따라오게 된다.

⑦ 범사에 감사하고 철저하게 긍정적인 사고방식으로 무장하라.

무조건적인 3차원의 '그럼에도 불구하고(in spite of)' 정신으로 범사에
감사하는 절대 긍정을 말한다.

⑧ 일에 자신의 전부를 투자하고 결코 포기하지 않는 강한 열정을 지녀라.

(열정과 끈기 등 강인한 정신력)

⑨ 자신의 행운을 만들어 가라.

행운은 그냥 오지 않는다. 항상 준비하고 면밀한 계획과 불굴의 실천의지,
적절한 상상력으로 만들어진다.

일찍이 고대 로마 철학자 세네카는 "준비가 기회를 만났을 때 생기는 게
행운이다."라고 말하였다.

⑩ 성공의 두 가지 원칙을 지켜라.

"포기하지 않으면 성공은 멀리 있지 않다."

"결단과 끈기와 맞서는 자신과의 싸움에서 이겨라."

⑪ 시간의 주인이 되어라. 시간은 현금이다.

시간을 허비하는 것은 현금을 낭비하는 것과 같다.

미루는 습관을 없애라. 일촌광음 불가경(一寸光陰 不可 輕), 자투리 시간도 아껴라.

⑫ 될 때까지 포기하지 않는 집념과 끈기를 가져라.

(강인한 정신력, mental power)

⑬ 마지막 땀 한 방울을 더 흘려라.

마지막 땀 한 방울 여부에 따라 성공의 수준이 결정된다. (물은 100도에서 끓는다)(행백리자 반어구십 行百里者半於九十)이다.[42] 끝마무리에 정성을 쏟는다)

⑭ 어떠한 고난과 역경에서도 일어설 수 있는 강인한 정신력을 가져라. (회복 탄력성)

"민들레는 아스팔트조차 뚫고 아름다운 꽃을 피운다."

"연꽃은 진흙탕 속에서도 아름다운 꽃을 피운다."

진정한 부자는 아무리 어려운 환경이나 조건에서도 자신들의 원칙을 정해두고 그것들을 지키며, 꿈을 향하여 정직하게 불굴의 의지로 최선을 다하는 과정에서 행복한 삶을 영위한다.

⑮ 남이 보지 못한 부분을 보아 기회로 삼고 창의성을 발휘하라. (창의력과 통찰력, 미래를 내다보는 예지력, 문제해결능력)

⑯ 융합의 시대에 소통하고 화합하여 팀 리더십을 발휘하라.

---

42) 전국책(戰國策) 진책(秦策)에 있는 말로 '백리를 가는 사람은 구십을 반으로 한다.'라며 마지막 길이 어렵다는 의미로 다 왔다고 자만하지 말고 끝까지 최선을 다하여 유종의 미를 거두어 라는 충고다.

● 부자들의 소비심리

쓰는 것이 아니고 버리고 있고 소비를 당하고 있다. 불필요한 소비지출과 주위의 백화점, 광고매체, 쇼윈도의 유혹 등으로부터 탈피. 연쇄소비의 '디드로 효과'를 경계해야 한다.

- 가계부작성
- 통장 쪼개기와 체크카드 사용
- 남들의 시선에서 탈피하여 불필요한 소비억제
- 합리적인 소비습관을 기른다.
- 싸게 사는 것이 아니라 비싸더라도 꼭 필요한 것을 구매
- 우선순위를 정하여 꼭 필요한 것부터 순서대로 지출
- 견물생심 극복 (충동구매 차단)
- 거실에는 TV 대신 서재를 꾸민다. (광고의 유혹 원천차단)
- 소비를 줄이면 지구환경을 살린다.
- 각종 가전제품 미사용 시 플러그를 뽑아 전기절약
- 정리정돈을 잘하여 잡동사니들로부터 해방하자.

● 지갑을 열기 전에 반드시 점검할 체크리스트

- 이 물건이 없어도 지금까지 불편이 없었는데 왜 사야 하는가?
- 정해진 예산규모 안에서 살 수 있나?
- 혹시 이것을 대체할 수 있는 것이 집에 있지는 않은가?
- 내 주변에 누군가에게 빌려 쓰거나 얻어 쓸 수는 없는가?
- 더 싸게 살 수 있는 곳이나 시기가 있지 않을까?
- 차라리 돈을 더 주더라도 품질이 더 좋은 것을 사는 것이 낫지 않을까?
- 몇 번 쓰고 나면 쉽게 마모가 되거나 싫증나는 물건은 아닌가?

● 돈의 노예에서 주인으로, 가치를 좇아라

돈을 벌기 위한 자체를 목적으로 생각하지 말고 돈을 벌어 자신의 삶은 물론 타인과 사회공동체의 행복을 위한 수단으로 삼아야 한다. 행복이라는 가치를 좇아야 한다. 또한 돈에 휘둘리는 노예가 아닌 주인으로서 당당히 살아가야 한다. 그리고 일을 하는 이유도 단순히 경제적 이득보다도 그 일을 통하여 재미와 보람과 가치를 발견하여야 한다. 자율적이며 창의성을 발휘하여 삶의 활력과 자기 성장의 기회를 찾고, 타인으로부터 인정받고 자존감과 자기 효능감을 획득하는 기회로 삼아야 한다. 바둑 등의 게임이나 스포츠에서도 수단과 방법을 가리지 않고 승리만을 탐하면 최후의 승자가 되기 어렵다. 정정당당하게 그 게임을 즐기고 몰두할 때 승리는 부가적으로 따라오게 되는 이치와 같다.

공자의 《論語(논어)》 雍也篇(옹야편)에서도 "아는 사람은 좋아하는 사람만 못하고, 좋아하는 사람은 즐기는 사람만 못하다."라고 가르치고 있다. 지지자 불여호지자 호지자 불여락지자. (知之者 不如好之者 好之者 不如樂之者)

● 돈만 잘 벌면 부자가 된다는 착각에서 벗어나야 한다

돈을 잘 벌기만 하면 무조건 부자가 될 것으로 생각하지만, 사실은 아니다. 버는 돈이 아무리 많아도 나가는 돈이 많으면 결코 돈은 모이지 않으며 부자가 될 수가 없기 때문이다. 부자가 되는 길은 얼마를 버는 것도 중요하지만, 무엇보다 중요한 것은 얼마를 모으느냐? 그리고 모은 돈을 얼마나 잘 융통하여 돈을 불리느냐? 에 달려있다.

지금보다 10배를 벌면 10배가 모인다고 생각하면 큰 오산이다. 10배를 벌지만 10배를 쓰는 것보다 비록 2배밖에 못 벌어도 반을 저축하는 것이 부자가 되기가 쉽다. 지금 얼마를 가지고 있으며, 얼마를 벌고 있느냐? 는 중요하지 않다. 돈을 잘 버는 것과 돈을 잘 모으고, 또 불리는 것은 별개의 차원이기 때문이다. 얼마라도 모으고 있고, 불리려는 의지가 있고 실행에 옮기기만 한다면 당신은 이미 부자의 특급열차에 올라탄 것이나 마찬가지다. 부자가 되는 상행 열차에 타느냐? 가난으로 추락하는 하행 열차를 타느냐? 하는 것은 바로 당신의 선택에 달려 있으며, 그 선택의 동인(動因)은 바로 당신의 돈에 대한 생각과 태도, 믿음인 '재무심리'이기 때문이다.

● 부부가 공동으로 돈을 관리하라

요즘은 맞벌이 부부가 많아 통장을 따로 관리하는 부부가 많다. 가정 살림에 드는 공동의 비용은 함께 관리하지만, 각자의 개인적인 용처는 따로 관리하는게 서로 간섭받지 않고 편리하기 때문일 것이다. 그러나 언젠가는 부부가 각자 돈 관리를 하는 것은 가정이 파괴되는 지름길이 될 수도 있다. 어느 한 사람이 돈 관리를 전담하면 언젠가는 돈 문제로 서로 오해하고 심각한 갈등의 소지를 제공하게 된다. 왜냐하면 모든 돈 문제의 시작은 돈이 어떻게 쓰이고 있는지 한 사람은 모르기 때문에 발생하기 때문이다.

막상 가계부를 뜯어보면 이해가 되는 지출이라고 해도 세월이 지나 잊어버리게 되면 나쁜 말부터 튀어나오기 마련이다. 부부갈등은 성격의 차이보다 사소한 말투에서부터 시작하기 때문이라고 한다. 미국의

'가트맨 부부치료법'으로 유명한 MIT대학 가트맨(John Gottman)박사에 의하면 부부이혼 사유의 대부분은 '성격차이'가 아니라 '부정적인 싸움 방식'에 있다고 하며, 「비난, 방어, 경멸, 담쌓기」 등 4가지의 말투에서 그 원인을 찾고 있다.

또한 혼자 돈 관리를 맡은 쪽도 빡빡한 살림살이로 받는 부담감에서 오는 스트레스도 무시하지 못할 것이다. 어려울수록 현재 재정상태가 어떤지 서로 얘기하여 공감하고, 앞으로 어떻게 하는 것이 좋을지 함께 고민하는 시간을 가지는 것 자체가 중요하다.

재무심리의
4가지 마음

재무심리 가운데 돈 버는 마음(+), 돈 쓰는 마음(-), 돈 불리는 마음
(×), 돈 나누는 마음(÷)은 재무행동에 영향을 미치고 그 결과로 부자와
가난이 결정된다.

● 돈 버는 마음(+)

돈 버는 마음은 소득으로 수입의 원천을 만들어내는 수도꼭지와 같은 으뜸가는 제1의 요소로 원동력을 말한다. 이 마음이 강할수록 돈을 벌려는 의지와 행동이 강하게 나타난다. 마치 물의 원천인 우물을 아무데나 파서는 물이 나오지 않는 것과 같다. 수맥 탐지 봉으로 수맥을 정확히 탐지하고 파야 하는 것과 같기 때문이다. 수도꼭지만 있다고 수돗물이 나오는 것도 아니다. 수원지가 있어야 한다. 수입이 장기적이고 일정하며 안정적으로 들어오기 위해서는 전문성과 선택과 집중의 원리가 필요하다. 돈 버는 능력의 대표적인 인성덕목은 근면성실성, 인간관계의 친화력, 신뢰, 책임감, 배려심, 삶의 유연성, 끈기, 꿈과 목표, 계획성과 치밀성, 실속을 차림, 이해타산을 분별하는 셈법, 인사성 등이 있다.

돈 버는 마음의 에너지(욕구)가 부족하면 매사가 부정적이고 소극적이며, 자신감이나 목표의식도 없어 일을 추진하려는 열정이 부족하다.

● 돈 쓰는 마음(−)

돈은 쓰기 위해서 벌게 되고 어디에 쓰느냐는 각자 자신의 재무심리에 따라 결정된다. 필요한 곳에 규모 있게 쓸 수도 있고, 미래가 없는 것처럼 생각 없이 일단 써버릴 수도 있어 각자 선택의 몫이며 가난과 부자도 소비하고 지출하는 소비심리에 따라 결정된다. 건강한 소비심리는 돈을 쓰는 행동에 영향을 미치고 수입과 지출의 균형 있는 소비행태를 결정하게 된다. 대표적인 덕목으로는 절제력, 계획성과 치밀성, 예산관리, 위험 사전인지, 기록습관 등이 있다. 돈 쓰는 마음이 부족하면 돈에 대한 관리가 부실하게 되고, 잦은 실수와 실패를 경험하게 되어 재무적인 사고가 발생할 수 있어 재무위험도가 높게 된다.

● 돈 불리는 마음(×)

더 많은 돈을 벌고 쓰기 위하여 가지고 있는 돈을 종잣돈으로 하여 어떻게 불리고 키우느냐? 재테크를 결정하게 하는 마음이 바로 돈 불리는 저축하고 투자하는 마음이다. 이것이 지나치면 투기와 도박성향으로 나타나며 부족하면 안전한 저축으로 금고에 보관하게 하여 낮잠이나 자게 한다. 지나친 수익은 그만큼 위험성이 내재되어(고수익, 고위험) 있기 때문에 적정한 수익률(6~7%) 이내에 안정적이고 장기적인 투자로 돈을 불리는 것이 가장 바람직하다. 경제와 금융에 대한 지식과 정보, 경험, 투자역량과 리스크 관리 능력이 대표적인 덕목들이다. 돈을 불리려는 마음의 에너지(욕구)가 부족하면 현실에 안주하게 되며, 기업가 정신이나 창의적인 마인드가 결여되고 도약이나 도전 욕구가 부족하여 자기계발이나 연구개발(R&D)에도 소홀하게 된다.

● 돈 나누는 마음(÷)

돈을 벌고 쓰고 불리고 하여 결과적으로 쌓인 돈을 타인에게 나누어 주며 돈이 금고에 쌓여 순환하지 못함으로써 발생할 수 있는 돈의 역기능을 돈이 필요한 사람이나 단체에 기부하고 나누어 마중물을 제공함으로써 더 큰 파이를 창출하는 역할을 할 수 있다. 얼마나 많은 돈을 창고에 쌓아두는 것이 중요한 것이 아니라 얼마나 많은 돈의 양이

선순환하여 필요한 곳으로 필요한 사람에게 마중물 역할을 하며 흘러가는가가 훨씬 더 중요하고 돈의 본래 가치에 충실한 축복의 원리에 부합되기 때문이다.

이런 나눔의 원리는 마침내 본인이나 기업에도 좋은 이미지를 가져와 더 큰 이익으로 보상이 되며 사회적으로도 아름다운 부자로서의 존경과 가진 자들의 노블레스 오블리주(Noblesse Oblige, 부자의 사회적 책임)[43]를 다하고 진정한 존재의미를 가져오게 하며 궁극적으로 아름답고 건강한 부자(Financial Health)들의 세상을 만들 수가 있을 것이다. 상대를 사랑하고 배려하며, 더불어 살아가는 공동체 의식과 나누는 능력, 감사하는 마음 등이 필요한 주요 인성덕목들이다. 돈을 나누려는 마음이 부족하면 개인주의에 빠지기 쉽고, 조직에서 불협화음과 갈등이 발생하고 자기를 도와주는 사람이 없고 조직이나 단체의 지원도 끊기게 되어 편협된 인간관계로 공동체로부터 소외될 수가 있다.

● 재무심리 4가지 마음의 선순환작용

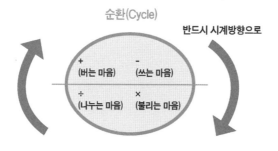

43) noblesse oblige(노블레스 오블리주)는 프랑스어로 '고귀한 신분(귀족)'이라는 노블레스와 '책임이 있다'는 오블리주가 합해진 말이다.

재무심리의 4가지 마음에도 반드시 순서가 맞아야 선순환이 될 수가 있다. 첫 번째가 돈 버는 마음이고, 두 번째가 돈 쓰는 마음이며, 세 번째가 돈 불리는 마음이고, 마지막으로 돈 나누는 마음이 일어나야 하고 행동으로도 옮겨져야만 바람직한 방향인 시계방향으로 선순환 작용이 일어날 수가 있다. 돈을 벌기도 전에 쓰기만 하고 불리기도 전에 나누기만 하면 어떻게 될까? 개인은 물론 가정이나 단체 기업 정부도 적자재정으로 크나큰 사회적 문제가 야기될 것이다.

재무심리 검사를 통한 심리현상파악

　재무심리란 돈에 대한 마음작용과 의식의 상태로 평소에는 인식되지 못하는 무의식의 상태로 돈에 대한 생각, 태도, 믿음으로 자신의 가족, 가정, 친지, 이웃 등 환경으로부터 어릴 때부터 성장 과정을 통해 보고 듣고 배워 습관적으로 체득되어 고착화된 심리를 말한다. 필자는 이러한 재무심리 검사를 위한 도구로 NPTI진단프로그램을 활용하고자 한다.

● NPTI 재무심리 진단 프로그램

　NPTI란 New Plus Type Indicator의 약자로 ㈜NPTI연구원(https://www.npti.co.kr)의 정우식 박사(현재 원장)가 개발한 세계최초 재무심리 진단 도구로 잠재의식 속의 돈에 대한 생각을 시각화(Visualization)한 재무심리검사로 개인의 돈에 대한 사고와 개념을 객관적으로 진단한다. 그 결과 돈에 대해 잘못된 생각이나 태도 믿음 등을 개선하여 재무위험을 사전에 예방하고 허약한 재무심리의 근육을 테라피(치료)를 통하여 강화사키고 균형감을 회복하여 건강한 재무심리를 구축하고 실천하게 하여 재무습관을 변화시킴으로써 궁극적으로 재무적 측면에서 풍요롭고 안정적인 '건강한 부자'가 될 수 있도록 도와주는 실천적인 진단프로그램이다.

● NPTI 진단영역

첫째, 마인드 세트(Mind-set)

꿈과 목표, 삶의 활력, 돈 버는 능력, 치밀성, 위험노출도, 사행일치(6개 영역) 삶의 꿈과 목적에 부합하는 목적성, 활력성, 방향성, 안정성, 충실성 등 정신적 영적 건강상태 진단을 통한 재무적 위험을 측정한다.

둘째, 재무유형(8가지 유형)

모험가형, 자린고비형, 사냥꾼형, 숭배형, 유아형, 베짱이형, 일확천금형, 패자형, 돈에 대한 본능적인 반응 테스트를 통해 자신의 잠재의식 속에 내재한 돈에 대한 심리, 태도, 믿음, 행동 특성을 검사하여 파악한다.

셋째, 재무장애(9개 영역)

충동구매, 과소비, 저소비, 퍼주기, 가난의 맹세, 일중독, 의존성, 도박, 저장증 재무행동에 대한 장애유무와 정도를 검사하여 파악한다.

넷째, 재무심리건강도(4개 영역)

돈 버는 영역(+), 돈 쓰는 영역(−), 돈 불리는 영역(×), 돈 나누는 영역
(÷) 돈에 대한 4가지 능력별 A, B, C, D, E, F 6등급으로 산정한다.

다섯째, Money Script Test(25개 문장)

돈에 대한 고정관념과 재무행동과의 상관관계분석을 통하여 개인별
돈에 대한 고정관념을 문장으로 알아보는 진단테스트로 25개 머니 스
크립트를 사용한다. 머니 스크립트는 머니(Money)와 스크립트(Script)의
합성으로 스크립트는 연극이나 영화의 대사, 대본으로 연기자는 그 대
본에 따라 말하고 연기한다. 이와 같이 우리는 자라면서 돈에 대하여
배운 대로 마치 연극의 대본같이 그대로 따라하게 된다.

여섯째, 재무심리 뇌 구조(Brain Map)

재무심리 건강도 4가지 영의 뇌 구조CT사진(자동 산출)

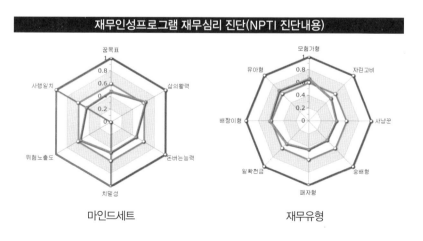

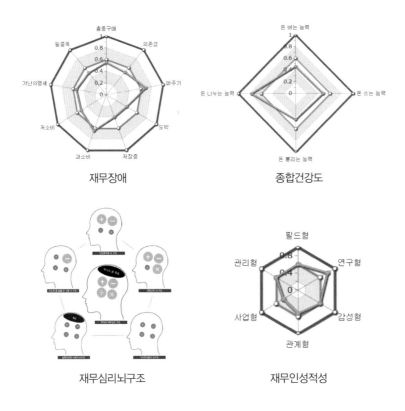

재무장애

종합건강도

재무심리뇌구조

재무인성적성

● 검사종류

① NPTI 개인 종합재무심리

주)NPTI연구원의 종합적인 개인 재무심리 검사로 마인드 세트, 재무
유형, 재무장애, 재무심리 건강도, 머니 스크립트 등 5개 영역 총 280문
항으로 구성되어 있다. 내담자의 재무심리 상담, 및 치료, 재무행동 장
애 상담 및 치료, 재무적 스트레스 상담 및 치료, 적성 및 진로 및 생애
설계 상담 및 코치, 가족 간 (부부/자녀), 예비부부의 재무갈등 상담치료
등을 하고 있다. 그리고 조직의 인사채용 및 배치, 직능별 재무적합성

상담, 재무 리스크 관리, 직원들 간의 갈등관리, 조직원의 업무역량 강화 및 경제문제 사전예방으로 조직의 업무성과 향상에 기여하고 있다.

② NPTI-YOUTH 청소년재무인/적성검사

검사대상은 10세에서 19세 청소년으로 마인드 세트, 재무유형, 재무장애, 머니 스크립트, 재무심리건강도, 재무심리 뇌구조, 재무적성 등 6가지 영역 총 161문항으로 이루어져 있다. 청소년의 진로지도, 가정상담, 학습지도, 꿈과 목표지도, 건강한 재무인성 함양으로 조기에 부자마인드를 구축하고 각종 경제교육을 목표로 하고 있다.

③ QUICK DISORDER TEST 간편 재무행동장애검사

48문항으로 되어 있는 간편한 재무장애검사로 개인의 각종 재무행동 장애유무 및 정도를 측정하는 검사로서 검사척도는 문항별 5점 척도로 장애별 해당 유무 기준 절댓값은 60% 기준으로 상대적인 강도를 측정하고, 피검사자들 간의 정도의 차이를 백분율로 표시하여 상대비교를 한다.

④ F-CHECK-UP 재정건강상태 자가진단 검사

자신과 가정을 위해 구축되어 있는 재정 건강 상태를 스스로 간단하게 진단하게 하여 재정의 건강 상태를 인식하게 하고, 잘 못 되어 있는 보험료나 투자 상품의 수익률이 있을 경우 개선하여 새는 돈을 막아 돈을 벌어주고, 재정적으로 노출되어 있는 각종 금융위험에 대비할 수 있는 계기를 마련해준다.

재무심리 요인과
재무장애

● 재무심리를 결정하는 요인들

① 꿈과 목표

꿈과 목표는 단순히 그 사람의 성공이나 출세, 승부의 차원이 아니라 평생 살아가면서 한정된 에너지와 자원을 어떻게 효과적으로 사용하며, 또한 어떻게 살아가야 하는 '삶의 방향과 가치관, 사명감, 존재의 미'를 가름하는 주요한 척도가 되고 있다. 왜냐하면 꿈과 목표는 선택과 집중으로 에너지를 한 방향과 한 곳으로 집중할 수 있는 원동력이 되고 있으며, 장애물에 대한 어떠한 고난과 역경이라도 견뎌낼 수 있는 회복 탄력성으로 든든한 버팀목이며 자신을 지켜주고 응원하는 파수꾼과도 같기 때문이다. 따라서 꿈과 목표는 재무적인 측면에서는 돈을 끌어들이는 가장 강력한 동인이 되고 있다.

따라서 꿈과 목표를 설정할 때는 반드시 본인에게 자문하면서 먼저 점검해야 할 사항이 있다.

첫째, 내가 정말 잘하는 것이 무엇인가? (재능)

둘째, 내가 정말 하고 싶은 것이 무엇인가? (열정)

셋째, 내가 돈도 벌 수 있으면서 사회가 필요로 하는 일은 무엇인가? (공헌)

넷째, 내가 옳다고 확신이 드는 것은 무엇인가? (양심)

이 네 가지가 모두 해당되는 분야라야 자신의 능력을 최대한 발휘할 수가 있으며, 그 일을 통하여 성취감을 느끼고 행복할 수 있다.

1953년 미국 예일대학의 연구에 의하면 명확한 꿈과 목표를 종이에 적고 항상 염원하는 사람은 불과 3%에 지나지 않으며 20년 후 그들의 부는 97%의 부보다 더 많은 성공을 거두었다고 한다. 이와 같은 꿈과 목표는 SMART규칙에 따라 구체성과 측정성, 객관성, 실현성, 시효성이 갖추어져야 이룰 수가 있다. SMART란 구체적이며(S/Specific), 측정 가능하고(M/Measurable), 행동 중심적이며 달성 가능하고(A/Action-oriented, Attainable), 실현 가능한(Realistic), 시효성이 있어야 한다(T/Timely, bounded)는 머리글자를 딴 것이다.

② 삶의 활력

삶의 활력은 자신이 하는 일에 미친 듯이 뛰어들어 몰입할 수 있게 하며, 즐거운 마음으로 하게 하는 원동력이고 에너지다. 열정이야말로 꿈과 목표를 이루게 하는 성공의 제1법칙으로 구슬이 서 말이라도 꿰어야 보배이듯이 바로 꿈을 이루는 실행력이다. 열정은 불가능을 가능하게 해주고 위기를 기회로 만들어주는 에너지다.

③ 돈을 버는 능력

돈을 버는 능력은 소위 돈을 자신에게 끌어들이는 능력이라 할 수 있다. 근면 성실성, 좋은 인간관계와 친화력, 신뢰, 도전정신과 끈기와 인내력, 이재에 밝은 실속과 속셈, 절제력, 돈에 대한 유연한 사고, 기회를 포착하는 판단력과 추진력, 합법적인 범위 내에서 수단과 방법을 가리지 않는 저돌성, 시간약속을 잘 지키는 생활습관 등이 있어야 돈을 자신에게 끌어들일 수가 있다.

④ 계획성과 치밀성

어떤 일을 추진하는데 사전에 계획하고 설계하며, 꼼꼼하게 챙기며 진행사항을 중간마다 체크하고 점검하는 능력이라 할 수 있다. 이는 보이지 않는 영역에서 예상치 못한 위험을 사전에 예방하는 효과로써 위험(Risk Management)관리능력이라고도 할 수 있다. 소비할 때도 무조건 쓰지 않는 것보다 사전에 계획을 세워 그대로 소비하는 습관을 들이는 것이 좋다. 소위 먹. 마. 놀. 소비다이어트법이다. 사전에 계획된 대로 먹고, 마시고, 놀고 등으로 즐겁고 자유롭게 소비하는 일상생활을 통하여 영수증을 잘 관리함으로써 저절로 돈이 모이는 방식이다.(머니튜터, Money Tutor 교육자료 참조)

⑤ 위험노출도

미래에 대한 지나친 낙관이나 긍정성은 막연히 확신적인 기대심리를 유발하여 예상치 못한 위험에 대하여 무 대응적인 오류를 범하기가 쉽다. 잘 될 때라도 위험요인은 자신도 모르게 잉태될 수 있기 때문에 언제나 최악의 경우를 산정하여 사전에 신중하게 대응태세를 취하는 것이 바람직하다. 왜냐하면 고수익을 추구하는 막무가내식 성급한 투자심리는 결국 장래의 위험에 노출되어 실패할 확률이 높기 때문이다. 위험에 대해서는 지나친 비관도 낙관도 금물이다. 지나친 낙관은 충동구매와 과소비를 유발할 수 있어 유아형이나 베짱이형으로 나타날 수가 있으며, 지나친 비관은 미래가 불확실하여 저소비로 자린고비형으로 나타날 수가 있다.

⑥ 사행일치(思行一致)

생각과 계획을 어떻게 초지일관(初志一貫) 되게 실천하고, 중간점검을 통하여 목표에 지속적이고 효율적으로 다가가느냐 하는 전략으로써 계획하고, 실천하며, 중간점검하고, 지속하느냐(Plan-Do-See(Check)-Tenacity)를 말한다. 자신이 세운 꿈과 목표를 생각만 하고 있지 않고 실현하기 위하여 SMART규칙에 의해 차근차근 구체적이고 실행 가능한 것부터 단계적으로 실천계획을 세워 중간점검과 더불어 달성해나가는 것이 무엇보다 중요하다.

⑦삶의 가치와 의미

살아가는 이유와 무엇을 위하여 살아가느냐? 그리고 무엇이 되려고 하느냐에 대한 해답이다. "살아가는 이유(가치)를 아는 사람은 어떠한 고난과 역경에도 굴복하지 않는다."는 독일의 실존주의의 철학자 니체의 말과 같이 사람이 살아가는 근본적인 이유와 존재가치에 대한 해답이기 때문이다. 삶의 목적과 믿음이 분명한 사람은 눈빛부터 다르다. 리빙스턴은 "사명감을 가진 사람은 그것을 달성할 때까지 절대로 죽지 않는다." 라고 하였다. 또한 나치 유태인 포로수용소에서 3년간이나 감금되어있으면서 갖은 고초와 절망에도 굴복하지 않고 마침내 살아서 그들의 만행을 만천하에 고하는 사명감을 이뤄 마침내 죽음도 극복하는 '의미요법(Logo Therapy)이라는 상담기법을 창시한 Victor Frankl 교수가 이를 시사하고 있다.

⑧ 건강

신체에 질병이 없고 허약한 상태는 물론 정신적, 육체적, 사회적, 영성적으로 완전히 안녕하고 역동적인 상태를 말한다. 건강한 마음은 건강한 신체에서 나온다. 건강을 잃으면 모든 것을 잃기 때문에 건강은 가장 기본적으로 갖추어야 할 필수 덕목이다.

⑨ 인간관계

사람(人)은 너와 나의 관계이며, 서로 의지하는 존재이다(生 卽 人間關係). 인간관계를 중시하는 것은 상호 신뢰와 배려를 바탕으로 하기 때문이다. "성공한 자의 85%는 뛰어난 기술이나 재능을 가진 자 보다 원만한 인간관계의 소유자다," 라는 사실을 일찍이 미국의 카네기멜론대학교에서 조사 결과를 발표 하였다.

또한 이웃이나 공동체를 더 중시하며 살아가는 이들이 개인주의자들보다 정신적. 육체적으로 더 건강하고 장수하며 행복하다는 것을 이를 증명하고 있다.[44]

---

44) (로세토 효과, Roseto Effect).

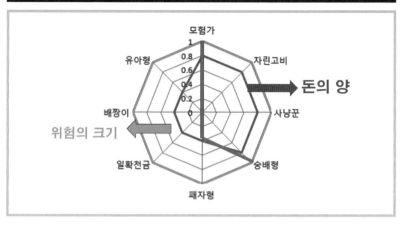

재무 유형 : 돈의 양과 위험의 크기

모험가
1
유아형 0.8 자린고비
0.6
0.4 **돈의 양**
0.2
배짱이 0
위험의 크기 사냥꾼
숭배형
일확천금
패자형

0.6 값의 원을 기준으로 하여 바깥쪽으로 숫자가 클수록 해당 형이 크고 안쪽으로 적을수록 적다.

● 재무유형

① 모험가형

새로운 것에 대한 호기심과 도전정신이 충만하며, 남에게 지기 싫어하며 대담한 성격으로써 성공 지향적인 사람이다. 사업가나 리더, 모험가형에서 많이 나타나는 성격적 특징들이다. 재무행동으로는 당연히 위험을 감수하고 공격적인 투자를 선호하여 때로는 위험에 노출되어 실패하여도 두려워하지 않고 다시 시도하게 되지만 위험관리가 없으면 크게 위기에 빠질 위험을 항상 내재하고 있다.

② 자린고비형

미래에 대한 불안 심리로 절제하고 안정 제일주의로 대인관계보다 자신의 안전을 우선하여 소극적이고 보수적이지만 어느 정도 부를 축적할 수는 있다.

③ 사냥꾼형

어떻게 하면 돈을 많이 벌 수 있는지 항상 궁리하고 투자정보에 민감하게 대응하여 재테크형이라 할 수 있다. 또한 이는 돈을 불리는데 반드시 필요한 재무심리형태다.

④ 숭배형

돈이 최고이며 돈으로 안 되는 것이 없다는 황금지상주의 형태로 돈만 좇다 보면 소중한 인간관계를 잃는 위험에 노출될 수가 있다. 돈은 숭배의 대상이나 목적 그 자체가 아니라 하나의 수단임을 명심하고 돈에 예속되어서는 안 된다는 생각을 가져야 한다.

⑤ 패자형

돈으로부터 고통받고 스트레스로 인하여 현재의 삶이 돈으로 인하여 어려운 상태를 말한다. 삶의 활력이나 미래에 대한 꿈과 목표를 가질 재정적인 뒷받침이나 마음의 여유가 없어 재무심리전문가의 코칭이나 재무컨설팅이 필요한 상태다.

⑥ 일확천금형

빨리 큰돈을 벌어 멋진 인생을 남부럽지 않게 살고 싶은 욕구가 충만한 유형으로 고수익 상품투자를 선호하여 고위험에 노출되는 대표적인 가난의 유형에 빠질 수 있는 위험에 노출될 수 있다.

⑦ 베짱이형

힘들고 어려운 것을 싫어하고 남에게 의존하여 편하게 살고 싶어 하는 대표적인 가난의 유형이다. 나태하고 게으른 성격으로 돈에 대한 악착한 집착이나 벌고 싶은 욕구가 없다. 먼저 독립심을 키워 스스로 살아갈 수 있는 훈련과 전문가로부터 재무 설계를 받아 자신의 꿈과 목표부터 세우도록 해야 한다.

⑧ 유아형

돈에 대하여 어린아이같이 무서움이나 절박함이 없이 순진무구형으로 마치 어린아이같이 부모에게 의존하여 생각하고 행동하는 대표적인 가난을 불러오는 공주 같은 유형이다.

⑨ 무차별형

돈에 대한 욕심도 있고, 더 가지려는 욕구도 크지만 게으른 천성으로 일확천금이나 꿈꾸고 어린아이같이 남에게 의존이나 하고 쉽게 현실에 안주나 하며 미래가 없어 모든 유형에 다 속하는 유형이라고 말할 수 있다.

⑩ 무념형

대체로 돈에 대한 욕심이 적고 소극적인 사람으로서 어떤 유형에도 속하지 않는 유형으로 성직자나 공무원 등에 많다. 돈에 대한 현실감각이 부족하고 필요성이나 존재가치를 자각하여 돈에 대한 생각이나 태도부터 바꾸어 주어야 한다.

부자의 마음유형은 4가지가 해당한다.

① 모험가형 : 돈을 많이 벌려는 모험가정신

② 사냥꾼형 : 돈을 키우고 불리려는 개척가정신

③ 자린고비형 : 돈을 절약하려는 근검정신

④ 숭배형 : 돈을 애착하고 집착하는 숭배정신

가난의 마음 유형은 6가지가 해당한다.

① 일확천금형 : 한탕주의나 한방주의

② 유아형 : 쓰고 싶고 놀고 싶은 대로 어린이처럼.

③ 베짱이형 : 일하지 않고 편하게 놀고먹는 형

④ 패자형 : 돈에 대한 실패로 고통 받고 의욕상실.

⑤ 무차별형 : 모든 유형에 해당하여 좌충우돌한다.

⑥ 무념형 : 아무유형에도 해당하지 않아 돈에 대한 욕심이 없고 소극적이다.

● Money Type

분석심리학의 창시자인 칼 융은 모든 인간의 경험이 집단무의식에 저장되어 우리 삶에 알게 모르게 나타나는 모습을 원형(原型)이라고 하며, 돈에 대한 무의식적인 습관이나 사고방식, 믿음 등을 결정하며 이를 Money Type이라고 말한다. 돈에 대한 정서는 지금 가지고 있는 절대량의 많고 적음의 절대 금액보다 돈에 대한 각자의 무의식적인 생각과 느낌, 믿음에 따라 만족감과 행복감이 다를 수 있다.

● 머니 타입의 여덟 가지 유형은

첫째, 세상 물정을 잘 모르는 천진난만하고 악의없는 순진형.

둘째, 과거에 살면서 자신이 처한 경제적 고난을 외부 탓으로 돌리고 스스로 피해자라고 여기는 피해자형.

셋째, 돈에 대하여 능숙하여 집중력이 강하고 자기주도의 결단성과 통찰력을 발휘하여 성공한 사람들로 마치 돈의 세계를 정복하려는 전사형.

넷째, 자신보다 타인을 위하여 자신을 희생하는 희생자형.

다섯째, 순진형과 전사형의 복합체로써 세상 물정 모르게 덤비지만, 도박사의 기질을 가져 무모하게 덤벼드는 무모형.

여섯째, 정신적이고 예술적인 분야에 헌신하고 심취하는 예술가형.

일곱째, 모든 사람과 상황을 통제하고 리더하려는 군주형.

여덟째, 물질세계와 정신세계에 흐르는 에너지를 잘 활용하여 모든 경제적 상황을 자신이 원하는 방향으로 바꿀 수 있는 가장 이상적인 머니 머신형으로 가장 긍정적이고 진취적인 활력이 넘치는 액티브한 바람직한 유형이다.

 이상의 머니타입은 인간관계에 있어 돈에 대하여 어떤 영향을 미치고 그 사람의 인성으로 알게 모르게 나타나게 된다.

● 재무장애(Disorder)

① 충동구매

 물건을 사거나 서비스를 받을 생각이 없었으나 단순히 광고를 보거나 구경만 함으로써 갑자기 사고 싶거나 서비스를 받고 싶은 강한 충동을 느껴 자신도 모르게 구매행동으로 이어지는 행태를 말한다. 주로 미래에 대한 막연한 낙관적인 심리와 외부의 고차원적인 심리마케팅에 무차별적으로 점령당하는 나약한 심리상태에 기인한다. 특히 현대인들은 스트레스를 일시적으로 잊거나 탈출하려는 도피심리에서 충동구매를 하는 경향이 있으며, 인터넷과 SNS 홍보마케팅의 발달로 충동구매에 심하게 노출되어있다. 이를 치료하기 위해서는 사전에 철저한 자신과 가정경제에 대한 종합적인 재무 설계가 필요하고 절제와 통제시스템이 정상적으로 잘 작동되도록 유념할 필요가 있다. 또한 몸을 많이 움직이고 취미나 여가 활동으로 스트레스를 건강한 방향으로 돌려 해소해야 한다.

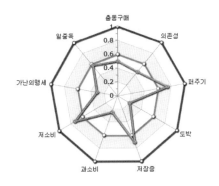

② 과소비

소득에 비하여 지나치게 소비가 많은 경우로 장래에 자신은 물론 가정의 재무적인 적자위험을 초래하는 원인이 되고 있다. 계획성 없는 소비지출을 지향하기 위하여 재무종합계획을 수립하여 규모 있게 계획적인 소비지출이 필요하다.

③ 퍼주기

자신의 현재 재무능력을 감안하지 않고 타인의 요구나 부탁을 거절하지 못하고 돈을 기부하거나 빌려주는 것을 말하며 단순히 남들에게 좋은 사람으로 인식될지는 모르나 실속 없이 장래의 재무위험에 쉽게 노출될 수가 있다.

④ 저소비

장래에 대한 지나친 비관적인 심리로 꼭 필요한 부분까지도 지출을 억제하는 금욕적인 소비 형태로 자신의 삶은 물론 인간관계까지 어렵

게 할 수 있다. 돈은 기본적으로 흘러갈 때 본연의 가치를 가지며 저소
비가 심각한 재무장애라는 인식부터 가질 필요가 있다.

⑤ 가난의 맹세

돈을 많이 가지는 것 자체를 불편해하고 터부시함으로써 돈이 생기
면 남에게 나누어주고 봉사나 기부에 높은 가치를 두게 된다. 일도 사
명감으로 하며 정당한 금전적인 대가를 바라지 않으며, 돈도 정의롭게
벌어야만 한다고 생각하게 되고 성직자나 봉사에 가치를 두는 사람에
게 흔히 나타나는 행태다.

⑥ 도박

쉽게 빨리 큰돈을 벌려는 심리상태로 스트레스 해소를 위해서도 도
박을 하는 경우로서 통제가 잘되지 않고 도박에 자신도 모르게 빠지는
정신질환의 일종으로 발달하게 된다. 본인은 물론 가정과 사회를 병들
게 하는 심각한 사회병리현상으로 법적으로 엄격히 통제되고 있다.

⑦ 저장증

물건을 잘 사용도 하지 않으면서 무조건 언젠가는 사용할 때가 있으
리라는 막연한 기대심리로 버리지 못하고 보관하는 심리상태를 말한
다. 절약이나 취미로 수집하는 차원을 넘어 저장강박증후군으로서 버
리지 못하는 심리는 재화에 대한 경제적 가치에 대한 집착과 과거에 대
한 추억으로 오래된 물건에 대한 애착심으로 복잡하고 정리정돈 되지
않고 혼란스러운 정신장애의 일종이라 할 수 있다.

⑧ 의존증

 자신의 경제적인 문제를 스스로 해결하지 못하고 다른 사람들의 도움으로 손쉽게 해결하려는 의존적인 심리상태로 주로 어릴 때부터 왕자나 공주로 귀하게 키우려는 부모들의 잘못된 자식 사랑으로 독립심이 결여된 상태를 말하고, '신 캥거루족'을 말한다.

 재무심리 측면에서 보면 의존증은 책임의식과 독립심이 결여된 가장 큰 재무장애로 볼 수 있어 반드시 치료가 필요하다.

⑨ 일 중독증

 생활의 수입원으로서의 일에 사생활을 방해받을 정도로 일에 우선하여 몰입된 상태로 영어로는 워크홀릭(Workaholic)이라 한다. 돈을 더 많이 벌거나 남으로부터 인정을 받으려는 욕구가 강할수록 일에 더 몰두하게 된다. 재무심리 측면에서는 돈을 부르는 속성을 가지고 있다. 다만 일 중독은 일과 휴식의 구분이 없기 때문에 피로감에 빠지기 쉬어 일의 능률은 떨어질 수가 있다. 가족이나 주위로부터 외면당하여 고립될 수가 있다. 또한 일을 하지 않으면 죄책감을 느껴 일의 노예로 전락하게 된다.

 요즘은 연봉에 상관없이 높은 업무강도에 시달리기나 퇴근 후에도 SNS의 발달로 인하여 업무의 연장상태로 개인의 삶이 실종되어가고 있는 사례가 많다. 최근 들어 일과 삶의 균형(Work-Life Balance)을 찾자는 '워라밸' 운동이 벌어지고 있으며 일과 가정의 양립에서 노동관의 변화까지 발전하는 오늘날의 라이프스타일을 대변하고 있다.

재무심리
테라피(Therapy)

● 재무 테라피란 무엇인가?

돈에 대한 테라피란 먼저 돈에 대하여 ㈜NPTI연구원의 NPTI 검사를 통하여 마인드 세트, 재무유형, 재무장애, 재무심리 건강도, 마니스크립트 등의 마음상태를 검사한 후 심리분석을 한다.

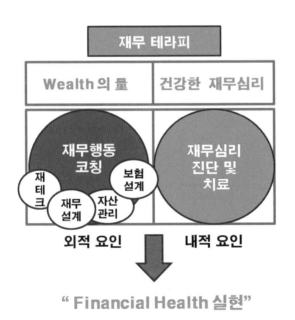

그리고 그 결과를 내담자에게 인지시켜주고 치유 코칭 프로그램에 본인의 동의와 자발적인 참여를 유도한 후 내담자에게 각종지표와 그래프를 직접 눈으로 보여주고(Show), 공감하고(Sympathy), 스스로 변화할 수 있도록 지원하고(Support)하고, 그 과정을 확인 체크(Check)하여 느끼고(Feel) 실행(Practice)하게 하여 스스로 변화할 수 있도록 지원하는 인지적, 행동과학적 선진 솔루션 기법이다. 소위 3SFP+1C기법이다.

본인의 재무장애나 위험을 사전에 제거하고[해독(解毒)디톡스(Detox)], 치유하여 쉬운 것부터 단계적이고 지속적으로 행동에 옮겨 실천케 하여 습관화함으로써 나아가 체질을 개선시킨다. 그렇게 하여 건강한 재무심리를 갖게 하고, 궁극적으로 균형 있는 4가지 재무심리를 가진 돈으로부터 자유롭고 풍요로우며, 행복하고 '아름다운 부자'를 탄생시키는 일련의 훈련지도 프로그램을 말한다. 한 사람의 인생을 돈으로부터 건강하고 풍요롭고 아름답게 살 수 있도록 내적으로는 개인의 돈에 대한 심리와 행동을 건강하게 유지될 수 있도록 치료 및 코칭을 하며, 외적으로는 가정경제시스템을 구축하여 수입과 지출에서부터 부의 축적까지 일련의 과정을 체계적이고, 효율적으로 부의 흐름을 선순환시키는 전문 상담 및 코칭으로 다른 말로는 머니라이프 코칭(Money Life Coaching)이라고도 한다.

현재의 "나" → 재무 테라피 → 새로운 "나"

가난한 사람이 가난에서 벗어나고
서민이 부자가 되고
부자가 더 부자가 되고
모두를 아름다운 부자로 변화시키는
Change platform

그리고 라이프 코칭이란 더 나은 현재의 삶과 인생목표, 운명, 소명, 열정 등 미래의 삶을 창조하는 데 개인이 지닌 능력을 최대한 발휘하여 목표를 이룰 수 있도록 돕는 일을 가리키는 말이다. 따라서 머니 라이프 코칭은 일생에 걸쳐 자신의 교육, 주택마련, 결혼은 물론, 자녀에 대한 교육, 결혼 그리고 부모부양, 자신의 은퇴관리 등에 필요한 돈의 양(삶의 무게)을 전 생애를 걸쳐 스스로 미리 계획하고 준비하는 것을 돕는 일련의 과정을 말한다.

● 기존의 재무 상담과의 차이

이는 기존의 재무설계, 금융컨설팅, 보험설계, 투자나 주식 상담 등 단순한 돈의 양적인 측면만의 상담과는 달리 돈 버는 플러스(+)마음과 쓰는 마이너스(-)마음, 불리는 곱하기(×) 마음, 그리고 나누(÷)는 마음 등을 근원적으로 사고와 행동체계를 올바르게 가지게 훈련하여 잘못되고 부족한 마음을 교정하여 준다. 그리고 돈을 더 벌고 쓸데없이 새는 돈을 막아주고, 재테크를 통하여 돈을 불리고 퍼주기를 줄이고 돈 날리는 위험을 줄여 준다. 나아가 이웃이나 돈이 필요한 곳에 나누어 주는 아름다운 부자가 되도록 체질까지 개선시켜 건강한 근육을 키워 주는 행동경제학의 최신 연구 결과를 개인 재무 관리에 적용하여 각자의 경험과 돈 이야기에 바탕을 둔 '돈 중심'에서 '사람 중심'으로 맞춤식 가이드를 제시하는 일련의 체계적이고 종합적인 치료시스템이라고 할 수 있다.

● 테라피 영역과 필요한 분야

첫째로 재무심리개선 및 치료가 필요한 분야로는 돈 문제로 인한 부부갈등, 심리적 스트레스 상담, 불안심리, 갈등, 가족불화, 트라우마, 일확천금이나 유아적이고 게으른 가난의 심리소유자, 사업가 정신이나 근검절약 투자심리 향상을 통한 부자심리를 가지려는 사람, 또한 꿈과 목표도 없고 삶이 무기력하고 활력이 저하된 사람, 돈에 대한 4가지 마음에 대한 개선치료를 희망하고,

둘째로 재무행동 개선 및 장애치료로는 충동구매, 과소비, 퍼주기, 저장 강박증, 의존증, 도박, 반복되는 투자실패와 사업실패 등을 개선치료하며,

셋째로 청소년 재무인성 개발 및 진로지도로 올바른 경제관념 및 습관체질개선과 진로직업선택과 부자인성개발 등에 활용될 수 있다.

넷째로 직장인의 올바른 재무인성 확립으로 업무역량을 강화하여 업무성과를 향상시키고, 재무적인 삶의 무게를 대비한 재테크와 적재적소의 인적자원관리 지원 등과 업무성과를 혁신적으로 높여준다. 조직원의 상호 화합과 팀워크(Team Work)을 높여 준다. 그리고 조직원의 회사에 대한 자부심과 충성도(Royalty)를 높여주는 등 다방면에 걸쳐 폭넓게 활용될 수 있다.

끝으로, 한국인들의 의식 속에 돈이란 '멀리해야 하는 것'이며, 부(富)란 '수단과 방법을 가리지 않고 추구해야 하는 것'이라는 이중적인 잣대가 존재하기 때문에 우리나라의 건강한 경제성장이나 사회 발전에 어려운 요인이 되고 있다. 하루빨리 이를 바로 잡기 위하여 범국민적 차원에서 가정에서 이루어지는 자녀교육에서부터 올바른 재무심리와 경제교육, 인성교육이 이루어지도록 노력해야 하겠다.

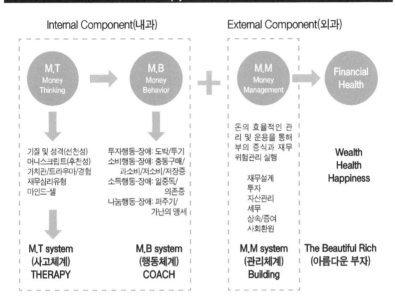

Internal Component(내과)

External Component(외과)

M.T
Money
Thinking

M.B
Money
Behavior

M.M
Money
Management

Financial
Health

기질 및 성격(선천성)
머니스크립트(후천성)
가치관/트라우마/경험
재무심리유형
마인드-셀

투자행동-장애: 도박/투기
소비행동-장애: 충동구매/
         과소비/저소비/저장증
소득행동-장애: 일중독/
         의존증
나눔행동-장애: 퍼주기/
         가난의 맹세

돈의 효율적인 관
리 및 운용을 통해
부의 증식과 재무
위험관리 실행

재무설계
투자
자산관리
세무
상속/증여
사회환원

Wealth
Health
Happiness

M.T system
(사고체계)
THERAPY

M.B system
(행동체계)
COACH

M.M system
(관리체계)
Building

The Beautiful Rich
(아름다운 부자)

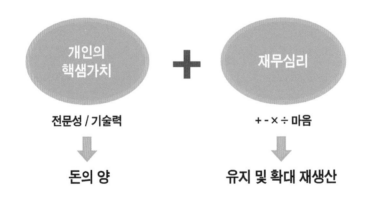

개인의
핵샘가치

＋

재무심리

전문성 / 기술력

+ - × ÷ 마음

돈의 양

유지 및 확대 재생산

개인과 가정의 돈 문제를 해결하고 성공적인 삶을 영위하기 위하여 '건강한 재무심리' 확립과 전 생애에 걸쳐 평생학습을 통한 직업의 '전문성과 기술'을 향상시켜야 한다. 오늘날과 같은 정보화 사회에서 정보통신기술(ICT)의 발달로 더 이상 대학이 지식과 정보를 독점하는 시대는 이미 끝나고 있다. 부자로 가는 길은 자신이 마음만 먹으면 언제 어디서나 정보를 습득하고 기술을 향상할 수가 있기 때문에 학력수준과는 무관하게 자신의 의지와 태도에 전적으로 달려있다.

따라서 재무심리와 직업의 전문성과 기술 수준의 상관관계에 따른 조합으로 이루어지는 4분면에서 우선 현재 자신이 어느 분면에 위치하는지를 파악하여 부유층으로 계층이동을 시도하면 된다.

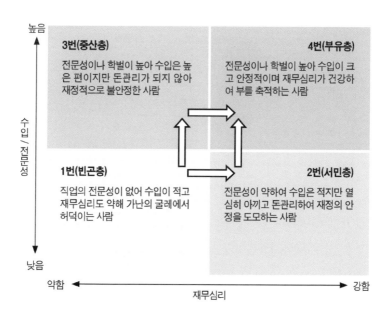

당신은 현재 몇 번 방에 계십니까?

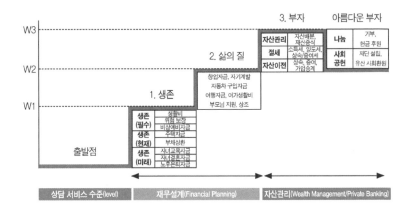

상담 서비스 수준(level)	재무설계(Financial Planning)	자산관리(Wealth Management/Private Banking)

시뮬레이션 | 체질개선프로그램 | 현상개선 프로그램 | 재무위험제거프로그램

시뮬레이션을 통해 재무심리 치료와 재무행동을 교정하여 변화를 직접 내담자에게 눈으로 보여주고 확인시켜 돈을 더 벌게 하고(+), 돈 관리를 잘하게 하여(-) 돈을 지키게 하고, 잠자는 돈을 키워(×) 부가적인 부를 창출 시켜주는 시스템이다.

- 체질개선 : NPTI검사 ▶ 재무심리(행동)치료와 교정 ▶ 부의 그릇 키우기
- 현상개선 : F/Check up/New Plus Finder(추가소득 New Plus 통장에 쌓임)
- 가정경제시스템으로 재무위험 사전 제거

일생의 주기인 라이프 타임라인을 각 단계별로 세분화하여 재무의 내외 부분 통합하여 원하는 목표달성지원 금융프로그램.

● 재무테라피의 궁극적 목표

재무테라피의 궁극적 목표는 모든 사람들로 하여금 돈으로부터 안전하고 건강하며(Financial Health) 자유로운 '아름다운 부자'가 되도록 하는 것이다. 이를 위하여 내적으로는 먼저 돈에 대한 심리상태(사고체계)와 행동체계를 진단하여 잘 못된 부분을 치료하고, 재무적인 각종 사고/위험/실패를 예방하고 줄여 준다. 외적으로는 재정관리(Money Management)를 통해 가정경제시스템을 구축하여 생의 과정별 생존, 삶의 질 향상, 돈으로부터 풍요로운 부자를 거쳐 궁극적으로는 나눔과 사회공헌을 실천함으로써 돈으로부터 자유롭고 '아름다운 부자'가 되게 지원하는 것이다.

● 아름다운 부자의 개념

아름다운 부자는 돈을 벌고(+), 쓰고(-), 불리고(×), 나누는(÷) 활동을 도모하면서 어느 한쪽에만 치우치지 않고 균형감 있게 영위하고 돈을 벌고 쓰고 남는 돈을 저축이나 투자를 함으로써 돈을 불리고 그리고 쌓인 돈을 일부를 필요한 사람이나 단체에 나누어 준다. 이와 같이 그 순서도 시계방향인 선순환 방향으로 진행함으로써 단순히 돈과 부동산만 많이 보유하고 있는 부자가 아니라 '돈이 고이면 썩는다.'는 관점에서 보유보다는 '사용과 순환'을 더 중시하여 쌓인 돈을 아무런 조건이나 대가 없이 필요한 시점에 필요한 사람이나 단체, 필요한 곳에 나누어줌으로써 마중물 역할을 하여 보다 생산적으로 부를 창출하고, 나아가 인간관계를 잘 유지하여 마음의 여유와 공동체 의식을 가지는 등 건강한 재무심리를 가지고 있는 돈 많은 사람을 말한다.

재무심리 4가지 마음순환작용 중에서 우리가 추구해야 할 최고의 높은 단계로서 '노블레스 오블리주(noblesse oblige)'를 실천하는 '아름다운 부자'다.

머니 톡스(Money Tox)를 디톡스(Detox)하자

"머니 톡스를 디톡스하면 돈과 건강, 행복이 온다"

● 머니 톡스(Money Tox)와 디톡스(Detox)

머니 톡스는 돈에 대한 심리적 장애 상태를 말한다. 개인의 사회생활이나 일을 하는데 있어서 의욕이 없고 자기 효능감이나 자신감도 없는 상태를 말하며, 힘들게 살아가는 현대인들에게 불청객으로, 일종의 번 아웃 신드롬(burnout syndrome)[45] 인 연소 증후군, 탈진 증후군에 빠져 마치 밧데리가 방전된 상태와 같이 내면의 활동에너지가 소진된 무기력한 상태인 에너지 측면의 독소를 말한다. 내 안에 있는 돈에 대한 잘못된 생각, 태도, 신념 행동들(머니 톡스)이 지금까지 나의 발전을 가로막고 있다. 따라서 머니 톡스는 돈에 관한 네 가지 마음 측면에서 꿈과 목표의식도 없을 뿐 아니라 일을 하겠다는 열정과 내면의 에너지가 고갈되

---

45) 번 아웃 신드롬(burnout syndrome)은 복잡하고 힘든 현대인 생활로 인한 '탈진 증후군'을 말하는 신조어로 '연소 증후군'이라고도 하며, 미국의 정신분석 의사인 H. 프뤼덴버그가 사용한 심리학 용어임.

어 있는 상태를 말한다. 소위 마인드 세트(Mind-set)인 꿈과 목표, 삶의 활력, 돈 버는 능력, 치밀성, 위험노출도, 사행일치(6개 영역)에서 부조화를 보여주며, 삶의 꿈과 목적에 부합하는 목적성, 활력성, 방향성, 안정성, 충실성 등 정신적 영적 건강상태 등에서 부족하여 재무적 위험이 있는 상태를 말한다. 이러한 머니 톡스(독소)는 개인의 기질이나 체질은 물론 환경요인이나 사회나 일상생활을 통하여 축적되어 습관화가 되기 때문에 정기적으로 개인은 물론 조직의 자가 점검을 통하여 톡스를 제거하는 노력(디톡스)이 무엇보다도 중요하다.

디톡스(Detox)는 Detoxification의 준말로 인체에 유해한 독소를 풀어주는 해독(解毒)작용을 말한다. 따라서 머니 디톡스는 개인이나 조직에서 돈으로부터 오는 각종 부정의 에너지 독소를 해독시켜 내면의 활동원동력인 에너지를 충전시킴으로써 돈에 대한 올바른 태도와 심리를 가져 정상적인 활동과 성과를 낼 수 있도록 하는 것을 말한다.[46]

마인드 세트 독소(Mind Set Tox)

마인드 세트	Tox	미치는 영향
꿈/목표	부재	인생의 방황, 돈과 시간낭비, 개인과 가정의 돈 문제 발생
활력	저하	돈을 밀어냄, 관계악화, 위험증가
치밀성	부재	사업과 일의 위험 증대, 돈이 새어나감, 실패나 실수 발생
위험노출도	과다	재무위험에 크게 노출
사행일치	부재	꿈과 목표의 실질적인 준비와 실행이 없어 개인과 가정의 삶이 방황하고 있고 각종 재무위험에 노출되어 돈 때문에 고통받게 된다.

---

46) NPTI연구원 정우식 원장(박사)의 MEEX교육프로그램 참조

① 꿈과 목표가 명확할수록 돈이 들어오고 위험이 제거된다.
  꿈과 목표가 없으면 돈이 새고 인생에 돈 문제에 빠진다.

② 활력이 높을수록 돈이 들어오고 사람도 온다.
  활력이 낮아지면 돈도 떠나고 사람도 떠난다.

③ 치밀성이 높을수록 돈이 모이고 실패의 위험이 줄어든다.
  치밀성이 낮을수록 돈이 새고 실패의 위험이 커진다.

④ 위험노출도가 높을수록 재무위험이 커진다.
  위험노출도가 낮을수록 위험은 낮아지지만 기회도 줄어든다. 그래서 반드시
  균형적인 위험관리능력이 있어야 한다.

⑤ 사행일치가 높을수록 삶은 안정되고 재무위험도 줄어든다.
  낮아지면 삶이 방황되고 돈과 시간이 낭비되어 돈을 잃는다.

돈을 내쫓는 습관 톡스

① 물건을 아무데나 두는 습관

② 기록하지 않는 습관

③ 물을 틀어 놓고 세면하는 습관

④ 늦잠 자는 습관

⑤ 계획하지 않는 습관

⑥ 충동구매와 과소비 습관

⑦ 인사하지 않는 습관

⑧ 마무리하지 못하는 습관

⑨ 미루는 습관

⑩ 자기 것을 챙기지 못하는 습관

재무장애 독소(Disorder TOX)

재무장애	Tox	미치는 영향
충동구매	해당요소	돈을 낭비 하여 재정상태 악화
과소비	해당요소	돈을 낭비 하여 재정상태 악화
의존성	해당요소	자기 스스로 해결하기보다 부모나 형제 주위사람들에게 의존하기 때문에 남에게 피해를 주고 자신도 지속적으로 어려워짐
퍼주기	해당요소	온정적이고 즉흥적인 퍼주기는 자기자신 뿐만 아니라 상대방에게 의존성을 유발시켜 독립할 의지를 약화시키고 자신도 어려워진다.
도박	해당요소	개인과 가정의 파탄을 가져온다.
저장증	해당요소	정리정돈이 안되고 물건이 쌓이는 것은 정신상태가 흩트러져 있다는 뜻이다. 이런 상태는 위험이 드러나기보다 숨어 있기 때문에 위험을 겪게 된다.
가난의 맹세	해당요소	돈에 대한 결벽성과 청렴성을 강조함으로 인해 돈과 멀어진다.
저소비	해당요소	미래의 두려움과 걱정이 많아 돈을 쓰지 못함으로 인해 자신의 삶이 각박해지고 남들과의 인간관계가 무너진다.
일중독	해당요소	일 중독으로 인한 건강문제 가정문제 등이 올 수 있다.

재무유형 독소		
재무유형	Tox	미치는 영향
모험가형	높다	실패의 위험
	낮다	기회의 상실
자린고비형	높다	인간관계 악화
	낮다	돈이 새어 나간다.
사냥꾼형	높다	투자 실패 위험
	낮다	투자 기회상실
숭배형	높다	돈에 집착하여 돈은 가지지만 인간관계 및 삶의 질 악화
	낮다	돈을 경계하여 큰 돈을 가지기 어렵다.
패자형	높다	정신적 스트레스에 시달리고 정상적인 경제활동에 제약
	낮다	
일확천금형	높다	빨리 크게 돈 벌려고 한다. 사업실패 투자 실패위험이 크다.
	낮다	
베짱이형	높다	게으름으로 인해 돈 벌 기회상실, 무기력증이나 귀찮아함으로 인해 관리 부실, 돈이 새어나감
	낮다	
유아형	높다	미래보다 현실의 만족에 집중한다. 돈 쓰기 좋아하고 놀기를 좋아한다. 돈이 새어 나간다.
	낮다	

MEEX
프로그램

● 업무성과

일의 성과(Performance)는 전문성(Job Expertise)과 그것을 추진하는 내면의 Energy의 곱의 결과다. 따라서 업무성과 향상을 위해서는 기존의 일에 대한 전문성 및 역량훈련과 더불어 개인의 내재적 원동력인 Money Energy관리가 잘 될 때 폭발적인 성과가 창출된다. 개인은 스스로를 코치하는 Self 코치가 되고, 조직에는 관리자가 직원들을 관리하고 지원하는 코치가 되어야 한다.

돈을 끌어들이는 역량은 아무리 많은 업무지식을 가지고 있어도 그것을 활용하는 도구와 스킬이 없으면 효과가 떨어지고, 아무리 많은 지식과 스킬을 가지고 있어도 긍정의 마음 자세와 의지가 부족하면 생산성은 제고되기가 어렵다. 그리고 아무리 지식과 스킬, 마음의 자세가 뛰어나도 돈에 대한 건강한 재무심리가 없으면 업무성과와 돈을 만들기가 어렵게 된다. 따라서 기존의 수면 위에 나타나는 지식(Knowledge)

이나 기술(Skill), 태도(Attitude)의 기본적인 바탕위에 자신의 내면에 잠자는 숨겨진 역량(Hidden Competency)을 개발하고 발휘해야 성과가 폭발적으로 발휘하게 되는 것이다. 이 숨겨진 역량이 바로 재무심리인 내면의 에너지다.

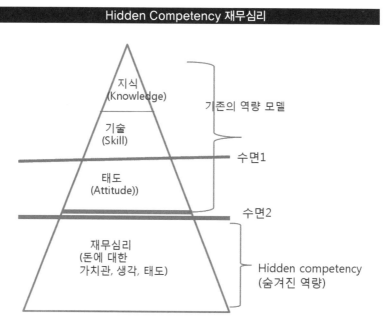

Hidden Competency 재무심리

혁신적인 성과를 가져오는 에너지 중력법칙

$$P = e^2$$

Performance(성과) = expertise(전문성) x energy(에너지)

- MEEX프로그램의 기대효과

  - 업무 성과를 혁신적으로 높여 준다.
  - 업무 몰입도를 높여 준다.
  - 재무적인 각종 사고/위험/실패를 예방하고 줄여 준다.
  - 조직원의 화합과 Team Work을 높여준다.
  - 조직원의 회사에 대한 자부심과 로열티를 높여 준다.

- Money Energy란

  - 개인의 무의식 속에 있는 재무심리가 만들어내는 돈에 대한 에너지.
  - Money Energy는 다양한 에너지 인자(factor)들로 구성된다.
  - Money energy는 행동을 촉진 시킨다.
  - Money Energy가 강할수록 성과는 더 커진다.

- Perfomance Energy Explsion(폭발) 프로그램

  개인이나 조직의 현재 성과 에너지와 성과 저해독소(Tox)를 진단하고, 저해요소(독소)를 해독(Detox)하여 일에 집중력을 높여주고 성과에너지를 충전시키고 폭발시켜 기적적인 업무성과를 올리게 하는 성과향상 프로그램이다. $(P = e^2)$

4가지 머니 에너지의 역할

구분	역할		하부에너지
	개인	조직	
Making 에너지 (+)	소득창출, 기회창출	성과창출(매출/업무) 신규 기회창출	심리, 꿈, 빛, 전문성, 가치, 태도
Saving 에너지(−)	저축 창출소비 총제예산 관리	관리 누수위험, 실수사고 제거	관리, 예방, 청결, 절약
Investing 에너지(×)	재테크 투자를 통한 수익창출	R&D. M&A	부자, 투자심리, 투자활동
Giving 에너지(÷)	좋은 인간관계 형성, 많은 협력자 창출	PR(기업이미지), 공익사업 노사협력팀웍, 애사심	사랑, 나눔

Money Making Energy(+) 돈을 만드는 에너지

하부 에너지	에너지 인자(Factor)
심리 에너지	자존감, 경쟁심, 안정감, 균형감, 독립심, 의지, 프로. 헝거리. 도전정신, 필요, 절박감, 열망
꿈 에너지	꿈, 목표 . Big Dream Picture
빛 에너지	활력, 웃음, 좋은 인상, 인사성, 행복, 희망, 성김
가치 에너지	사명감, 일과 존재 가치, 비전
전문성	실력, 핵심역량, 자기계발, R&D, 리더십
태도	열정, 노력, 악착, 인내, 통제와 절제, 일의 즐김, 긍정성, 열심, 친화력, 책임감, 진취적, 적극성, 실행력, 성숙, 신뢰, 협력, 화합, 집중력
에너지 자극제	보너스, 승진, 포상, 음식, 보약, 음악, 칭찬과 격려

4가지 머니 에너지의 상태에 따른 결과 비교

구 분	에너지 상태	
	충전상태	부족/방전상태
Making(+)	· 영업업무고성과 · 신규 고객 발굴 · 강한 목표의식과 열정 · 긍정적 사고 · 도전정신	· 저 성과 · 영업업무 자신감 결여 · 목표의식 열정 부재 · 부정적 · 소극적
Saving(−)	· 저축 창출 · 소비 통제 · 예산 관리	· 관리부실 · 실수/실패발생 · 사고발생 · 금전사고발생
Investing(×)	· 자기계발 투자노력 · 연구/개발에 노력 · 도약을 위한 노력	· 자기계발 노력부족 · 도약의지 미약 · 현상유지
Giving(÷)	· 좋은 인간관계 형성 · 많은 잠재고객 확보 · 많은 협력자 창출 · 지식, 정보 나눔협업 · 팀웍	· 개인주의에 빠짐 · 잠재 고객 발굴 · 어려움 불협화음 발생 · 갈등유발 · 편협 된 인간관계 형성

* NPTI연구원의 MEEX 프로그램 참조

재무테라피 모듈 별 내용 및 프로세스

Module#	단계	프로세스	개요	세부내용	Task	도구
Module1	1. 진단 및 상담	1. 고객면담	재무테라피 설명 및 계약	재무테라피 설명	재무테라피 서비스 약정	약정서/바인더
		2. 진단	재무심리검사	NPIT 진단/머니톡스 진단	재무심리 결과 리포트와 머니톡스 리포트 상담	NPIT 검사지/온라인 검사 홈페이지
		3. 상담	검사 결과 상담	NPIT 진단 결과/머니톡스 진단 결과		
Module2	2. 현재와 미래 비전 설정	4. 현재의 나 점검	현재 자신의 재무심리 상태와 능력으로 미래 예측	향후 삶에 필요한 돈 계산	생애자금계산기	FTSS
				F-CHECK UP(재정건강검진)	자신의 재정상태 객관적 분석	
				부의 크기/위험 크기	자신이 만들 수 있는 부의 크기와 돈 문제 발생 위험	
				소득원천 분석	자신의 수입 측정	
				중용판정	부자/가난	
		5. 미래의 나 설계	아름다운 부자의 목표 설정	시물레이션을 통해 얼마 정도의 부자가 될 수 있는지 파악	구체적인 소득 증대 방안 및 재무심리개선 및 계획 수립	
		6. 증가 준비	테라피를 통해 붙어나는 돈을 볼 수 있는 증거 만들기	뉴플러스 통장개설	발생되는 돈을 입금할 수 있는 계좌 개설	온/오프라인 계좌
				씨 또 입금	최고 금액의 씨 또 입금으로 시작	
Module3	3. 양적 변화 - 1	7. 소득 늘리기	자신의 소득이 가장 안정적이고 장기적으로 크게 성장 필수가 되도록 한다.	전문성 높이기, 변동성 줄이기, 수입크기 키우기, 지속성 늘리기	소득확보 수립	Nth-off 실천 매뉴얼
					행동계획 수립	
					행동실천 및 모니터링	
				소비/지출	먹·마·놀 가계부	믹스 다이어리
Module4	4. 양적 변화 - 2	8. 뉴플러스 찾기	자신도 모르는 사이 새고 있는 돈을 찾아 적립시킨다.	금융상품 누수	전문가 상담연결	FTSS
				보험 누수		
				부채 누수		
				세금 누수		
Module5	5. 내적 심리 변화	9. 머니 디톡스	전반적인 재정을 악화시키는 내면에 있는 자신의 독소를 체계적으로 디톡스	마인드셋 디톡스	마인드 치료	셀프디톡스 Book
				재무유형 디톡스	가난의 재무심리	
				재무장애 디톡스	장애행동 치료	
				재무능력 디톡스	능력 강화	
Module6	6. 행동 변화	10. 4대 재무행동관리	4가지 해동 분석 기반 돈에 대한 리 작성을 통해 성과와 소비 투자 나눔 등을 균형있게 관리	돈 버는 행동(+)	소득 증대	믹스 다이어리
				돈 쓰는 행동(−)	소비 관리	
				돈 불리는 행동(x)	투자 마인드/수익률	
				돈 나누는 행동(÷)	기부자선	

* 자세한 내용은 NPTI연구원의 재무테라피 교육프로그램을 참조 바랍니다. (www.npti.co.kr)

PART
5
나눔(÷)은
부(富)와 행복으로 가는 길

나눔(÷)의
미학(美學)

● 나눔(÷)이란 무엇인가?

　나눔이란 하나를 둘 이상으로 가르다, 배분하다, 즐거움이나 고통 따위를 함께 하다 등의 의미를 갖는 순수 한글로 구성된 개념으로 일반적으로 자선(charity)이나 박애(philanthropy), 기부(giving) 등의 개념으로 사용되고 있다. 자선은 타인의 생각과 행동에 대한 호의나 타인의 어려움을 고려하여 행해지는 양도나, 비영리조직에서 수입의 일부를 기부금으로 충당하고 공공에 이익을 제공하는 것으로 인간의 도리로 남을 돕는 선행을 의미하며, 어려운 이웃의 고통을 경감키기 위한 수혜적이고 일방적인 속성을 갖는다. 박애는 '모든 사람을 평등하게 사랑한다.'는 타인을 위한 선행이나 의지를 나타내는 포괄적인 인간애를 의미하며, 기부는 현금이나 현물, 기타 재화 또는 서비스(시간)를 제공하는 행위로 어떤 직접적이거나 상호 호혜적인 대가를 바라지 않는 행위를

의미한다.[47]

이와 같이 나눔이란 기부(寄附)와 같은 의미로 사용되며, 기부는 보상에 대한 기대가 배제된 상태에서 타인의 이익을 지향하는 자발적이며, 희생적인 도움행위로써 그 행위가 물질이나 시간, 노동을 나누는 형태로 광의적으로 해석되어 나눔과 동일하게 사용된다. 따라서 나눔이란 타인이나 공공을 위해 개인이나 조직의 아무런 대가 없이 자발적으로 행하는 물질적. 비물질적인 기여라고 종합적으로 정의 내릴 수 있으며, 다양한 행위로 발현된다.[48]

2012년 보건복지부가 입법 예고한 나눔 기본법에서는 나눔을 '인간의 복지향상 또는 공공복리 증진을 위하여 자발적인 물적, 인적 요소의 이전, 사용, 제공 및 기타 공공의 복리에 도움이 되는 행위'로 정의하고 있다. 즉 구체적으로는 금전, 물품 등의 물적 나눔과 지식, 기술등의 인적 나눔, 신체의 일부 또는 전부의 생명 나눔 등으로 구분하고 있다. 그리고 나눔을 현금기부, 물품기부, 자원봉사, 상호부조, 생명 나눔, 사회적 자본 등 6개 영역으로 세분화하였다.[49]

기부(寄附)는 사전적 의미로 자선 사업이나 공공사업을 돕기 위하여 돈이나 물건 따위를 대가 없이 내놓음을 말하며, 유사어로 기탁, 의연(義捐, 사회적 공익이나 자선을 위하여 돈이나 물품을 냄), 증여 등이 있다. 기부의 개념은 전통적으로 '자선(Charity)' 혹은 '박애(Philanthropy)'의 개념으

47) 박소현, 「국가간 나눔 행동 연구-OECD 25개국을 중심으로-」 2018, pp6~7

48) 박소현(2018), 「국가 간 나눔 행동 연구-OECD 25개국을 중심으로- 」 연세대학교 사회복지대학원 박사학위논문.

49) 김교성 외(2016), 「한국의 '나눔' 종합지수 개발에 관한 연구」, 한국사회복지행정학, 18(1) pp 233~265

로 사용되어왔다.[50] 자선은 영어권에서는 'Charity' 혹은 'Philantrophy' 로 사용되고 있으며, 이 두 개념은 역사적 문화적 의미를 함축하여 서로 구별되어 사용됐다. Charity는 주로 개인적인 차원의 관심과 자비심에 근거한 행동으로 가난한 자에 대한 관대함, 약자에 대한 관용과 동정심을 의미하고, Philantrophy는 협의로써는 돈을 대가 없이 기부하는 것을 의미하지만 개인적인 차원보다는 인류라는 집합적인 차원에서 인류의 복리후생과 서비스 제공, 발전, 등의 보다 큰 개념의 대규모 기관이나 조직화된 단체에 돈을 기부하는 행동을 말한다.

● 나눔의 시대적 요청과 역사적 배경

먼저 나눔의 시대적 요청 배경은 오늘날 급격한 경제성장기를 지나며 급속도로 도시화, 핵가족화, 개인화되는 사회적 변화 속에서 이웃집 사람들의 얼굴조차 알지 못하는 현실을 가져왔다. 이와 함께 범죄율 증가 등의 사회적 부작용이 증가하게 되고, 심지어 학교 울타리 안에서 발생하는 폭력, 강간, 강제 추행, 강도, 살인, 절도 등 청소년 강력범죄 발생이 또 다른 문제점으로 부각되고, 학교 내 집단 따돌림, 왕따 등으로 인한 갈등은 자살 등과 같은 사회 문제로 이어지고 있다. 이와 같이 황폐한 삶의 현장들을 보수하기 위하여 이웃 사랑과 공동체 의식 및 생명 존중, 이타주의와 배려 책임 등에 내재되어 있는 나눔의 정신 회복이 필요하다는 인식이 점차 확산되는 추세에 있다.

---

50) 김주원(2005), 「대학기부자와 자선기부자의 기부행동 결정요인에 관한 실증연구」 성균관대학교 대학원 박사학위 논문.

나눔활동은 인류의 역사와 함께 궤를 같이하고 있다고 해도 과언이 아니다. 고대 그리스에서 현대 미국사에 이르기까지 '나눔'의 양상에 대한 역사적 흐름을 재조명해봄은 오늘날의 당면한 지구촌의 자본주의 사회의 빈부 격차로부터 야기되는 사회 문제를 조금이나마 해결할 수 있다는 측면에서 매우 바람직한 일이라 생각한다.

　　따라서 서양 철학의 근간을 이루는 고대 그리스, 로마시대에서 시작하여 유대민족의 삶이 서려 있는 구약시대, 기독교(카톨릭)의 지대한 영향 아래 '나눔'이 전통적으로 굳어졌던 중세기, 기존의 전통에 대한 반성으로 제기된 계몽주의의 등장과 종교개혁기로부터 근대시기, 그리고 청교도 정신으로 구축된 자본주의의 종주국인 미국에서 나눔문화가 전문화되고 체계화되는 과정을 개관함으로써[51] 현대시대에 요청되는 '나눔'의 진정한 의미를 재조명해보고자 한다.

　　고대에는 피타고라스나 아리스토텔레스에 의해 개인재산을 포기하고 모든 것을 나누면서 금욕주의와 공동체적인 이상 사회를 지향하였다는 점에서 당시 경제는 노예의 노동력에 의존하며 자본은 소수 시민 귀족에 독점되어 사회적 불평등과 혼돈이 팽배하던 시대적 배경을 반영하고 있다. 경제발전이 급속도로 이루어짐에 따라 헬라 도시국가들이 전성기를 구가하였지만, 부와 가난의 차이가 심화되었고 재산을 올바르게 관리하는 일이 도시국가의 주된 문제가 되고, 플라톤은 사유재산제도를 개인의 이기심과 탐욕을 조장시키고 사회 전체의 공동생활을 저해하는 요소로 간주하였다.

---

51) 이지연(2016) 「'나눔'과 '나눔교육'에 대한 기독교적 접근 p20

신약시대에 와서는 기원전 63년 로마가 예루살렘을 정복하고, 유다가 로마의 식민지가 되었다. 당시 로마제국은 초기부터 경제적 불평등이 극심하였고, 농업에 의존하는 수익구조로 80~90%가 농촌에 집중되고, 중산층이 존재하지 않고 극소수의 귀족들이 부의 대다수를 독점하고 있어 빈곤이 농촌은 물론 도시에도 만연했다. 이러한 억압과 빈곤 속에 찾아오신 예수님은 "네 하나님을 아버지같이 사랑하라."와 "네 이웃을 내 몸과 같이 사랑하라."는 2대 강령으로 구체적인 '사랑'의 실천을 몸소 보여주셨다. 노예로 살았던 애굽에서의 뼈아픈 경험과 애굽으로부터 구출된 사건을 통해서 형성된 의식이었다.

'여호와 하나님을 가난한 자들의 하나님'으로 묘사한다(욥 34:19, 시 9:12) 이와 같이 가난한 자를 가리켜서 하나님에 의해서 보호를 받는 순결한 백성으로 간주하고 '나눔과 구제'는 하나님의 성품을 반영하는 동시에 실천하는 행위로 간주되었다. 당시 심각한 빈부격차로 인하여 소위 사회적 약자들을 돕기 위한 의무적 기부(헌금)이 교회를 중심으로 이루어졌음을 알 수 있다. 그러나 빈부격차는 좀처럼 해소되지 않았고 알렉산더 이후 헬라 시대에서는 부의 편중으로 인한 갈등과 대립이 더욱 심화되었고 초기의 부에 대한 긍정적인 시각에서 점차 시간이 지나면서 부와 재물과 관련하여 사람들의 이기심과 탐욕에 대한 부작용으로 부정적인 시각이 싹트기 시작했다.

그리고 중세에는 서로마제국의 멸망과 함께 5세기부터 시작된 중세기는 15세기까지 경세는 영주들의 시배인 봉건체계가 지속되었고, 물질주의에 대한 환멸과 반성으로 수도원이 확산되었다. 자선 행위와 함께 사회지도층의 '노블레스 오블리주'라는 단어가 사용되기 시작하였고, 8세기경에 접어들면서 성도들에게 십일조가 의무적으로 부과되면서 '나눔'이 성도들의 의무로 인식되어 구제활동이 활발하게 이루어지기 시작했다.

또한 종교개혁기에서 근대까지는 일천 년 이어온 유럽의 지배적인 이념이 되어온 로마 카톨릭의 물질주의적 타락과 부패로 인해 '진리' 즉 예수 그리스도의 가르침으로 회기가 발현되었고 중세의 억압과 지배 속으로부터 인간성과 창조성 회복을 위한 새로운 시대가 도래되었다. 근대의 시발점이 된 1789년 프랑스 혁명은 '자유, 평등, 박애'를 모토로 새로운 시민사회가 태동이 되어 교회를 중심으로 하는 '나눔'의 형태가 재원의 통합화와 평신도관리, 합리적인 구제활동 등 보다 더 민주화가 된 현대의 '공동체적 나눔' 운동의 초석이 되었다.

한편 17세기 초 영국의 청교도인들이 신앙의 자유를 찾아 아메리카 신대륙으로 이민을 가 건국한 미국은 인간 평등에 대한 신념을 바탕으로 가난한 자를 돕고 가난에서 벗어날 수 있는 사랑의 공동체를 이루는 기독교적인 자선모델을 구축하여 오늘날의 'philanthropy'의 정신을 세상에 조금씩 전파하기 시작했다. 19세기 후반은 미국의 발전과 서부 정착 등으로 카네기나 록펠러 등의 1세대 자선가가 등장하면서 대형 자본을 통해 현대적 개념의 '공동체 나눔'이 활발하게 시작되었다. 그 후 1917년 1차 세계대전 후 경제부흥을 위한 루스벨트 대통령의 뉴딜정책 집행과정에서 마침내 자선단체들의 참여로 그 역할과 존재감이 사회적인 신뢰를 획득하게 된 계기가 되었다.

마지막으로 현대에 이르러서는 2차 세계대전이 끝난 후 미국에서는 본격적인 비영리 부분의 발전이 시작되었으며, 자선 활동도 비영리 단체의 재단 활동으로 크게 성장하였고, 마침내 2013년에는 개인 기부금의 총액이 무려 2천4백1십억 달러에 달하는 등 미국 인구의 2/3가 기부에 참여하는 기부 강국으로 자리매김하고 있다.

2017년 포보스가 발표한 전 세계 억만장자는 총 2,043명에 이른다. 그중 1, 2위는 빌게이츠와 투자의 제왕 워런 버핏이었다. 둘의 재산 합계는 무려 180조 원 이상이다. 그러던 두 사람은 2010년에 "내가 번 돈이라고 해서 다 나의 것이 아닙니다. 사회로부터 온 것은 사회로 돌려주어야 합니다."라고 하며 생전, 자기 재산의 절반 이상을 사회에 환원하고 사후에는 90%를 기부하겠다는 약속을 하였다. 이를 '기빙 플레지(The Giving Pledge)'라고 한다. 그리고 그들은 전 세계 억만장자에게 기빙 플레지에 동참을 제안하였다. 법적 구속력은 없지만 기꺼이 동참하겠다는 억만장자가 오늘까지 무려 170여 명에 달한다고 한다. 지금까지 서약한 거대 기부금액만 약 1조 달러로 우리나라 돈으로 약 1,116조 원으로 우리나라 한 해 예산 400조 원의 3배고 2017년 한국 GDP의 2/3에 이른다. 그들 중 75%는 자수성가형으로 전 세계 억만장자의 6%에 달하는 부자였다. 실제로 테슬라 모터스의 CEO 일론 머스크는 2012년 기빙 플레지에 서명한 후 재산 129억 달러의 대부분을 신재생에너지, 과학 공학교육, 소아 건강을 위해 기부했다. 마크 주커버그는 그의 첫째 딸 맥스가 태어난 후 페이스북 지분 99%인 52조 원을 사회를 위해 사용하겠다고 말했다.

이들은 '사람은 혼자 살 수 없고, 내가 누리는 모든 것 중 오롯이 나의 힘으로만 이루는 것은 하나도 없다.'는 사실을 잘 알고 있으며, 누군가의 상속 없이 스스로의 힘으로 억만장자가 된 그들은 이 단순한 진실을 너무나 잘 알고 있었다.[52] 우리나라도 19세기 후반 외국 선교사들의 선교 활동을 통해 사회복지적 성향의 교육이나 의료 사업이 시작되었으

---

52) "불교 동영상 강의" http://buddhastudy.egloos.(2018)

며, 기독교는 이러한 사회사업을 주도하고 이를 바탕으로 재단과 비영리 단체가 보다 발전하고 조직화되기 시작했다.[53] 미국이 보수적이고 자본 제일주의의 병폐를 안고는 있지만 사회가 건강하게 유지되는 것은 이런 개인주도의 '노블레스 오블리주'의 기부문화 때문이라고 한다.

● 빈부격차 해소를 위한 성현들의 나눔의 공통적 원형

예수님은 사랑을 통한 '나눔과 구제' 정신으로 그리스도적인 삶을 살아 자본주의 사회의 구조적인 모순점인 빈부격차 해결에 대한 그 대안을 제시하였다. 부처님은 보살도(菩薩道)를 실천함으로써 나눔과 베풂이라는 보시를 통하여 종교적으로 승화시켜 부의 사회적 불평등을 해결하고자 하였다.

공자는 인간의 도덕적 자각에 의한 인(仁)의 정신으로 천하의 모든 백성이 신분적 평등과 재화의 공평한 분배와 인륜(人倫)의 구현으로 상징되는 '대동사회'[54]를 건설하고자 하였다.

이와 같이 역사적으로 예수님과 부처님, 공자님 등에서 공통적으로 이미 오늘날의 자본주의사회의 빈부격차를 해결하기 위한 방편으로 인도적이고 사상적, 정치적, 사회, 문화적으로 그 뿌리를 찾아볼 수 있으며 작금의 '제3의 자본주의'나, '이타적 자본주의'와 그 맥을 같이 하고 있다고 하겠다.

---

53) 이지연(2016), 「'나눔'과 '나눔교육'에 대한 기독교적 접근」 pp24-33
54) 안용진(2006), 「공자의 경제 윤리에 관한 연구」 성균관대학교 대학원 박사학위논문. p17

● 나눔의 유형

나눔(기부자)의 참여 형태에 따라 물질적 나눔(기부)과 시간적으로 행위를 제공하는 자원봉사활동 등으로 나눌 수가 있다. 나눔에는 현금과 부동산 등을 나누는 물적 나눔, 자원봉사를 통한 인적 나눔, 헌혈과 장기 기증을 통한 생명 나눔, 지식이나 경험, 노하우 등을 나누는 재능 나눔 등 다양한 형태로 남을 위하여 조건 없이 이루어지고 있다. 또한 이러한 나눔문화가 뿌리를 내릴 수 있도록 나눔 기본법 제정도 추진되고 있으며, 나눔 실천자들에게 대한 권리가 강화되고 포상근거도 마련하여 예우할 계획이다. 요즘 나눔의 형태도 다양화하고 있다. 연말연시 각종 행사를 통하여 기부금 모집 등 전통적인 방법에서 벗어나 본인이 가장 잘할 수 있는 것을 나누는 재능기부활동 등으로 확대되는 추세에 있다.

나눌 수 있는 것은 비록 돈과 재화와 같은 물질만 있는 것은 아니다. 시간과 재능, 따뜻한 말 한마디, 사랑과 관심 등 정신적 배려는 물론 사회와 인류를 위하여 무엇을 남기고 기여하느냐 하는 것이 더 크다. 예수님은 오른손이 한 일을 왼손이 모르게 하라고 하셨다. 부처님도 금강경에서 보시(布施) 중에서도 무주상(無住相) 보시를 으뜸으로 말씀하셨다. 즉 '상에 머무르지 않는 보시(無主相布施)다.' 보시란 '남에게 내 것을 베풀어 준다.'는 뜻이며, "상(모양)에 머무르지 않는다."라는 것은 내가 내 것을 누구에게 주었다는 생각조차도 버리는 것을 의미한다. 내가 착한 일을 행하였고 스스로 생각하는 순간에 나에게는 자만심과 자긍심이 생겨나서 진정한 선행을 할 수 없기 때문이다. 이러한 대승(大乘)적 보시는 보살[55]을 통해 잘 나타나는데 보살은 위로는 진리를 구하고 아래로는 중생을 구제하는 사람이다. 남이 모르게 하는 공덕을 음덕(陰德)이라하며 남도 모를 뿐 아니라 자신도 베푼다는 의식이 없이 소위 머무는 바 없는 보시요, 아무런 조건이나 어떠한 보상도 바라지 않는 순수한 보시 그 자체가 아름답고 소중하기 때문일 것이다.

● 나눔의 동기

하나님은 구제하는 자에게는 궁핍하지 않게 해주시고, 그렇지 못한 자에게는 저주를 내리신다고 말씀하신다.

"가난한 자를 구제하는 자는 궁핍하지 아니 하려니와 못 본 체하는 자에게는 저주가 많으리라."(잠 28:27)고 말씀하셨다. 따라서 무엇보다도 구제하는 자에게는 몇 배로 되갚아 주신다고 믿고 있으며 부를 창출하는 방법 중에 하나가 자선을 하는 것이라고 가르치고 있다. 또한, 구제함으로써 자신의 인성이 좋아지며 하나님을 닮은 선한 성품으로 바뀌게 된다고 믿는다. 따라서 자선을 하면 자신에게 더 큰 유익이 돌아올 뿐 아니라 선한 성품으로 바뀌고 인간관계도 좋아지며 자기 만족감과 행복감도 높아지기 때문이다.

특히 우리나라의 개인 기부자의 기부 특성은 기부 문화가 가장 발달

---

55) 산스크리트어 보디사트바(Bodhisattva)의 음사(音寫)인 보리살타(菩提薩埵)의 준말이다. 그 뜻은 일반적으로 '깨달음을 구해서 수도하는 중생', '구도자', '지혜를 가진 자' 등으로 풀이된다. 상구보리 하화중생(上求菩提 下化衆生 : 위로는 보리를 구하고, 아래로는 중생을 제도한다(NAVER지식백과).

한 미국의 세금공제와 같은 외적 요인보다는 사뭇 다른 양상을 보여주고 있다. 어렵고 불쌍한 사람에 대한 동정심이나 사회개선, 가진 자의 도덕적 책임감, 부의 사회 환원, 종교적인 신념 등 내적 요인에 기인함을 보여주고 있다.[56] 기부행위를 함으로써 혜택이 누구에게 돌아가느냐? 에 따라 즉 기부의 대상이 공적이냐? 사적이냐? 와 또한 공개성에 따라 익명이냐? 공개적이냐? 로 구분할 수 있다.

● 기부(나눔) 동기

기부행위를 함으로써 그 혜택이 구체적으로 공공단체에 기여하는 것을 사전에 공시하고 있다. 예를 들어 UNICEF는 얼마를 기부하면 몇 명의 어린이가 기아에서 벗어날 수가 있다고 하고, 세계의료봉사단은 몇 불을 받으면 몇 명의 어린이들이 영양식을 하루 동안 제공할 수 있다고 고시를 하고 있으며 주로 어린이 질병, 기아, 문맹퇴치, 빈민촌의 식수해결 등에 기부를 호소하고 있다.

또한 기부자가 기부함으로써 사적으로 누리거나 수혜 되는 혜택을 줌으로써 기부 활동을 유도하고 있다. 예를 들어 기부에 대한 감사장, 감사 표시의 간단한 선물, 초대권, 맴버십. 만찬 초대 유명인과 식사 동행 등의 제공이다. 또한 고액 기부자에 대한 빌딩 이름 명명, 거리명 등을 제공하기도 한다. 또한, 기부함으로써 개인적인 명성이나 명예를 회복하고 사회적으로 존경을 받는 심리적 욕구를 충족시키기 위함일

---

56) 황창순(2002), 「한국인의 자선적 기부와 자원봉사, 2001년 서베이조사 결과분석」, 아름다운 재단 자료집.

수도 있다.

그리고 무엇보다도 세제혜택이다. 기부금 액수에 따라 소득 공제와 면세를 통해서 세금을 줄여줌으로써 비영리부문이 발전하도록 유도하는 정책적 지원이다. 또한 소득 공제와 세금 감면을 통해 부의 공평한 분배를 유도하고, 비영리사업자들을 조세정책으로 관리한다.

● 몰래 나누는 이유

첫째, 어렵고 불쌍한 사람에 대한 동정심에서 남을 돕고자 하는 이타주의의 순수한 심리에서 나눈다.

둘째, 기부는 결국 자기 만족심리와 존경과 인정받고 싶은 욕구에서 하기 때문에 굳이 세상에 알려지는 것을 원하지 않기 때문이다.

왜냐하면 소위 애이브러햄 매슬로우의 욕구충족 서열 5단계 중 최상의 개념인 '자아실현'의 단계로 이름이 남들에게 알려지는 것이 중요한 것이 아니라 스스로 기부목표를 달성했다는 자기만족의 심리이기 때문이다.

셋째, 부자로 알려지면 자녀 납치 우려와 사기꾼들이 근접할 우려가 있기 때문에 익명을 요청하는 경우가 있다.[57]

넷째, 다른 기부 단체들로부터 끊임없는 기부 요청과 심지어 압박까지 받는 것이 부담스러워서(1991년 미국 인디애나대학 556명의 설문조사에서 익명 기부자의 50.6%는 다른 단체들로부터의 요청이 부담스러워)라고 답하였다.

다섯째, 악플에 시달리기 때문이다. 가수 김장훈 씨의 경우, "자기 앞

---

57) 미국 경제잡지사인 포보스의 "왜 기부할 때 익명으로 할까?" (2012. 9)

가림이 더 급해 보인다."며 유명 인사들의 기부에 많이 벌었으니 자기도 한 것 아니겠냐? 익명으로 하지 이름을 알리기 위한 홍보냐? 는 등의 비아냥거리는 악플에 시달렸다.

여섯째, 사람들은 자신이 속한 그룹의 규범에서 벗어나는 것을 두려워하고 자신의 기부가 남들과 비교되는 것을 꺼린다. 적으면 쑥스럽고, 너무 많으면 건방지거나 자기 자랑으로 비칠 우려가 있기 때문이다.[58]

이상과 같이 선의로 시작했지만 이름을 밝히는 순간 갑자기 평가의 대상이 되어 질투와 시기를 당하는 경우가 많기 때문에 익명으로 기부하기를 원한다.

● 공개적으로 나누는 동기

첫째, 자기를 과시하려는 과시욕에서

둘째, 과거에 잘못된 이미지를 개선하기 위하여

셋째, 사회공헌하려는 좋은 이미지를 획득하여 사회로부터 존경받고 싶은 심리에서

넷째, 개인이나 기업 차원에서 세금 공제 등 세제 혜택을 받기 위한 이기적인 목적에서

다섯째, 일부 개인이나 기업에서 편법 상속이나 불법 사례에 대한 사회적 비난에 대한 면피를 받기 위하여 부의 사회 환원이라는 명목의 탈을 쓰려는 편법 심리에서 기부를 한다.

---

58) 니콜라라이하니(진화생물학자)(2014년1월) 학술저널 '바이올로지 레터스' 참조

● 나누면 심리적 쾌감과 만족감을 느낄 수 있다.

이 세상에서 나눔보다 더 아름다운 것은 없을 것이다. 남을 위해서 돕기나 봉사하는 활동을 통하여 심리적 포만감을 느끼며, 인체의 면역 기능을 향상하는 행복 호르몬인 엔도르핀이 분출되어 도취감을 느끼는 '헬퍼스 하이(Helper's High)'를 맛볼 수 있다고 한다. 이는 남을 돕고 난 후 심리적 포만감으로 혈압과 콜레스테롤 수치가 하락하고, 엔도르핀은 정상수치의 3배 이상 상승하며 면역항체(IgA)증가 등 자신의 건강에 매우 유익한 효과가 있는 것으로 1998년 하버드대에서 실험으로 증명되었다. 이를 흔히들 '테레사 수녀효과'[59]라고 말하며, 내가 직접 남을 도와주지 않아도 남이 봉사활동 하는 동영상만 봐도 내가 남을 도와주는 것처럼 행복감을 느끼게 되는 효과다. 일종의 쾌감과 희열, 전율 등의 감정인 '카타르시스(katharsis)'를 느낄 수 있다는 얘기다. 나눔과 배려가 행복의 원천으로 이는 필시 남을 위해 보시하라는 창조주의 의지를 엿볼 수 있는 대목이기도 하다. 중국의 속담에도 "한 시간을 행복하려면 낮잠을 자고, 하루가 행복하려면 낚시를 하고, 한 달을 행복하려면 결혼을 하고, 일 년을 행복하려면 유산을 받으며, 그리고 평생을 행복하려면 네 주위의 가난한 사람을 도우라."고 하는 말이 있다.

그리고 나누는 당사자가 심리적 만족감을 느낄 수 있다. 무엇보다도 자기도 사회에 조금이라도 기여할 수 있다는 자기 효능감으로 자기 만족감을 느끼게 되고, 자아실현의 심리적 보상 효과가 가장 클 것이다.

---

59) 1988년, 하바드대 700명의 학생 2 그룹 나누어 실험, 대가없는 봉사그룹이 면역항체 Ig A가 월등히 높음. 내가 직접 남을 도와주지 않아도 남이 봉사활동 하는 동영상만 봐도 내가 남을 도와주는 것처럼 행복감을 느끼게 되는 효과

그리고 스스로에 대한 자아 존중감으로 삶의 질이 향상될 것이며 궁극적으로 주관적 안녕감으로 행복한 생을 영위할 수 있을 것이다.

● 나눔이라는 자선활동을 통하여 빈부격차 해소에 기여

　　그리고 사회경제적인 측면에서 오늘날 자본주의사회의 가장 큰 병폐인 빈부격차를 조금이라도 해소할 수 있다는 차원에서도 가진 자들의 사회기여 활동은 매우 바람직한 자선으로 간주가 되고 있다. 이런 나눔 활동은 역사적으로도 인류가 공동체 사회를 이룬 후 고대부터 빈부격차를 해소하기 위한 자선활동으로 이미 오래전부터 자리매김해오고 있는 구제활동이었고, 현대사회에서도 사회통합 차원에서 크게 확대되고 보편화되고 있는 추세다. 특히 국가가 다 하지 못하는 일을 개인과 민간단체가 주축이 되어 '나눔활동'을 전개함으로써 더불어 살아가는 공동체 사회건설에 조금이라도 도움이 되고 '노블레스 오블리주'와 같이 사회지도층의 솔선수범으로 사회통합과 상생에도 크게 기여하고 있다.

● 나눔의 인성 덕목

　'사랑', '공동체정신', '생명존중', '이타주의', '배려', '책임'의식 등을 키울 수 있다

　　나눔은 내가 기진 것을 이웃과 함께 가지거나 나누어 주는 행위다. 내가 가진 것이라 함은 부(富), 재능, 지식, 기술, 마음, 경험이나 지혜 등 그 어떤 것이라도 상관이 없다. 그것을 나누거나 함께 했을 때 내가

행복하거나 수혜자가 행복하면 되는 것이다.[60] 이러한 나눔의 가치를 함유하고 있는 도덕적 덕목으로는 사랑, 공동체 의식, 생명존중, 이타주의, 자기희생, 배려, 책임 등이 있다. 먼저 나눔은 자신의 일부를 다른 사람을 위해 조건 없이 기부나 희생하는 것이기 때문에 무엇보다도 그 사람에 대한 사랑이 없으면 불가능하다. 그리고 상대를 인정하고 상생하기 위하여 더불어 살아가려는 의지인 공동체 의식에서 기인된 것이라 할 수 있다. 또한 나눔은 인간뿐 아니라 모든 생명체에 대한 애정에서 나오는 행위다. 생명존중 사상이 내재되어 있지 않으면 절대로 그것들을 위하여 자신의 일부를 내어줄 수가 없기 때문이다. 이는 곧 남을 도우려는 이타심과 남을 우선하는 양보와 존경, 배려심에서 이루어지는 것들이다.

따라서 더불어 살아가는 사회에 필수불가결한 공동체 의식과 사랑과 박애정신, 생명존중, 이타주의, 배려, 책임 등 오늘날 도시화, 산업화, 핵가족화로 인한 극단적 이기주의가 팽배하고 인간성 상실에 따른 인성의 황폐화를 치유하여 살만한 세상을 만드는데 인성교육차원에서도 매우 유익한 방편이라 생각된다.

첫째, 사랑

사랑이란 어떤 사람이나 존재를 몹시 아끼고 귀중히 여기거나 즐기는 마음이나, 남을 이해하고 돕는 마음, 남녀 간에 그리워하거나 좋아하는 마음, 성적인 매력에 이끌리거나 열렬히 좋아하는 상태 등을 말한다. 인

---

60) 장미남(2006), 「초등학교 인성교육으로서의 나눔 프로그램 실행연구」 진주교육대학교
    석사학위논문, p14

간의 근원적인 감정으로 인류에게 보편적이며, 인격적인 교제, 또는 인격 이외의 가치와의 교제를 가능하게 하는 힘, 특히 미움의 대립개념으로 볼 수도 있으나 근원적인 생명적 원리로는 그러한 것도 포괄한다. 사랑은 역사적·지리적으로, 또 교제 형태에서 여러 양상을 취한다.

고대 그리스에서의 사랑은 에로스(eros)로 불렸는데, 이것은 인간적인 사랑으로 육체적인 사랑에서 진리에 이르고자 하는 동경·충동을 포함한다. 그리스도교에서의 신(神)적 사랑, 즉 아가페(agape)는 인격적 교제(이웃에 대한 사랑)와 신에게 대한 사랑을 강조하며 이것을 최고의 가치로 삼아 자기희생에 의하여 도달하게 된다고 한다. 르네상스에서의 사랑은 또다시 인간 구가(謳歌)의 원동력으로 보았으나 이것은 사랑의 세속화를 의미하는 것으로 보여 공업화가 진척되어 가는 현대는 그 경향을 차차 강조한다.

사랑은 인간의 근원적인 감정이라는 데서 힌두교에서의 카마(Kama), 유교에서의 인(仁), 불교에서의 자비 등 모든 문화권에서 보인다. 인(仁)은 모든 사람을 긍휼(矜恤)히 여기는 행동이다. 긍휼은 영어로는 Compassion으로 표기한다. 'Com'은 '같이'라는 뜻이고, 'Passion'은 '아픔'을 말한다. 즉 상대방의 아픔을 함께 한다는 뜻이다. 불교의 자비(慈悲)도 사랑하는 마음(慈)과 슬퍼하는 마음(悲)의 합성어다. 인(仁)은 동양철학에서는 '인'으로 표현하지만, 서양철학에서는 '사랑'이라고 표현한다. 그런데 에로스적 사랑이 아니라 아가페적 사랑을 말한다. 맹자는 이를 '측은지심(惻隱之心)'이라고 하여 사람은 태어날 때부터 '인'을 본성으로 갖는다고 했다.[61]

---

61) (선비리더십 아카데미 교육자료 참조)

일반적으로 사랑은 사랑하는 주체와 사랑받는 객체 사이의 관계에서 '인간을 향한 하느님의 사랑,' '하느님을 향한 인간의 사랑', '사람들 간의 사랑', '자기 사랑'의 네 가지 차원으로 분류시켜볼 수 있을 것이다. 이러한 네 가지 차원의 상관관계를 설명하기 위하여 그리스도교는 이타적인 아가페, 플라톤 철학에서는 자기 사랑(self-love) 에로스라는 두 가지 사랑 개념이 발전하게 되었다.[62] 사랑은 인간의 중심에 있는 본성이며, 단순한 감정이 아니라 인간의 구원을 위한 핵심적인 요소라 하겠다.

둘째, 공동체 의식

공동체 의식이란 조직의 구성원들 간에 느끼는 동료의식이나 같은 배를 타고 운명을 같이 한다는 유대감을 말한다. 인간은 사회적 존재로 공동의 이익과 안전을 위하여 구성원 간에 정보를 공유하고 밀접한 상호관계를 형성한다. 공동체란 말은 라틴어 'communus'에서 유래된 말로 'com(함께)과 munus(선물주기)'의 합성어로 서로 선물을 나누는 관계와 배려와 보살핌의 관계라고 할 수 있다.[63] 그리고 일정한 지역 내의 구성원들이 공통된 생활양식을 공유하며, 친밀감 및 결속의식을 가지고 상호작용하는 사회집단의 공동의식을 말한다. 이는 기본적으로 개인보다 구성원들과의 관계가 중요하여 때로는 자신보다는 전체 공

---

62) 박윤재(2017), 「십자가의 성 요한의 주요 작품을 통해 본 '사랑'에 대한 고찰」, 대전가톨릭대학교 대학원, 석사학위논문. pp 7-8

63) 이춘애(2016), 「유아교육기관에서 공동체의식 증진을 위한 소셜액션러닝 프로그램 개발」, 강릉원주대학교 대학원 박사학위 논문. pp26-27

동체를 위하여 개인의 이익보다는 공동체의 이익이 우선하며 공동체의 유지발전을 위하여 생산적인 협조와 공정한 경쟁이 전제가 되어야한다. 자신보다 상대를 우선하고(You First), 상대를 존중하고, 이해하며(Under Stand), 상생하는(Win-Win)관계다. 그러기 위해서는 사람이 항상 갖추어야 할 덕목으로는 다섯 가지 道理(도리)인 '인의예지신(仁義禮智信)', 어질고, 의롭고, 예의 있고, 지혜로우며, 믿음이 있어야 한다는 것이다. 중국의 춘추전국시대에 공자가 그의 제자 자공(子貢)에게 평생 동안 가슴에 지녀야 할 한 마디가 용서할 서(恕)라고 가르쳤다.

이 글자는 같을 여(如) 밑에 마음 심(心)이 붙어 이루어진 말이다. 즉 '마음을 같이 한다. 같은 마음, 이해하고 서로 통한다.'는 뜻이다. 결국 상대방의 마음을 이해할 때 진정한 용서가 가능한 일이라는 뜻이다. 상대를 이해하고 함께하는 마음이 바로 공동체 의식이라 할 수 있다. 이는 아우구스티누스의 공동체 정신에도 잘 나타고 있다. 인간은 기본적으로 개인의 이익만을 추구하는 자기애(自己愛)라는 본성을 가지고 있기 때문에 왜곡된 자기 사랑을 극복하기 위하여 하나님을 중심으로 자기를 비우고 겸손하게 하나님과 이웃 사랑을 실천해 나갈 때 훨씬 참된 행복을 맛볼 수 있기 때문이다. 이와 같이 나눔은 자신보다 상대를 먼저 생각하는 공동체 의식의 발로라고 할 수 있다.

셋째, 생명존중

생명존중은 살아있는 모든 생명체는 소중하며 나름대로 존재가치가 있으므로 생명의 존귀함을 소중히 여기는 것을 말한다. 이는 일체 생명의 존재 이유를 이해하고 인정하며, 나아가 존중해 주어야 한다는 도덕적 윤리적 '자연중심의 생명존중'으로 박애사상을 의미한다. 즉 자연을 하나의 '생명공동체'로 간주하고 있으며, 인간도 자연 속에 속한 하나의 개체에 불과하고, 자연과 더불어 살아가야 하는 존재이므로 자연환경을 보호하고, 자연과 생명을 존중하며 사랑해야 한다.[64]

우리 민족의 생명 존중 사상에는 인간과 자연을 구별하지 않는 조화의 정신과 인간의 생명을 유지하기 위해 필요한 경우에만 살생을 제한적으로 한다는 살생유택(殺生有擇)의 의미가 내포되어 있다. 전통적으로 생명존중 사상은 불교의 오계(五戒)에서 '불살생(不殺生)으로 생명을 죽이지 말라'에서 잘 나타나 있다. 모든 존재는 평등하고 모든 생명은 존엄하며, 저마다 쓰임과 존재가치가 있다. 이는 생명존중과 자비사상에 근간을 둔 윤리적 삶의 지향이다.[65] 또한 도가의 무위자연(無爲自然)사상은 생명을 존중하고 인간의 근원적인 도(道)의 개념에 대하여 설명하고 있고 자연과 생명 존중에 대한 분명한 가르침을 담고 있다. 〈도교경전〉에서 "모든 사물에 자비를 베풀어라. 초목과 곤충이라도 함부로 해치지 말라. 벌레가 묻어남을 저주하거나, 약을 써서 나무를 죽여서는 안 된다." 라고 가르치고 있다.

넷째, 이타주의와 배려

이타주의란 나보다 남을 먼저 생각하고 내 이익보다 남의 이익을 먼저 챙겨주는 것으로 이기주의와 반대개념이다.

---

64) 오형준(2005), 「생명존중사상에 대한 도덕 교과서 분석 연구」, 춘천교육대학교 교육대학원, 석사학위논문, p17

65) 이광우(2002), 「초기불교의 직업윤리에 관한 연구」, 동국대학교 불교대학원, 석사학위논문. p79

자신보다 타인을 우선시하는 신념이기 때문에 행위의 목적을 타인을 위한 선(善)에 두는 윤리학상의 한 학설로 타인을 위한 선(이익)을 행동의 규범으로 삼으며, 의무의 기준으로 생각하는 입장이다. 그러므로 오늘날과 같이 세계 경제가 저성장, 저출산, 고령화 등으로 인하여 성장보다는 수축모드로 접어드는 시점에서는 중산층이 붕괴되고 양극화가 심화되기 때문에 '이타적인 마음'이 어느 때보다 더 절실한 실정이다. 배려(care, caring)는 일반적으로 상대방의 입장을 생각하는 행위로 도와주거나 보살펴주려고 마음을 쓰는 것으로 정의하고 영어권에서는 'care', 'caring', 우리나라는 '보살핌', '돌봄' 등으로 표현하고 있다. 배려를 체계적이고 학문적으로 연구한 Noddings(1984)는 상대방에 대하여 어떤 선입견을 가지지 않고 열린 자세로 이야기를 듣고 열중하는 전념(engrossment)과 상대방과 함께 느끼는 감정이입의 공감(empathy), 배려자가 배려받는 상대방을 받아들이고 지지하는 수용(receptive), 배려받는 상대방에게 가장 좋고 필요한 것이 무엇인지 확인하고 촉진시켜주는 확언(confirmation) 등의 4가지 요소로 구성된다고 하였다.[66] 우리 사회에 필요한 배려와 나눔, 협동과 협업 등은 도덕과 양심이 있어야 생성되는 미덕이다. 자신보다 상대를 우선하여(You First), 상대를 존중하고, 상대방(相對方)의 처지(處地)에서 생각해보는 역지사지(易地思之)야말로 남을 먼저 생각하고 남을 위하는 이타주의와 배려라고 할 수 있다.

그리고 실천하는 조선 선비정신의 핵심인 효(孝), 충(忠), 경(敬), 신(信)의 네 가지 중에서 경(敬)은 모든 사람에 대한 '존중'과 '배려'로 이해와

---

66) 민정숙(2014), 「청소년활동역량 증진을 위한 배려 프로그램 효과성 연구」, 명지대학교 대학원 박사학위논문. pp 8-9

섬김 행동을 바탕으로 한다. 경은 자신의 본성을 밝히고, 타인의 본성을 존중하는 것으로, 개인덕목을 완성한 사람이 관계덕목을 발휘할 때, 상대방의 입장을 이해하고 배려하고 존중하는 것이 체득되면 그 사람은 공경 심을 갖게 된다.[67]

다섯째, 책임

모든 행동에는 반드시 결과가 있기 마련이므로 그 행위를 한 주체가 그 결과에 대해서 부담하는 것을 책임이라고 한다. 그리고 책임이 발생한다는 것은 자유라는 권리를 누리고 있다는 것이 전제되어야 하는 차원에서 자유가 권리라면 책임은 그에 따른 의무라고 볼 수 있다. 따라서 '책임이 있다.'라는 말은 어떤 사람의 행위에 대한 결과가 그 사람의 자유로운 의지 결정의 결과로서 그 사람에게 돌려지는 것을 의미한다. 그리하여 비록 법규에 위반된 행위를 하여도 그 위반행위자가 연령 기타의 점에 대하여 사회인으로서 충분하게, 법률의 요구에 따라서 행동할 수가 있었을 것이고 또 법을 범하지 않으려면 범하지 않을 수도 있었을 것이다. 라는 행위자 그 자신에 대한 연령적(年齡的), 심리적(心理的), 도의적(道義的)인 요건이 갖추어지지 않으면 그 위반 행위를 범죄로 하여 처벌할 수 없다. 따라서 위반 행위를 한 자에 대하여 사회로부터 비난이 가해질 수 있는 행위자에 대한 요건을 책임(責任)이라고 한다.

책임감은 자신의 위치와 신분 그리고 직책에 지워진 역할을 충실히 해내고, 주어진 일에 최선을 다하고(교육과학기술부. 2012) 자신이 스스로

---

67) 선비리더십 아카데미 교육자료 참조.

선택하고 책임지는 행동을 함으로써 사회발전에 영향을 미치며, 인지적 지식과 정의적 태도와 행동적 기술로 습득하고 익혀가면서 형성해가는 심리적 특성을 보이는 행동이다.(단현국, 2014) 책임감은 인간이 주어진 과제나 맡은 일을 다 함으로써 전체적인 사회에 이바지하는 것을 요구하고, 공동체를 사회의 분업을 전제로 하여 개인의 행동을 전체의 목표와 연결하고 조화시키는 도덕적 덕목이라 할 수 있다.[68]

---

68) 송민경(2015), 「책임감 기르기 교육활동 경험이 유아의 유치원 적응에 미치는 영향」, 한국교원대학교 대학원, 석사학위논문. p10

나눔의
아름다움

　세상의 많은 부호들의 어마어마한 큰 금액의 기부보다 비록 금액은 보잘것없이 적을지는 모르나, 보이지 않는 따사로운 손길이 훨씬 더 가치가 있고, 아름답게 느껴진다. 우리에게는 '콩 한 쪽도 나누어 먹는다.'라는 말이 있듯이 아무리 작은 것이라도 이웃과 함께 나누는 아름다운 전통과 농사일이 바쁠 때 서로 돕는 두레와 품앗이와 같은 미풍양속이 있다. 기부금액이 많으냐? 적으냐? 도 중요하지만, 더 중요한 것은 금액과 관계없이 기부할 기회에 함께 동참하느냐 하지 않느냐? 가 십시일반(十匙一飯)과 같이 더 중요하고 가치 있는 일이다. 한푼 두푼 아껴 비록 적은 금액이나 전 재산을 기부하여 우리에게 큰 감명을 주는 경우도 자주 있었다.

　이 세상이 아름다운 것도 어려운 환경에서도 이와 같이 진정으로 남을 위해, 그것도 얼굴 없이 나눔을 실천하는 기부천사들이 우리 주변에도 많이 있기 때문일 것이다. 이 세상에서 가장 아름다운 것은 아무 보상도 바라지 않고 남을 위해 베풀고 봉사하는 것이다. 더구나 나이가 들어서 하는 봉사는 더욱 아름답고 보람된 일이다. 젊어서는 소유가 중요하지만, 나이 들어서는 나눔이 더욱 아름다워 보이기 때문이다. 비록 물질적으로 나눔도 중요하지만 따뜻한 정성과 사랑의 복음이나 노력 봉사와 재능기부 등이 더 값진 것이라고 할 수 있다. 인간에게 있어 가장 가치 있는 것은 남을 위해 베푸는 '이타적인 삶'이라고 할 수 있다. 나누면 반드시 행복이 온다는 지극히 평범한 진리를 알고도 실천을 못 하는 장애를 가진 현대인들이 참으로 안타까울 뿐이다.

하나님은 오른손이 한 일을 왼손이 모르게 하라고 하셨다. 고사성어(故事成語)에 음덕양보(陰德陽報)라고 "사람이 보지 않는 곳에서 좋은 일을 베풀면 반드시 그 일이 드러나서 갚음을 받는다."와 같은 의미다. 부처님도 금강경에서 보시(布施) 중에서도 무주상(無住相) 보시를 으뜸으로 말씀하셨다. 아무런 조건이나 어떠한 보상도 바라지 않는 순수한 보시 그 자체가 아름답고 소중하기 때문일 것이다.

우리나라
나눔문화

　기부와 나눔의 문화는 한 나라의 사회구조와 시민의식 수준을 측정할 수 있는 중요한 척도이며 기부자, 기부형태, 기부에 대한 사회적 의식, 사회복지차원에서의 조직, 제도적 환경적 요인 등으로 구성되어진다.

　우리나라의 나눔문화는 아직은 그 규모나 구성 면에서 선진국에 비하여 편향적이고 보편화되어 있지 못하고 있다. 우리나라의 나눔 행사 중 기부금 규모도 2003년 5조 6,000억 원에서 2013년에는 무려 12조 5,000억 원으로 10년 동안 두 배 이상 성장하였으나 선진국들에 비하면 아직은 크게 미흡한 수준이다. 우리나라는 연간 기부액이 12조 억 원대이나 미국은 460조 원이 넘어 여전히 기부 선진국의 자리를 지키고 있다. 영국 자선구호재단(CAF)에 따르면 우리나라 기부참여지수는 2011년 146개국 중 45위에 불과했고, 2017년에는 세계 139개국 중 62위로, 2011년보다 무려 17단계나 낮아졌다. 2018년에는 146개국 중 60위에 그쳤다. 2011년보다 15단계나 낮아졌다. 경제는 세계 12위권으로 성장하는데 기부는 후퇴하고 있다. 국민 총생산(GDP) 대비 기부금 규모도 우리나라는 0.87%(2013년 기준)이지만 뉴질랜드 1.35%, 미국 2.0%보다 크게 부족하다.

내가 낸 기부금이 투명하게만 써진다면 기부는 증가할 수 있다는 얘기다. 기부문화의 투명성 확보는 조세정의의 실현과도 연관되어 있다. 그리고 2018년 정부의 기획재정부가 공익법인의 회계기준을 구체화하고 국세청이 개정공시 양식을 적용키로 한 것과 정부가 추진 중인 '공익위원회'의 설립과 같이 블록체인 기술의 활용과 법적 제도적 조치 등으로 기부의 투명성 확보를 통한 기부문화 활성화는 크게 개선되리라 기대하게 된다.[69]

경제협력개발기구(OECD)의 2012년 기준 통계에 따르면 기부자 구성면에서도 우리나라의 기부참여율은 32.7%로 평균 43.5%, 특히 영국 72.5%에는 크게 못 미치고 있는 실정이다. 아직까지는 70% 정도를 주로 기업이나 각종 단체 기부에 의존하며 개인 기부는 30% 정도의 미미한 수준으로 개인 기부자층이 얇고, 기부의 대상도 주로 불우이웃이나 독거노인 등에 한정되어 기부 대상도 다양하지 못한 실정이다.

그리고 미국의 경우는 기부에 대한 '세금공제'가 기부 동기에 크게 작용하고 있지만, 우리나라의 경우는 세금공제와 같은 동인은 그 공제수준이 낮고 내용이 복잡하여 상대적으로 약하게 작용하는 실정으로 조사되고 있다. 우리나라는 그나마도 이루어지는 기부행위 대부분이 기업 위주로 이루어지고 있으나 기업 위주의 기부행위는 주로 2~3세들에 대한 편법증여나 불법행위에 대한 면죄부로 악용되어 원래 목적인 부의 사회환원이란 측면에 반하여 기부에 대한 부정적인 사회적 이미

---

69) 조선일보 2019.1.21 A33면 참조

지가 팽배하고 있어 기부자의 구성면이나 기부대상, 세금공제 혜택, 사회지도층의 기부행위 악용 등 종합적인 측면에서 아직은 후진성을 면치 못하고 있다.

나눔 운동의 범사회적인 활동은 2011년 6월 1일에 설립된 (사)나눔국민운동본부가 대표적이며, 우리 사회에 나눔문화를 널리 확산하기 위한 국민운동을 전개하고 나눔에 대한 협력사업 및 조사연구를 통하여 나눔문화정착에 기여함을 목적으로 하고 있다. 주요 사업으로는 나눔문화 확산을 위한 국민운동 및 캠페인을 전개하고, 나눔에 대한 국내외 홍보와 국제협력을 도모하며, 나눔에 대한 사회인식 개선 및 사회실천운동을 전개하고, 나눔 확산을 위한 각종 단체, 기관에 상호협력 추진 등이다.

나눔국민운동본부는 매년 10월경에 서울을 비롯한 전국 10개 도시에서 "대한민국 나눔 축제"를 열고 KBS, MBC 등 지상파 방송사는 물론 정부부처, 지자체, 대기업, NPO(Non Profit Organization) 단체, 지역 문화단체 등 민간, 기업, 정부가 함께하는 전국적으로 약 100만 명이 참여하는 대한민국의 대표적 나눔 축제다. 또한 세계인들도 함께해야 하는 실천운동으로 'K-pop'과 같이 한국의 나눔문화도 해외로 더욱 확산되기를 희망하고 있다.

현재 협력하고 있는 단체나 기업은 KBS, KDB나눔재단, KSD나눔재단, KT, LG, MBC, SBS, SK, 삼성, 외환은행나눔재단, 월드코리안신문, 전국경제인연합회, 파라다이스복지재단, 포스코, 한국방송협회, 한진, 한화, 현대자동차그룹 등 18곳이고 장애인협회는 한국신체장애인복지회, 한국장애인복지관협회, 한국장애인복지시설협회, 한국장애인재활협회, 한국정신요양시설협회 5곳이며, 여성단체는 한국여성단체

협의회, 한국여성복지연합회 2곳이다.

노인단체는 자비의 집, 한국골든에이지포럼, 한국노인복지종합복지관협회, 한국노인복지중앙회, 한국재가노인복지협회 등 5곳이다. 아동·청소년 단체는 밝은 청소년, 사랑나눔전국네트워크, 서울SOS어린이마을, 세이브더칠드런, 아이들과 미래, 좋은사람청소년운동본부 서울본부, 초록우산어린이재단, 한국사회봉사회, 한국아동복지협회, 한국어린이집총연합회, 홀트아동복지회 등 11곳이다.

그 밖에 대표적인 단체로는 사랑의쌀나눔운동본부로 지난 2007년 1월 설립된 비영리 민간단체로서 저소득층 지구촌 쌀 지원 및 사랑의 빨간 밥차, 이동푸드마켓, 사랑의 쌀독, 시니어아카데미 등, 지구촌 쌀독, 쌀 배분 및 노인복지사업을 펼치고 있다.

그리고 이제는 베이버부머 세대가 은퇴함으로써 부가 젊은 세대로 이동하고 있으며 제4차 산업혁명을 맞이하여 새로운 IT분야의 젊은 부호들이 탄생함으로써 기부도 젊은이들이 주도하고 있는 추세다. 대표적인 국제구호 NGO 단체인 기아대책 필란토로피클럽(Philanthropy Club)에도 20~30대 젊은 기업가들이 점점 늘어나는 추세다.

우리나라도 고액기부가 주로 기업이나 대학, 병원을 중심으로 진행되었으나, 2007년 12월 사랑의열매에서 사회지도층의 나눔 참여를 선도하고 한국형 고액기부 문화를 창출하기 위해 아너 소사이어티를 결성했다. 최근에는 2008년 5월부터 시작된 사회복지공동모금회의 '아너 소사이어티(Honor Society)'를 통하여 대중에게 널리 알려졌으며 1억 이상 고액기부모임인 기아대책 '필란트로피클럽'에서 새로운 기부형태를 주도

하고 있다. '사회복지공동모금회'는 미국의 워런 버핏, 빌 게이츠 등 갑부들로 구성된 기부단체인 '토크빌 소사이어티'를 벤치마킹해 만들었으며 2008년, 5월 장애를 딛고 성공한 유닉스코리아 남한봉 회장이 1억 원을 내놓은 게 출발점이 되어 2012년 3월 100번째 회원 가입 이후 빠른 속도로 회원이 늘어나 2014년 5월 500호, 2015년 12월 1000호, 2017년 3월 1500호에 이어 출범 11년 만에 2000호 회원을 맞았다. 2018년 12월 27일 현재 총 2,000명이 참여하고 누적금액 2,223억 원을 기탁한 국내 초고의 고액기부자 클럽이다.

우리나라 기부문화가 비록 늦게 출발했지만, 이제는 유럽과 멕시코 모금단체들이 우리나라 아너소사이어티를 모델로 고액 기부 프로그램을 벤치마킹하고 있으며, 중국이나 인도 등에서도 관심이 많을 정도로 빠르게 성장하고 있다. 이와 같이 오늘날 남을 먼저 생각하고 이웃과 더불어 살아가는 필란트로피(Philanthropie : 박애, 자선)로 대변되는 기부는 정치와 문화를 바꾸어 자본제일주의 사회를 개선하여 소위 '제3의 자본주의'나 '이타적 자본주의'로 나가는데 크게 기여하고 있다.

카네기의 말처럼 "부자인 채로 죽는 것은 정말 부끄러운 일이다." 자식에게 너무 많은 재산을 물려주는 것은 오히려 독이 된다고 하며 사회기부에 앞장서고 있다. 우리가 모두 본받아야 할 대목이다. 이상과 같이 우리나라의 나눔 기부 문화는 기부자의 구성, 기부대상, 세금공제, 사회지도층의 기부제도 악용과 기부에 대한 부정적인 사회적 인식 등으로 아직은 후진성을 면치 못하는 실정이지만 하루빨리 이러한 문제점을 개선하고 제도적 장치를 마련하여 사회적 공감대를 형성함으로써 적극적으로 기부선진국으로 발돋움해야 하는 과제를 안고 있다.

나눔은
행복의 지름길

● 주는 자가 받는 자보다 복이 더 있다

성경의 사도행전 20장 35절에 "주는 것이 받는 것보다 복이 있다."(It is more blessed to give than to receive)라는 구절이 있다. 물론 누군가로부터 무엇인가 받는 것이 복이지만 오히려 남에게 무엇인가 주는 것이 복이 더 있다는 뜻일 것이다. 받는 기쁨만을 아는 경우를 속어로 거지근성이라고 한다. 거기에는 참 기쁨이 없다. 받는 기쁨은 짧고 주는 기쁨은 길다. 늘 기쁘게 사는 사람은 주는 기쁨을 가진 사람이다. 받는 것도 기쁘지만 사실상 받는 것은 빚이라는 부담으로 남게 되기 때문에 받을 때의 기쁨은 오래가지 못한다. 주는 기쁨은 스스로 족함을 알아 행복에 플러스가 되는 것으로 더욱더 커진다. 법륜 스님도 남에게 도움을 받았을 때는 당장 기분이 좋을지 모르지만 심리적으로 위축이 된다고 하셨다. 남에게 도움이 되었을 때는 왠지 모르게 어깨가 펴지는 보람은 욕구충족과는 다른 기쁨이다. 그로 인해 자기 존재에 대한 존엄성이 생긴다. 그래서 최고의 행복은 보시(布施)라고 한다.

자기가 아끼는 것을 누구에게 조건 없이 준다는 것은 참으로 어려운 일이다. 그러나 조금만 생각을 바꾸어 보면 사실 자신에게 후일에라도 더 큰 이익이 되어 돌아올 수도 있다는 점을 결코 간과해서는 안 된다. 어려움에 처한 누군가를 돕는다는 것은 인간만이 가진 축복이며 특성이다. 사람은 남들보다 더 많은 재물을 가지거나 우수한 능력을 소유하면 더 행복할 것으로 생각하지만, 사실은 그렇지 않을 수도 있다. 재물이 많을수록 그것을 유지 관리하기 위하여 그만큼 더 많은 스트레스와 두려움에 고민하게 된다. 제아무리 우수한 능력을 가지고 있더라도 원만한 인간관계의 소유자가 결국에는 성공하고 행복할 가능성이 훨씬 더 크다는 연구결과도 있다.[70]

니체는 "돈은 인간을 자유롭게 하지만 지나친 재산은 사람을 노예로 만든다." 라고 하였다. "자선과 구제는 단순히 동정심으로 하는 것이 아니라 정의요, 의무이며 최고의 투자다." 라고 탈무드에서도 가르치고 있다.

● Give & Take의 의미

영어에도 Give & Take라는 말이 있다. 주고 그리고 받으라는 뜻으로 주는 것이 먼저다. 먼저 남에게 베풀면 그다음에 받게 된다는 것이다. 먼저 받고 주는 것이 아니다. 먼저 돌려주는 자세가 필요하다. 누군가에게서 뭔가를 받기 전에 먼저 베풀어줌으로써 보다 나은 성과를 얻게

---

70) 1953년 카네기멜론대 연구

되기 때문이다. 미국의 제16대 대통령 케네디는 "국가가 무엇을 해 줄 수 있느냐고 묻지 말고 국가를 위해서 무엇을 할 수 있는지를 물어라"는 유명한 말을 남겼다.

마치 농작물의 씨앗을 뿌리기 전에 밭을 먼저 갈아야 하는 이치와 같다. 씨가 뿌리를 내리려면 토양조건에 맞게 사전에 밭을 갈아야 하듯이 상대에게 필요한 것과 필요시기와 방법을 미리 파악하여 준비를 해야 한다. 밭을 갈지 않고 씨앗을 심으면 싹이 나도 뿌리 내리기가 힘들고, 싹이 난 후에 밭을 갈려고 하면 뿌리를 다칠까 손대기 어렵기 때문이다. 또한 먼저 뿌리고 나중에 거두는 것은 자연법칙이다. 거두려면 먼저 씨를 뿌려야 한다. 원하는 것을 얻으려면 먼저 주어야 한다. 원인을 지어야 결과가 생기는 것은 인과응보의 법칙이다. 주고 대가를 바로 기대하는 것은 어리석은 일이다. 마치 씨앗을 뿌리자마자 수확을 기대하는 것과도 같다. 집을 2층부터 짓는 방법은 없다. 땅을 파고 기초를 다진 후 1층을 짓고 그 위에 2층을 올려야 하듯이 모든 일에는 순서가 있고, 시작이 있어야 끝이 있는 법이다.[71]

펜실베이니아대학교 와튼스쿨 조직심리학과 애덤 그랜트(Adam M. Grant)교수의 조사에 의하면 사람들은 비즈니스 세계에서 주는 양과 받는 양의 호혜원칙에서 많이 주는 것, 많이 받는 것, 그리고 균형을 이루는 것의 3가지 행동방식이 있는데, 이를 Giver(기버), Taker(테이커)와 그리고 Matcher(매처)라고 한다. 기버의 가장 큰 특징은 타인을 중시하며 자기가 상대를 위하여 해줄 수 있는 것이 무엇인지 주의 깊게 살핀다. 반면에 테이커의 가장 큰 특징은 자신의 이익을 우선시하여 자신이

---

71) 이민규 『끌리는 사람은 1%가 다르다』 더난출판사(2005)

준 것보다도 더 많이 받기를 바란다. 그리고 매쳐는 남을 도울 때 상부
상조의 원칙에 의해 손해와 이익의 균형을 이루도록 애쓴다. 이 세 가
지 중 처음에는 손해를 보는 듯하지만 궁극적으로 가장 큰 성공을 거
둔 사람들은 놀랍게도 기버가 가장 많았다고 한다.[72]

　성공한 기버들이 가장 크게 성공하는 비법은 '인간관계에 접근하는
방식'에 있었다고 한다. 테이커와 메쳐도 인간관계에서 무엇인가를 베풀
지만 그들은 베푼 만큼 돌려받거나 혹은 그 이상을 기대한다. 인맥을
쌓을 때 자신을 도와줄 만한 사람에게 전략적으로 접근하게 되고 이럴
경우 대부분의 관계가 거래처럼 여겨져 이익부터 따지면 손해를 보기
때문에 진심 어린 관계는 곧 무너지게 되어 오랫동안 좋은 관계를 유지
하기가 어렵게 된다. 그들은 먼저 베풂으로써 훗날의 성공을 위해 그간
의 베풂을 받은 사람들로부터 도움을 받을 가능성이 훨씬 높게 된다.

　Give & Give & Forget 하는 것이다. 먼저 주고, 조건 없이 주고, 더
많이 주고, 그리고 모두 잊어버려야 한다. Give & Take 하지 마라. 248
의 법칙대로 다른 사람에게 두 개를 받고 싶다면 네 개를 주고, 네 개
를 받고 싶다면 여덟 개를 주라는 것이다. 인간관계는 불평등하다고 아
예 생각해야 한다. 1:1의 give and take란 한낱 상술에 불과하다. 받을
거 생각하고 주면 정떨어지고 관계는 오래가지 못한다. 물건이나 호의
를 줄 때 더 많이 주는 듯하지만, 상대의 신뢰나 호감은 몇 배로 돌아
오기 때문에 많이 주지만 더 많이 돌아오면 결국은 이득이 된다.

　이와 같이 Giver들은 아무런 조건이나 대가 없는 베풂을 선호하기
때문에 한 번이라도 도움을 받은 사람들은 기버에게 최고의 인적자산

---

72) 애덤 그랜트 『기브앤테이크』 윤태준 옮김, 생각연구소(2013) pp 20~22

으로 남게 되고. 그들은 기버에게 받은 고마운 감동을 쉽게 잊지 못하며 언제라도 도움을 요청하면 반갑게 맞이하고 기꺼이 도움을 주려고 한다. 그들은 먼저 베풂으로써 훗날의 성공을 위해서 유리한 위치를 차지할 확률을 높였기 때문이다.

이것이 바로 기버가 인맥을 쌓는 방식으로 '조건 없이 베푸는 것이 더 복이 있다'는 성경의 말씀을 그대로 실천하는 것이다. 이러한 차원에서 테이커나 매쳐보다 인맥에 대한 잠재력이 훨씬 넓고 큰 것을 알 수가 있다.

● 득도다조(得道多助)

세상에서 가장 강한 사람은 엄청난 부자나, 권력자, 지위가 높거나, 학력이 높은 사람이 아니라 자기를 도와주는 조력자(助力者)가 많은(多) 사람이다. 그 사람이 잘 되기를 바라고, 쓰러지지 않도록 응원해주는 사람이 많으면 그는 절대 무너지지 않기 때문이다. 이것을 득도다조(得道多助)라고 말한다. 즉 도를 얻은 사람은 도와주는 사람이 많다는 뜻이다. 맹자는 이렇게 도와주는 사람이 많기 위해서는 무엇보다도 인심(人心)을 얻어야 한다고 가르친다. 평소에 조건 없이 베풀어 주위 사람들의 마음을 얻어야만 후일에 자신을 도와주는 사람이 많아지게 되기 때문이다. 왜냐하면 인간관계에서는 얻고자 하는 것이 물질적 이익이 아니라 가장 가치가 있는 이해와 공감, 연민, 신뢰, 정의 그리고 소통과 나눔이기 때문이다. 그래서 정녕 중요한 것은 당신이 무엇을 얼마나 많이 가졌는가? 가 아니라 남에게 무엇을 베푸느냐? 는 것이다.

존 데이비슨 록펠러(John Davison Rockefeller)의 인생은 거침이 없었다.

그는 30세에 1백만 달러를 모았고, 1881년 43세에는 미국에서 생산되는 석유의 95%를 점유하게 되어 석유왕으로 불리게 되었다. 마침내 53세에는 세계에서 가장 많은 돈을 가진 대부호가 됐다. 그때 그는 불행하게도 알로페시아(Alopecia)[73] 라는 병에 걸렸다. 음식을 전혀 소화해내지 못했으며, 눈썹과 머리카락이 빠져 몰골이 흉측했다.

그가 병원에 입원해있을 때 우연히 병원로비에 걸려있는 "주는 것이 받는 것보다 복이 있다."라는 글을 보는 순간, 그의 마음속에는 짜릿한 전율이 흘렀다. 그는 지그시 눈을 감고 생각에 잠겼다. 짧은 한마디 문구가 그의 마음을 사로잡고 있었다. 때마침 어느 소녀의 병원비가 없어 절규하는 어머니를 보는 순간 몰래 병원비를 대신 납부하여 주기로 하였다. 그 후 완쾌한 그 소녀를 보는 순간 너무나 가슴이 뿌듯하였고 행복감을 느끼게 되었으며, 이후 이를 계기로 록펠러의 삶은 완전히 바뀌었다. 그리고 정말 뜻밖에도 암투병에 시달렸던 자신의 건강이 점차 회복되기 시작하고 결국 그는 98세까지 행복한 삶을 살며 록펠러재단을 통해 나눔을 베푸는 삶을 살 수 있었다.

그는 회고록에서 "살면서 이처럼 행복한 삶이 있다는 것을 미처 몰랐습니다! 내 인생의 55년은 항상 쫓기듯 살았지만, 나머지 43년은 정말 행복한 시간이었습니다!"라고 밝히고 있다. 존 록펠러는 아들에게 자신이 경험한 나눔의 힘에 관한 짧은 글을 남겼다. '나는 아주 오래전, 돈을 남에게 나눠주기 시작한 후부터 재산이 점점 늘어나는 선물을 받게 되었다!' 실제로 그는 세상을 떠날 때까지 5억 5천만 달러나 되는 돈

---

73) 일종의 탈모증(脫毛症)

을 남에게 나누어 주었다. 그리고 "남에게 돈을 나눠줄수록 더 많은 재산을 모을 수 있었다."라고 회고하고 있다.

그는 뉴욕현대미술관, 링컨센터, 유엔본부설립에 크게 기여했고 시카고대학, 록펠러 의학 연구소 등을 세웠다.

그리고 록펠러재단을 세워 전 인류의 문명을 향상하고 인류복지증진에 이바지하기 위하여 수많은 복지사업을 전개하였다. 이러한 자선 정신은 후대에도 전승이 되고 있다. 1940년 록펠러 2세들이 '록펠러 브라더스 펀드'라는 자선재단을 세웠고, 1967년에는 록펠러가의 3대, 4대, 5대 가족이 '록펠러 페밀리 펀드'를 설립해 세계평화와 환경보호, 여성의 지위향상, 공공정책 등에 집중하여 5대째 이어 자선활동을 전개하고 있다.

사람을 위해 돈을 만들었는데 돈에 너무 집착하다 보니 사람이 돈의 노예가 된다. 주객이 전도되는 것이다. 재물도 이와 같다. 사람이 가치 보존과 유통수단으로 만든 돈을 너무 탐하여 많이 가지려고 하면 그로 인하여 오히려 화를 입게 된다는 뜻이다. 은행에 있는 돈은 실제로 나의 것이 아닐 수 있다. 돈은 써야 할 때 바로 써야 내 돈이다. 늙어가면서 무엇보다 중요한 것은 스스로 자신을 잘 대접하는 것이다. 결국 가진 것을 원래의 주인에게 돌려주는 것이야말로 아름답고 마음의 자유를 얻는 길임을 명심해야겠다.

● 나누면 자신에게 더 크게 돌아온다

　사람은 사회적 동물이다. 서로 소통하고 의지하면서 관계 속에서만 살아갈 수 있기 때문이다. 살아가면서 누군가로부터 도움을 받으려고 하는 마음보다는 돕고자 하는 마음이 앞선다면 무척 아름다울 것이다. 아낌없이 나누면 결국 배가 되어 언젠가 나에게 다시 돌아오게 된다. 나누면 곧 빼기(-)가 더하기(+)가 되는 법이다. 나누려 하면 내가 아까워하는 것부터 철저하게 나눠야 한다. 나눔은 결국 돌고 돌아 나비효과처럼 배가되어 내게 돌아오게 된다. 관대하게 자선에 돈을 분배하는 사람을 보면 그의 재산이 분명 증가할 것이라고 확신해도 된다. 성경에도 "흩어 구제하여도 더욱 부하게 되는 일이 있나니(There is a man who scatters (his wealth) **and more added**) 라고 한다(잠언 11:24)

　예수님은 "구제하는 자에게는 궁핍하지 않게 해 주시고, 그렇지 못한 자에게는 저주를 내리신다."고 말씀하신다. 돈 있는 자가 가난한 사람을 불쌍히 여기고 그를 도와준다면 하나님이 그 사람에게 돈을 빌려 채무자가 된다고 말씀하신다. 그리고 "주라 그리하면 너희에게 줄 것이니 후히 되어 누르고 흔들어서 넘치도록 하여 너희에게(하나님께서) 안겨 주리라. 너희의 헤아리는 그 헤아림으로 너희도 헤아림을 도로 받을 것이니라."(눅 6:38)고 하셨다. 이것이 곧 적게 심는 자는 적게 거두고 많이 심는 자는 많이 거둔다 하는 말이다. 각각 그 마음에 정한 대로 할 것이요 인색함으로나 억지로 하지 말지니 하나님은 즐겨 내는 자를 사랑하시느니라(고린 9:6~7). 구제를 좋아하는 자는 풍족하여질 것이요 남을 윤택하게 하는 자는 윤택하여지리라(잠언 11:25). 따라서 유대인들은 부

를 창출하는 방법 중 하나가 자선하는 것이라고 가르친다.[74]

현대 경영학에도 주면 줄수록 더 많이 얻는 6:4의 법칙이 있다. 협상을 할 때 항상 상대에게 60%를 주고 나는 40%를 취한다. 그렇게 하면 상대는 비로소 '서로 비슷하게 나눠 가졌다고 느끼게 되며, 저 사람은 공평하다'고 생각하며 마음을 열기 시작한다. 그 이후는 협상이 순조롭게 전개된다. 항상 먼저 준다고 생각하면 결국 내가 더 많이 얻게 된다는 사실이다.[75] 비즈니스에 51:49의 법칙이라는 것도 있다. 내가 49를 갖고 상대에게 51을 주라는 것이다. "일을 할 때는 남보다 5% 더하고, 성과를 나눌 때는 남보다 5% 덜 가져라"고 말한다. 다른 사람들과의 관계에서는 작은 손해들이 덕(德)으로 쌓여 결국 큰 이익으로 돌아오게 된다는 뜻이다.[76]

● 상호성의 법칙

사람은 누군가로부터 호의를 입으면 그 사람에게 마음의 빚을 지게 되고 언젠가는 그 빚으로 인한 부담 때문에 벗어나고 싶어 한다. 사람은 기본적인 양심과 죄책감이 있기 때문에 빚을 진 사람의 입장에서는 그 마음의 빚을 깔끔하게 정리하는 방법은 받은 것보다 더 큰 호의나 보상으로 갚는 것뿐이다. 로버트 시알디니(Robert Cialdini)는 이런 보상심리를

74) 현용수 『자녀들아, 돈은 이렇게 벌고 이렇게 써라』 동아일보사(2007) p363

75) 오치영, 지란지교 소프트 대표

76) 행복한 경영 이야기, 이용태 삼보컴퓨터 창업 회장

그의 저서 『설득의 심리학』에서 상호성의 법칙으로 설명하고 있다.[77]

모름지기 '리더십은 사람의 마음을 얻는 것이다.' 리더가 자신을 따르는 사람에게 기대 이상의 대접을 해주면 감동하게 된다. 그렇기 때문에 진정한 리더는 자신에게 무엇인가 해 주기를 바라기 전에 무엇인가를 줄 것을 찾아 봉사하고, 먼저 베풀고 가까이 있는 사람들에게 기쁨과 신뢰를 줄 때 상대의 진정 어린 마음을 얻게 될 것이다. 이것은 더 받기 위한 거래 관계가 아니라 순수한 호의에 대한 보상이기 때문에 반드시 준 것보다 더 크게 자신에게 돌아오게 된다.

● 남을 돕는 것은 결국 자신을 돕는 보약이다

선물을 주는 것은 선물을 받는 것보다 더 큰 기쁨을 자신에게 준다. 오직 자신만을 생각하고, 자신의 이익만을 추구하는 사람은 비참하고 우울하며 고독하다. 고독에서 벗어나는 유일한 길은 남을 돕는 것이며 이는 결국 자신을 돕는 길이 된다. 이는 곧 자리이타(自利利他)적인 삶을 말한다. 다른 사람을 이롭게 하는 것이 곧 자신을 이롭게 한다는 뜻으로 자신의 해탈열반만을 목표로 삼는 것이 아니라 깨달음을 구하면서 중생을 구제하는 대승불교의 보살심(菩薩心)을 표현하는 말이다. 상생(相生)의 삶을 사는 자기와 타인이 다르지 않다는 자타불이(自他不二)를 의미한다.

돈 많은 사람, 많이 배운 사람보다 마음이 편한 사람이 좋고, 돈이 다가 아니고, 잘 난 게 다가 아니고, 많이 배운 게 다가 아닌, 소박한

---

77) 로버트 차일디니 『설득의 심리학』 21세기북스(2013) p49

게 더 좋으며, 그리고 사람 귀한 줄 알고, 모든 걸 내 탓으로 돌리고, 마음 비우고 낮은 자세로 남에게 조건 없이 '베푸는 사람'이 가장 좋다. 결국 남을 돕는 것은 자신에게 크나큰 이득이 되어 언젠가는 다시 돌아오는 인간관계의 황금률이라 할 수 있겠다.

● 공존공영(共存 共榮)의 법칙

더불어 살아가는 세상에서는 주고받는(Give & Take) 상생(相生/ Win-Win) 의 협력관계이므로 남을 돕는 사람은 더불어 살아가는 세상의 의미를 알고 협력을 통해서 더 많은 것을 성취할 수 있고, 더 큰 파이로 자신에게 돌아온다.[78]

생존철학의 4가지 모형 중 '너 살고 나 살고' 모형이다. 이것은 공자의 '인(仁)' 모형과 같다. 오행(五行)철학에서 인(仁)은 생명을 상징하는 목(木)이고, '人+二'의 결합이므로 '너'와 '나' 둘(二)이 다 살아야 한다는 사상이다. '너 살고 나 살고'를 가능하게 하는 방법론만 개발한다면 이 모형은 가장 이상적인 공존공영의 생존양식이 될 수 있다.

상생협력의 철학은 '시장친화성(Market orientation)' '호혜성(reciprocity)' '공감성(sympathy)' '지속가능성(sustainability)'으로 요약할 수 있다. 상생협력은 현재의 파이를 나누는 것이 아니라 파이를 키워 서로 윈-윈-하는 것이다. 따라서 공동체 사회에서는 자신만 풍요롭게 살면서 어려운 이웃을 외면하는 일은 정의롭지 못하며 책임을 회피하는 부도덕한 일이다.

---

78) 윤석철 『경영 경제 인생 강좌 45편』 위즈덤 하우스(2005) pp38~41

● 나눔은 행복의 씨앗을 뿌리는 길이다

뿌린 씨앗으로 뿌린 양보다 더 많이 수확하는 것은 자연의 이치다. 그리고 뿌린 대로 거둔다. 땅과 씨앗은 거짓말하지 않는다. 콩 심은 데 콩 나오고 팥 심은 데 팥이 나온다. 선을 심으면 선이 나오고 악을 심으면 악이 나오게 되듯이 뿌리고 나누면 행복도 더 많이 돌아오게 되는 것은 자연법칙이다. 또한 어떤 씨앗도 뿌린 후 곧바로 거둘 수는 없듯이 무슨 일이든 시작했다고 해서 즉각적인 효과나 결과를 기대해서는 안 된다. 열매를 얻기 위해서는 일정한 시간이 지나야 된다. 농부가 무엇인가를 심고 가꾸는 것도 이러한 사실을 믿기 때문이다. 이와 같이 인간관계에서 신뢰를 얻는 데도 상당한 시간과 정성이 필요한 것은 당연한 일이다.

대부분의 행복은 원하는 것을 얻을 때 느껴지나, 남에게 베풀 때 얻는 행복 또한 무시할 수 없다. 가끔 봉사활동에 참여하거나 매월 소정의 금액을 기부하는 등 도움을 필요로 하는 사람에게 손을 내밀 때 얻는 행복은 배가 되어 삶을 더욱 보람차게 할 것이다. 탈무드에서도 자선은 최고의 투자이며, 씨앗을 심는 것과 같다고 하며 손실은 없고 오직 혜택만 있다고 가르치고 있다.

● 돈을 얻는 가장 확실한 방법은 '돈은 주는 것'

카네기, 록펠러 등 수많은 자선 사업가들은 부를 많이 이루었기 때문에 자선을 하는 것이 아니라 손에 쥔 부가 없었던 시절부터 이미 매사에 감사한 마음으로 적게나마 기부활동을 시작하고 있었다는 사실을 알게 된다. 왜냐하면 그들은 모두 '돈을 얻는 확실한 방법은 돈은 주는 것'이라는 사실을 알고 실천함으로써 더 큰 부를 이룰 수가 있었기 때문이다. 그리고 그들은 자신이 거둔 부는 자신 혼자만의 힘으로 얻은 것이 아니라는 사실을 알고, 도움받은 많은 사람에게 항상 감사한 마음과 보답으로, 한편 의무감으로 나누려는 자세를 가지고 있었다.

강철왕 카네기는 "차고 넘치는 부는 그 소유자에게 맡겨진 성스러운 재물이다. 이 재물을 평생 사회의 안녕을 위해 사용할 의무가 있다."라고 말하고 있다.

진정한 리더는 자신에게 무엇인가 해 주기를 바라기 전에 무엇인가를 줄 것을 찾고 먼저 베풀고 가까이 있는 사람들에게 기쁨과 신뢰를 줄 때 상대의 진정 어린 마음을 얻게 될 것이다.

이것은 더 받기 위한 거래 관계가 아니라 순수한 호의에 대한 보상이기 때문에 반드시 준 것보다 더 크게 자신에게 돌아오게 된다. 이와 같이 주는 것은 단지 타인을 위하는 것만이 아니다. 그것은 결국 자신이나 자신이 속한 단체나 회사의 부(富)를 지속하고 키우는 가장 효과적인 방편이기도 하다. 가장 이기적인 사람은 가장 잘 줄줄 아는 사람들이다.

부자에 대한
패러다임의 변화

　오늘날 부자는 재산이 많은 사람을 부자라고 말한다. 자본주의 사회에서는 극히 당연한 일이다. 그러나 아무리 자본주의사회라 할지라도 모든 것이 돈에 의해서, 돈으로만 돌아가는 세상만은 아니다. 돈으로만 평가할 수 없는 일들이 여전히 많이 존재하는 것도 사실이다. 스위스의 알랭 드 보통(Alain de Botton)은 "진짜 부유한 사람은 돈이 많은 사람이 아니라 밤하늘 별 아래서 경이로움에 소름이 돋는 사람이다."라고 말하였다. 인간이 다른 축생과 달리 만물의 영장이라는 지위를 누리는 것도 인간다운 면모를 인정하기 때문이다. 바로 인격이나 인품으로 돈으로는 설명되지 않는 지고(至高)의 절대덕인 가치가 있음을 인정하는 측면이 있기 때문이다.

● 우리나라 부자의 기준이 무엇인가?

　논란의 여지는 많겠으나 부자를 한마디로 정의하자면 '경제적으로 돈으로부터 자유롭고 돈에 구속되지 않으며, 돈의 주인으로 당당히 살아가는 자'라고 정의할 수 있겠다. 2018년 6월 머니투데이에서 여론조사기관인 '케이스넷 리서치'에 의뢰하여 전국에 있는 성인남녀 1,000명에게 조사한 '당당한 부자' 설문조사에서 금융자산과 부동산을 합하여 총 10억 원이면 부자자산기준 1위라는 응답률이 40%로 올해도 1위를 차지했다고 발표하였다. 특히 금융자산이 5억 원이면 부자라는 응답률이 26%나 되었다. 스스로 부자인가? 라는 설문에서는 그렇다는 응답자가 8.2%에 불과하여 90% 이상이 스스로 가난하다고 답변했다. 그렇다면 언제 부자가 될 수 있겠는가? 라는 질문에는 61.1%가 평생 불가능하다고 답변해 60% 정도가 평생 부자가 될 수 있는 희망을 저버리고 살고 있다. 그리고 부자가 될 수 있는 가장 확실한 방법은 부동산 투자가 29%로 1위이고 그다음이 상속이나 증여가 24%나 되어 여전히 투기나 부모의 상속에 의지한 불건전한 부의 형성에 대한 심리가 있다고 하겠다. 그러나 대체로 통상 부자라고 하면 자신의 급료나 금융이자 기타 수입을 합하여 월 소득이 1,000만 원이면 부자라고 할 수 있으며 총자산으로는 30억 원쯤 있어야 부자라고 말할 수 있을 것이다.

● 부자는 돈이 많은 사람이 아니라 마음이 넉넉한 사람

부자는 부자가 될 사고방식을 가지고 있기 때문이다. 그 기본 철학은 '부자가 되고 싶으면 베풀어라.'라는 것이다. 남에게 베풀 수 있다는 것은 그 사람의 마음이 우선 넉넉하기 때문이다. 마음이 넉넉하고 너그러우면 주위의 사람들이 많이 모여들기 마련이며, 사람들이 모여들면 그만큼 비즈니스 기회가 많아지게 된다.

넉넉한 마음은 결국 자신의 가치를 스스로 높게 인정하는 사람이 된다. 여유로운 마음은 자신의 '마음 그릇'을 키워 언젠가는 큰 그릇만큼 이나 가득 차게 되어 부자가 될 수 있다. 평생 돈에 구애받지 않는 부자가 되려면 스스로 인정하는 자신의 존재가치를 높여야 한다. 스스로 부자라는 마음가짐, 즉 이러한 자성 예언이 결국 부자를 만드는 것이 기 때문이다. 또한 부의 양보다 마음가짐이 더욱 중요하다. 아흔아홉을 가져도 하나를 더하여 일백을 채우려는 탐심(貪心)이 있으면 이미 부유 하지가 못하다. 그러나 비록 둘밖에 없지만 하나를 이웃과 기꺼이 나누 려 할 때야말로 진정으로 부유한 사람이라 할 수 있다.

부처님도 공수래공수거라고 하시며 "백년탐물 일조진(百年貪物 一朝塵), 삼일수심은 천재보(三日修心 千載寶)"라고 재물에만 탐심(貪心)을 경계하고 있다. 백 년(평생)을 탐한 재물은 하루아침의 티끌에 불과하고, 삼 일간 이라도 닦은 마음은 영원한 보배라는 뜻이다. '돈을 포함한 모든 물 질의 부귀는 모두가 허깨비 같은 것, 있는 것 같지만 언젠가는 없어지 는 것, 일생 동안 부귀를 쫓았지만 갈 때는 아무것도 가져가지 못한다 네, 생전에 지은 업보만 따라간다네.'라고 가르치고 있다.

BTN 불교TV에서 "그대는 알겠는가?"라는 주제로 3년 동안 현대인 이 겪고 있는 육신의 병과 마음의 병이 생기는 원인을 가지고 불자를 대상으로 생활법문을 펼치고 있는 무명스님[79]은 2018년 11월에 『업의 그릇을 비워라』라는 책을 출간하며 "움켜쥐고, 담기만 하고, 비우기에 인색하면 인생이 괴로워진다."고 이야기하고 있다.

---

[79] 경남 하동 지리산 산골마을에서 태어나 순천 선암사에서 용하스님을 은사로 득도하였 다. 현재 부산 무명사 주지이며 금정산 무명사 회룡선원 회주이다.

● 소유에서 사용으로 부자 패러다임의 변화

부자란 얼마나 돈을 많이 가지고 있느냐? 하는 양의 기준이 아니다. 얼마나 많이 쓰고 나누느냐? 하는 사용(유통)의 기준으로 평가되어야 한다. 돈을 아무리 많이 가지고 있는 부자라도 쓸 곳이나 써야 할 때 쓰지 않으면 화폐수집가에 불과하다. 왜냐하면 은행에 있는 돈은 내 돈이 아니다. 돈은 쓸 때에 비로소 내 돈이며, 죽기 전에 쓸 수 있는 돈만이 내 돈이다. 나이 들어 쓰는 돈은 절대로 낭비가 아니다.

아껴야 할 것은 노년의 시간이고, 노년의 생각이고, 노년의 건강이기 때문이며, 돈의 유통은 필요한 곳에 필요한 사람에게 적기에 사용됨으로써 마중물 역할을 하여야만 더 큰 부를 끌어들이는 창조적인 활동이 될 수 있기 때문이다.

돈도 물과 같이 한곳에 오래 쌓아만 두면 물이 썩듯이 돈도 부패하게 된다. 마치 저수지의 물이 순환할 때만이 그 물이 맑고 생명력을 유지할 수 있는 것과 같다. 신선한 물이 저수지로 흘러들어오고 흘러들어온 만큼 아래로 흘러내려 갈 때 저수지 물은 언제나 깨끗하게 유지가 되고 흘려보낸 물을 생명수로 하여 수많은 농작물이 성장하여 더 많은 수확으로 풍성한 결실을 가져오게 된다. 그리고 흘려보내지 않고 쌓아만 두면 저수지는 한계저수량을 더 이상 견디지 못하고 고인 물을 막는 댐은 마침내 터지고 말아 큰 재앙이 닥치고 말 것이다.

이스라엘에는 두 개의 커다란 바다와 같은 호수가 있다. 갈릴리 해와 사해다. 갈릴리는 북쪽에 위치해서 요르단 강에서 신선한 강물이 흘러들어오며 아래쪽 사해로 흘러들어 가지만, 사해는 여기서 더 이상 흐르지 못하고 고이게 되어 염도가 높은 소금물이 되어 물고기가 더 이상

살지 못하여 '죽은 바다'라고 부른다. 그래서 갈릴리 바다를 '살아 숨 쉬는 생명의 바다'라고 하며 수준이 높은 사람 즉 '자선을 베푸는 사람'에 비유하고, 사해는 말 그대로 '죽음의 바다'라고 하며 수준이 낮은 '인색한 사람'에 비유하고 있다. 베푸는 사람은 돈이나 물질이 들어오면 갈릴리 해와 같이 다시 흘려보낼 줄 아는 사람이고, 인색한 사람은 그 반대로 사해와 같이 쌓을 줄만 아는 죽은 바다와 같다는 것이다.[80]

300여 년 동안 무려 12대에 걸쳐 경주지방에서 부자로 살아온 경주 최 부자의 일화에서도 나눔의 교훈을 엿볼 수가 있다. 3대 장손인 최국선 씨가 시주를 하고 난 후 어느 스님으로부터 들은 "돈은 똥이다. 모아놓으면 오물이지만 나누면 거름이 된다."라는 가르침으로 평생의 좌우명으로 삼아 부를 이웃에 골고루 베풀었기 때문에 그렇게 오랫동안 부를 유지하고 존경을 받을 수가 있었다.[81]

세르반테스가 말한 것처럼 "행복은 부가 가져다주는 것이 아니라 부를 사용함으로써 얻을 수 있다." 그리고 손턴 와일드도 "돈은 거름과 같다. 작은 생명을 위해 뿌려지지 않는 한 아무 가치가 없다."고 하였다. 이와 같이 부는 마치 거름과 같이 생명의 자양분으로 밭에 골고루 뿌려서 사용할 때라야 진정한 부의 가치가 발휘될 수 있다고 하겠다.

이제부터는 부자의 개념도 소유한 돈의 절대량이 아니라 비록 적지만 자기가 가지고 있는 부의 양에서 확대 재생산해내는 데 사용한 양의 비율에 따라 상대적으로 재평가되어야 할 것이다.

---

80) 전성수. 양동일 『유대인 하부루타 경제교육』 매일경제신문사(2014) pp37-38
81) 전진문 『경주 최 부잣집 300년 부의 비밀』 민음인(2014) p91

● 지금은 공유경제시대다

공유경제(sharing economy)라는 말은 2008년 미국의 법학자 로렌스 레식(Lawrence Lessig)교수가 지은 책『리믹스(Remix)』에서 나온 말로 경제를 상업경제와 공유경제로 구분하여 공유경제는 거래되는 물품이나 서비스가 누구의 것도 아닌 제품을 여럿이 서로 빌려주고 나누어 쓰는 협력적 소비형태로 정의하였다. 한번 생산된 제품을 여럿이 공유해 함께 쓰는 협력소비를 기본으로 한 '온라인 플랫폼' 경제방식이다. 물품은 물론 생산설비나 공간, 서비스 등을 개인이 소유할 필요가 없이 필요한 만큼 빌려 쓰고 자신이 필요 없는 경우 다른 사람에게 빌려주는 인터넷과 스마트 폰 기반의 사회적 경제모델 형태를 말한다. 최근에는 경기침체로 물자절약의 필요성이 대두되고 환경오염에 대한 대안을 모색하는 사회운동으로 확대되고 있는 추세다. 일종의 '나눠 쓰기'란 뜻으로 자동차, 빈방, 책, 장난감 등 활용도가 떨어지는 물건이나 부동산을 다른 필요한 사람과 함께 공유함으로써 자원 활용을 극대화하여 소유자 입장에서는 효율을 높이고, 구매자는 소유하지 않고도 싼값에 이용할 수 있는 상부상조의 소비형태인 셈이다. 송순영(2015)은 공유경제는 전통경제의 과잉소비방식에 비해 협력적 소비 방식으로 공유에서 자원절약과 가치창출, 신뢰를 특징으로 이루어진다고 하였다. 대표적인 공유업체는 숙박공유 플랫폼 에어비엔비(airbnb), 차량공유기업 우버, 카카오택시 카풀(Carpool), 도서, 가구, 주방, 가전, 패션, 뷰티, 스포츠, 레저용품, 명품까지 세어하는 쏘시오(SSOCIO), 자전거 대여 라이클(LYCLE), 비어있는 공간을 공유하는 스페이스 클라우드(Space Cloud), 옷을 공유하는 키플과 열린 옷장, 책을 나눠 읽는 국민서관 책꽂이, 사무실 공

유하는 we work, 공유주방 심플 치킨 등이 있으며 '대량생산 대량소비'
의 시대는 끝나고 이제는 필요에 따라 서로 주고받는 공유경제, 생산자
와 소비자의 경계가 모호한 프로슈머 시대가 오고 있다고 할 수 있다.
공유경제는 전 세계의 혁신 트렌드로 미국 전문리서치 기관인 Statista
에서는 전 세계 공유경제 시장규모를 2014년 기준 140억 달러에서
2025년에는 무려 24배가 증가한 3,350억 달러로 대폭 성장할 것으로
예측한 바 있다

● 부자인 채로 죽는 것은 부끄러운 일이라는 의식의 변화

미국의 강철왕 카네기는 "부자인체로 죽는 것은 정말 부끄러운 일이
다."라는 말을 실천에 옮겼다. 돈은 얼마를 가지고 있느냐보다 얼마를
사용하고 유통하느냐가 더 중요하고 가치 있는 일이다. 벌어놓은 재산
은 그저 쌓아놓기만 했지 정작 써보지도 못하고 가족 간에 재산 싸움
으로 가정을 파괴하게 하는 이상한 부모들이 오늘날 너무 많이 존재하
여 안타까울 뿐이다. 주는 자가 받는 자보다 복이 더 있다는 평범한 진
리를 손수 실천하다 보면 후일에 오히려 더 큰 복이 되어 자신에게 오
지 않으면 자식에게라도 돌아온다는 사실을 명심해야겠다. 앤드루 카
네기는 도서관, 연구소, 국제평화재단, 대학 등의 설립에 자신의 전 재
산을 기부하였다. 앤드루 카네기(Andrew Carnegie, 1835-1919)는 1901년에
4억 8,000만 달러를 손에 쥔 세계 최고의 부자였을 때, 그 해부터 시작
하여 죽을 때까지 17년 동안 전 재산의 90% 정도를 사회에 환원한 자
선사업가다. 그는 열두 살 때 부모를 따라 스코틀랜드에서 미국으로 이
민하자마자 먹고살기 위해 주급(週給) 1달러 20센트를 받고 일을 시작

한 후 철강 사업에 성공하여 66세 때 세계 최고의 부자가 되었다. 그는 35세 때 자선사업을 계획했다가 66세 때에야 이를 실행에 옮겼다. 그는 "부자인 채로 죽는 것은 부끄러운 일이다"(The man who dies thus rich dies disgraced)며 잘나가던 철강 회사를 처분한 후 평생 동안 쌓아올린 부를 도서관·연구소·국제평화재단·대학 등의 설립에 아낌없이 베풀었다. 그는 '자발적으로 기쁜 마음으로' 베푼 사람이다.

● 노블레스 오블리주(noblesse oblige)

노블레스 오블리주(noblesse oblige)는 프랑스어로 '고귀한 신분(귀족)'이라는 노블레스와 '책임이 있다'는 오블리주가 합해진 말이다. 사회 고위층 인사에게 요구되는 높은 수준의 도덕적 의무로 높은 사회적 신분에 상응하는 도덕적 의무를 뜻하는 말이다. 초기 로마시대에 왕과 귀족들이 보여 준 투철한 도덕의식과 솔선수범하는 모범정신에서 비롯되었으며, 이러한 사회지도층의 높은 도덕의식은 마침내 근대와 현대에 이르러서도 계층 간 대립을 해결하고 사회통합을 이끌 수 있는 최고의 수단으로 여겨져 왔다. 특히 전쟁과 같은 국가의 총체적 국난을 맞이하여 국민을 통합하고 역량을 극대화하기 위해서는 무엇보다 기득권층이 솔선하여 희생하는 자세가 필요하기 때문이다.

자본주의제도는 분명 국가적인 차원에서는 가장 효율적인 제도임은 틀림없다. 그러나 부의 논리상 부익부 빈익빈을 더욱 심화시키는 모순을 태생적으로 내포하는 결점이 있다. 이른바 수정자본주의라 하여 국가가 강력한 통치력으로 지나친 부의 편중을 억제하는 다양한 정책으로 보완은 하나 그것도 한계 상황에 왔음을 단적으로 보여주는 사건이 바로 2011년 9월에 미국 월가를 중심으로 "월가를 점령하라"는 군중 소요사태라 할 수 있다.

오늘날 자본주의의 종주국인 미국을 중심으로 독립 후 역사적으로 사회문제를 정부에서만 담당하기가 불가능하기 때문에 자연스럽게 개인을 중심으로 시민사회운동으로 개인 기부문화가 싹트게 되었다. 점차적으로 이런 심각한 빈부격차를 우려하여 소위 "노블레스 오블리주"라고 하여 가진 자들의 사회적 책임을 강조하며 불로소득에 대한 사회 환원이 계층 간의 양극화를 해소하여 사회통합을 이루고 지속 가능한 성장을 도모하기 위하여 공공연히 그 보완적인 차원에서 그 대안 중 하나의 사회 트랜드로 자리 잡게 되었다.

고대 로마의 노블레스 오블리주 전통은 오늘날의 미국에도 전승되어, 미국 법령에 제안자의 이름이 들어가 "매케인-파인골드법"(McCain-Feingold Act)같이 법률 명칭을 부른다든가, 철강왕 앤드류 카네기가 세운 카네기멜론대학교, 은행가 존스 홉킨스가 세운 존스홉킨스대학교 등, 설립자의 이름을 붙인 대학이 현재 미국에 존재한다. 미국은 로마와 같이 상업주의를 추구하며, 법률이 매우 발달해 있으며, 영향력은 전 세계적인 점에서도 고대 로마와 매우 닮았다. 원로원과 민회로 구성된 고대 로마의 정치제도도 하원과 상원으로 모방하고 있다.

가진 자의 사회적 책임을 다하는 개인 기부활동 면에서 대표적인 사례로 미국의 빌 게이츠나, 워런 버핏 같은 세계적인 대 부호들의 사회 공헌활동을 들 수가 있다. 2018년 10월 15일 홍콩언론들의 보도에 의하면 영화 '영웅본색' '철혈쌍웅' 등으로 유명한 홍콩 톱스타 배우 저우룬파(주윤발 周潤發)가 전 재산인 56억 홍콩달러(약 8,100억)를 사회에 기부하겠다고 밝혔다. 그는 이미 2010년부터 "세상을 떠난 뒤 재산의 99%를 사회에 기부하겠다."고 해온 약속을 재확인하였다. 자신은 한 달 용돈 약 12만 원으로 대중교통과 할인매장 이용 등 검소한 생활을 하면서 "재산은 내 것이 아니고, 내가 잠시 보관하고 있을 뿐"이라고 겸손하게 말하며 "돈은 행복의 원천이 아니라, 내 꿈은 행복해지는 것이고, 보통사람이 되는 것"이라고 말하며 기부하고 있다.

오늘날에는 성공한 사회지도층들의 도덕적 의무와 책임을 바라는 노블레스 오블리주에 대한 요구가 많아지고 있는데 이것은 그리스도인의 구원의 삶이며, 섬김의 삶을 사는 것으로 '소유의 삶에서 나누는 삶'으로 이기적인 삶에서 '이타적인 삶'을 사는 것이다. 예수님을 일찍이 물질도 나누고 재능도 나누는 섬기는 삶이야말로 우리 모두를 기쁘고 행복하게 하는 '성숙한 삶'이라고 하셨다."

건강한 재무심리
상속이 우선이다

● 부의 상속에 대한 부모의식 페러다임의 전환

우리나라 사람들의 대부분은 자녀에게 많은 재산을 물려주는 것이 지극히 당연한 것이고 부모로서 도리를 다하는 일이라고 생각하고 있다. 이는 마치 자신의 존재 이유나 사명감으로까지 인식하고 있어 많은 재산을 물려주면 자존감이 높아지고 우월감과 자부심마저 느껴 궁극적으로 삶의 의미와 자아실현을 이루어 스스로 행복하다고 느끼게 된다고 생각하는 경향이 있다. 돈은 열심히 일하고 노력한 결과로 얻어지는 결과물이며 아무런 노력이나 대가 없이 쉽게 얻은 재물은 그 가치를 경험으로 스스로 체득하지 못함으로써 쉽게 잃어버릴 수가 있기 때문에 결국 그 부를 지키지 못하고 언젠가는 가난한 사람으로 전락하기가 쉽다. 물고기를 그냥 주는 것보다 물고기 잡는 방법을 가르쳐주어 스스로 물고기를 잡도록 훈련시키는 게 낫다는 말과 같은 이치다.

부모라면 돈을 자식에게 그냥 물려주고, 그것도 수단과 방법을 가리지 않고 무조건 많이 물려주려고만 한다. 이는 자식을 행복하게 하기보다는 오히려 자식에게 스스로 돈을 벌고 불릴 수 있는 기회를 박탈하여 돈에 대한 올바른 인식이나 태도를 체득할 기회마저 빼앗아 궁극적으로 물려받은 재산을 좋은 곳에 가치 있게 사용하지 못하고 사치와 낭비로 무의미하게 탕진하기가 쉽다. 그리고 상속은 자식의 영혼을 망칠 수가 있다. 왜냐하면 자녀가 자신의 미래를 상속에 의존하고 살아가기 때문에 자립심이 약해지고 나약하게 되어 급기야는 상속을 빨리 받기 위하여 사랑하는 사람이 빨리 죽기만을 기다려 도덕적이나 인륜적으로 도저히 허용할 수 없는 일이 발생할 수도 있기 때문이다. 돈이란 스스로 벌고, 쓰고, 불리고, 나누는 과정을 통해서 돈의 소중함과 가치를 올바로 알 수 있고, 행복도 그 과정에서 느낄 수가 있는 법이다.

자녀에게 가장 좋은 선물을 주거나 많은 재산을 물려주고 싶은 것은 모든 부모의 한결같은 마음일 것이다. 왜냐하면 자신은 헐벗고 못 배우고 굶주려보았기 때문에 가난의 고통을 자녀들에게만은 절대로 대물림하지 않겠다는 의지가 워낙 강하기 때문이다. 그러나 사랑하는 마음을 전하는데 서투른 사람일수록 그것을 물질로 대신하고 만다는 것을 알아야 한다. 자녀들을 최고의 인격을 가진 사람으로 키우고 싶다면 재물 대신 바른 삶의 가치관을 심어주어야 한다. 부모가 세상을 떠난 후에도 자녀가 행복하고 모든 사람들로부터 존경을 받고 살 수 있는 방법은 재물에 있지 않고 인격에 있기 때문이다.

미국의 투자 귀재인 버크셔해서웨이 워런 버핏 회장은 "자식에게 너무 많은 재산을 남겨주는 것은 오히려 독이 된다."라고 하였다. 그리고 그는 6살 때 아버지 하워드 버핏으로부터 돈에 대해 눈을 뜨게 주식통장을 선물 받았고, 고등학교 재학시절에 중고차 임대, 게임기 대여, 농지 임대사업을 하며 노동의 가치와 경제원리를 깨우쳤다. 사회에 나오기 전에 이미 비즈니스를 경험하여 탄탄한 경제교육을 받으며 성장하였다. 그 후 전 재산을 자녀에게 상속하지 않고 사회에 환원하는 것을 보고 배워 그는 지금 그의 아버지에게 배운 대로 그의 모든 재산을 사회에 기부하기로 약속하였다. 그는 "내 삶의 가치를 키워준 첫 번째 영웅은 나의 아버지"라고 하며 재물보다 더 값진 것은 '아버지의 원칙'이라고 말하고 있다.

그리고 루소(1762)는 그의 교육론 『에밀』(부제-교육에 대하여-)에서 "자식을 불행하게 만드는 가장 확실한 방법은 언제나 무엇이든지 아이가 갖고 싶어 하는 것이면 손에 다 넣어주는 일이다."라고 하였다. 무엇이든지 자식에게 손에 다 넣어주기보다는 때로는 자기 통제와 절제를 가르쳐 줄 필요가 있다. 그렇지 않으면 나약함과 지배욕이 아이에게 광기와 불행을 만들어 낼 수가 있다. 그것이 무엇이든지 절제할 줄도 알며, 얻는 방법을 가르쳐주어 스스로 획득할 수 있는 방법과 그것을 직접 얻음으로써 체득할 수 있는 가치를 직접 느끼게 해주는 것이 진정으로 자식을 위하는 길임을 강조하는 것이라고 볼 수 있다. 돈은 거름과 같아서 작은 생명이 싹트도록 뿌려지지 않으면 아무런 가치가 없기 때문이다.

오늘날과 같이 학별을 중시하는 사회에서는 대부분의 부모들은 내 자녀가 경쟁에서 도태되는 것을 막기 위해 자녀의 성적에 지대한 관심을 보이며 자녀에게는 오로지 학업성적을 올리는데 최고의 환경을 제공하기 위하여 모든 것을 동원하여 희생적으로 과보호하고 있다. 이러한 과보호로 오히려 자녀들이 의존적이며, 이기적인 성향을 보이고, 문제해결능력이 크게 떨어지게 된다. 더구나 과보호로 아이 입장에서는 부모의 지나친 기대심리에 미치지 못하는 자신을 폄하하고 엄청난 중

압감으로 작용해 무능감, 우울, 불안 등 심리적으로 스트레스로 작용해 부정적인 영향을 가져와 심하면 분노, 폭력, 자살의 원인이 되곤 한다. 역사적으로 대표적인 사례가 조선시대의 지나친 영조의 자식 사랑이 사도세자를 만들게 되었다는 사실에서도 알 수 있다. 일종의 '사도세자 증후군'이라고 할 수 있다.[82]

따라서 자식을 진정으로 사랑하는 부모라면 자식이 직접 돈을 벌고 쓰고 또 저축하고 투자를 해봄으로써 돈을 모으고 또 모은 돈을 은행이나 부동산에 묶어두기보다는 돈이 꼭 필요한 사람이나 단체에, 또한 필요한 시기에 지원하여 더 많은 부가가치를 창출함으로써 사회나 국가에 기여하고, 아무런 조건 없이 어려운 이웃이나 사회에 나누어 줌으로써 가진 자의 사회적 책임을 다함으로써 더 큰 만족감과 삶의 의미와 가치를 느낄 수 있도록 이제는 생각의 패러다임을 바꾸어야 할 것이다.

● 재산보다 건강한 재무심리 상속이 우선이다

자식에게는 많은 재물을 그냥 물려주기보다는 돈에 대한 건전한 생각과 관념 태도 등과 같이 건강한 '머니 스크립트(Money Script)'[83]를 갖게 하는 것이 중요하다. 이는 무엇보다도 돈의 속성을 알고, 돈을 올바르게 대하는 태도와 돈을 관리하는 방법을 아는 것이 중요하기 때문이다. 마

---

82) 최성환 『불안한 노후 미리 준비하는 은퇴설계』 경향 미디어(2015) PP162-163

83) 『돈 걱정 없는 재무심리와 재무 코칭』 정우식, 2018, 99~103쪽 Money와 Script의 합성어로 우리의 잠재의식에 저장되어 있는 돈에 대한 관념이나 태도 생각 등이 마치 연극이나 영화의 대사처럼 미리 저장된 대로 우리의 행동에 명령을 내린다는 뜻.

치 물고기 잡는 방법을 전수하듯이 '건강한 재무심리'를 갖도록 하는 것이 부모로서 자식에 대한 의무와 도리를 다하는 길임을 명심해야겠다. 유대인 부모는 어릴 때부터 자녀들에게 일생을 살아가는 동안에 생업이 그만큼 중요하다는 것과 더불어 돈을 버는 방법을 구체적으로 체험시킨다. 따라서 유대인은 "자녀에게 직업기술을 안 가르치면 강도로 키우는 것과 같다"고 말한다. 자식에게 너무 많은 재산을 남겨주는 것은 오히려 독이 되어 자식을 망치게 하는 것과도 같다고 하였다. 노력 없이 쉽게 벌거나 상속받고 횡재한 재산은 노동의 가치를 손수 체험하지 못하고 노동의 소중함을 알지 못하기 때문에 쉽게 낭비하기가 일쑤다.

독일의 문호 괴테는 노동은 세 개의 큰 악, 즉, '지루함, 부도덕, 그리고 가난'을 제거한다고 하였다.

욥기에는 인간은 일하기 위해 태어났다고 했다(욥 5:7). 하나님은 일(노동)하는 것 자체가 인간에게는 만족의 원천이며, 일을 통해서만 자신이 실제로 하나님의 형상대로 창조되었음을 증명하게 된다고 가르쳤다. 인간은 노동을 통해 삶의 의미를 찾아야 한다. 그리고 하나님은 인간에게 노동을 주신 목적으로 노동을 통해 다른 사람들이 먹고 살 수 있으니 노동의 진정한 의미는 남을 돕는 일이라고 밝히고 있다.[84]

기독교인들이 주류를 이루는 미국사람들이나 유대인들은 어릴 때부터 자녀들이 손수 돈을 벌고 써보는 체험을 통하여 돈의 소중함과 올바른 재무심리를 체득하게 하여 독립심을 키워왔다. 아무리 돈이 많아도 자녀에게 다 물려주지 않으며, 자녀들도 극히 당연한 것으로 받아주는 문화가 정착되어왔다. 미국이나 일본사람들은 부모가 재산을 나

---

84) 현용수 『자녀들아, 돈은 이렇게 벌고 이렇게 써라』 동아일보사(2007)

누어 준다 해도 거절하는 자식들이다.

"아버지가 제게 재산을 주시면, 거기에 제가 무엇을 더 얹는다 해도 그건 제가 이룬 게 아닙니다. 그러면 저는 무슨 프라이드로 세상을 삽니까? 저의 것은 제가 이루겠으니 아버지가 이루신 것은 사회발전을 위해 내어 놓으시는 게 좋겠습니다."라고 말한다. 왜냐하면 자신도 부모 도움 없이 손수 이룰 수 있다는 자부심과 자기 효능감을 세울 수 있고, 성취 욕구로 자아실현감을 느낄 수 있는 권리가 있기 때문에 부모는 당연히 그 기회를 자녀들에게 주어야 마땅하다는 문화가 정착되어온 결과라 할 수 있다.

우리는 지금까지 대부분의 부자들이 온갖 불법과 편법을 총동원하여 오로지 자녀들에게 더 많은 재산을 물려주려고만 하며, 이것이 자녀들을 위하는 부모의 사랑이며 의무고 심지어 자랑으로만 여겨왔고, 부정적인 면이 있다는 사실은 까맣게 잊은 채 진정한 자식 사랑의 왜곡된 문화가 참으로 안타까울 뿐이다. 하루속히 개선해야 할 과제라 하겠다.

따라서 지금까지 우리들은 아이들에게 '돈이란 몰라도 되는 것이며, 크면 자연히 알게 되므로, 돈을 일찍 알고 밝히는 것은 아이답지도 순수하지도 못한 것'이라고 가르치고 있었다. 그러나 이제부터는 부모라면 아이들에게 어릴 때부터 아이들과 함께하는 일상생활 속에서 돈에 대한 올바른 개념을 갖게 하고, 돈을 직접 벌어봄으로써 자연스럽게 노동을 통해서 돈의 소중함을 인식시켜주고, 아울러 소비와 자선에 관련된 올바른 태도와 가치관을 심어주는 것이 재산상속보다 훨씬 가치 있는 일이다.[85]

---

85) 김상민 『부자의 심장을 훔치는 재테크마인드』 매일경제신문사(2006)

지혜로운 부자들의 '자녀 교육'을 통한 유산상속 10계명

① 자녀에게 현실을 직시하게 하고 어려움에 처해도 구원의 손길을 내밀지 않는다.

② 삶을 통해 무엇이 중요한지 알게 한다.

③ 끊임없이 생각하도록 해 독립적인 사고를 길러 준다.

④ 아이들이 잘하면 기쁨을 표시해 자신감을 북돋워 준다.

⑤ 돈을 스스로 벌 기회를 마련하도록 한다.(스스로 벌어야 값어치를 안다)

⑥ 노동의 과실을 즐기게 한다.

⑦ 스스로 돈을 관리하도록 한다.(그래야 계획의 중요성을 깨닫는다)

⑧ 학자금, 자동차구입비, 여행경비 등 목돈이 들어가는 것은 분담토록 한다.

⑨ 졸업하면 재정적으로 독립케 한다.

⑩ 자녀에게 상속을 얘기하지 않는다.

돈의 주인으로
살아가기

● 돈 이외의 것에서 인생에 대한 목표와 가치 정립

공자가 제자 자공의 질문에 대한 답변으로 부자의 사회적 역할이 잘 나타나 있다. 부이무교(富而無驕)처럼 내가 돈이 많은 부자지만 뽐내지 않고 겸손하게 세상에 홀로 사는 것보다, 부이호례(富而好禮)같이 부자로 사는 삶의 목적이 돈만을 추구하는 것이 아니라, 모두가 같이 사는 세상임을 깨달아 사회와 함께 성장하고 더불어 살아가는 것으로, 사회적 책임과 상생(相生)의 공동체사회를 만들어가는 것이 더 낫다고 가르치고 있다.[86] 여기서 예(禮)는 모두가 한마음으로 서로 나누며 함께 사는 삶의 방식을 말하는 것으로, 윗사람이 예(禮)를 좋아한다는 것은 아랫사람을 아끼고 사랑함으로써 조화를 이룬다는 말이다.

---

86) 논어 '子路(자로)편의 상호례즉 민막감불경(上好禮則 民莫敢不敬), 윗 사람이 예(禮)를 좋아하면 백성들이 감히 공경하지 아니함이 없다는 말.

● 돈으로부터 자유롭기

돈으로부터 자유로운 삶이란 현실적으로는 돈이 많아서 자기가 하고 싶고, 누리고 싶은 것을 다 누릴 수 있는 경제력을 가지고 돈의 주인으로서 주도적인 삶을 영위하는 것을 의미한다. 그러나 한편으로는 돈이 많으면 그것을 유지 관리하기 위하여 그만큼 많은 노력과 스트레스가 수반될 수밖에 없다. 수단이 목적을 압도하여 주객이 전도되는 형국이 될 수도 있기 때문이다. 따라서 진정한 행복이란 돈으로는 살 수 없는 것들을 누리고 사는 길이며, 이는 자신만의 길을 찾고, 삶의 의미와 목적구현으로 내적 만족을 이루며, 삶에 대한 믿음과 신념, 감사와 용서, 참회의 마음, 신앙과 기도의 힘, 그리고 편안함과 즐거움 등에서 찾을 수 없으면 진정으로 돈으로부터 자유롭다고 말할 수가 없다.

마치 미국의 신프로이학파의 정신분석학자이자 사회심리학자인 에리히 프롬(Erich P. Fromm)이 말한 대로 오랜 역사 동안 자유를 얻기 위해 싸워 온 인간들이 근대사회에 와서 자유를 포기하고 도망가려는 경향을 드러내는 현상과도 같다고도 할 수 있다. 근대사회에서 인간은 거대한 사회·정치·경제라는 톱니바퀴의 한 톱니나 기계의 한 부품에 불과한 존재이자 자신들이 이룩한 질서에 짓눌린 '자아를 상실한 존재'에 불과하다. 그의 기반이 된 현대 문명의 획일성과 인간소외 현상을 비판하면서 자유와 인간의 존재양상에 대한 반성을 촉구했다. 이제 인간은 이전의 '본능과 자연, 신과 권위로부터의 자유'라는 소극적 의미의 자유(free from)에서 보다 독립적이고 자발적으로 개인의 잠재력을 충분히 실현하고 사랑과 일과 행복을 추구함으로써 고립감의 고통에서 해방될 수 있는 적극적 의미의 자유(free to)로 나아가 자아실현을 도모하지 않으면 안 된다고 그는 이야기하고 있다. 돈으로부터 자유롭고 자유로부터 도피는 결국 상실된 인간성과 자아를 되찾아 자아를 실현함으로 진정한 행복으로 나아가는 길이다.

● 돈의 주인으로 살아가기

우리가 돈 문제로 어려움과 갈등을 겪게 되는 것은 돈을 제대로 이해하지 못했거나 돈에 주의를 기울이지 않았기 때문이다.

결국 삶을 살아가는데 없어서는 안 되는 것이 돈이라지만 한편 돈 또한 올바르게 살아가는데 가장 큰 장애물이 되고 있다. 따라서 돈의 유혹을 이겨내기 위해서는 돈이 작동하는 방식인 돈의 속성과 그에 따른 재무심리를 잘 알아서 돈의 노예가 아니라 돈의 주인이 되어 궁극적으로는 그 돈과 더불어 자신은 물론 공동체와 함께 누릴 수 있는 기회를 어떻게 만들어 내느냐? 가 우리들의 당면한 과제라 하겠다.

돈은 가진 자가 필요할 때 사용하기 위한 수단에 불과하다. 지나친 돈에 대한 집착이나 탐욕은 자칫하면 스트레스로 되돌아와 주객이 뒤바뀌어 돈에 예속되어 휘둘리게 될 수도 있다. 수단이 마치 목적이 되는 주객이 전도된 형국이다. 사람은 자기가 주도권을 가지고 자기결정권이 있을 때 가장 행복감을 느낄 수가 있다. 돈을 소유한다는 것은 날개가 되어 쉽게 하늘을 마음껏 날 수도 있지만 때로는 무거운 짐이 되어 하늘을 나르거나 높은 산을 오르는 데 걸림돌이 되기도 한다. 짐이 많고 무거우면 그만큼 하늘을 나르거나 산을 오르기가 힘든 이치와도 같다. 자기 몸에 맞게 적당히 꾸려 하늘을 나르거나 산을 오르는 자체의 즐거움을 만끽하면 그만이기 때문이다. 당신은 인생의 걸림돌인 돈의 노예로 전락할 수도 있지만, 당신이 하기에 따라서는 당신이 원하는 모든 것을 이뤄주는 요술지팡이를 갖게 되기도 한다. 오로지 당신의 선택에 달려있을 뿐이다.

● 돈을 이기는 방법

첫째, 수단이 아니라 목적으로 본다. 자본주의 사회는 인간도 스펙이라는 하나의 상품으로 전락하였다. 인간을 목적 자체로 보지 않고 한낱 수단으로 보는 데에 문제가 있으며, 칸트는 "인간을 단순한 수단이 아니라 목적으로 보아야 한다."[87] 라고 일찍이 이야기하였다. 바꾸어 말하면 인간이 '상품'이 되지 않는 사회를 만들어야 한다는 것이다.

공자는 "옛날에 배우는 자들은 자기수양을 위해서 공부했는데, 오늘날의 배우는 자들은 남에게 발탁되기 위해서 공부하는구나!" 하고 탄식하였다. 사실 학문은 남에게 과시하기 위해 하는 것이 아니고, 간판 때문에 하는 것도 아니다. 가장 큰 목적은 잃어버린 자기의 본마음을 되찾기 위해서 하는 것이다. 이를 공자는 논어에서 '자기 자신의 본질을 밝히기 위한 학문'이라는 뜻의 위기지학(爲己之學)으로 가르치고 있다. 올바른 인성교육이나 자기 수양보다는 오로지 일류대학과 좋은 일자리를 추구하기 위한 오늘날의 입시와 취업 위주 교육과도 같다고 경계하고 있다.

둘째, 돈을 목적으로 상품을 사용하지 말고 나와 타인의 삶을 행복

---

87) 1785년에출판된 『윤리 형이상학의 정초』(Grundlegung zur Metaphysik der Sitten)는 칸트가 윤리 문제를 본격적으로 다룬 최초의 저서라 할 수 있다.

하게 하려고 사용하여야 한다.

셋째, 교환수단인 화폐에 지나치게 의존하지 않고 개인적인 인격과 신뢰에 상호 의존하는 것이다.

넷째, 돈으로 매개되지 않는 인간관계를 형성하여 함께하는 기쁨을 나누는 공동체 사회를 구축하는 것이다.[88]

---

88) 이시백 외 『나에게 돈이란 무엇일까?』 철수와 영희(2012), pp190~200

돈을
잘 쓰자(Well-spending)

● 행복의 조건

　행복의 공식은 성취/기댓값이다.[89] 미국의 이론경제학자로 신고전파 경제학을 대표하는 새무얼슨. (Paul A. Samuelson)이 행복의 정의로 간단하게 행복=소유/욕망이라고 주장하였으며, 그는 정적과 동적인 경제학이론을 개발하기 위한 과학적 업적과 경제학 기초분석의 이론을 정립한 학자다. 성취에 따라 행복감은 다르겠지만, 기대치에 따라서 행복감은 반비례한다는 이야기다. 다시 말해 같은 성취수준에서도 기대치가 높을수록 성취감은 떨어지고 반대로 기대치가 낮을수록 성취감은 커진다는 것이다.

---

89) 미국의 이론경제학자로 신고전파 경제학을 대표하는 새무얼슨. (Paul A. Samuelson)이 행복의 정의로 간단하게 행복=소유/욕망이라고 주장하였으며, 그는 정적과 동적인 경제학이론을 개발하기 위한 과학적 업적과 경제학 기초분석의 이론을 정립한 학자다.

대표적인 것이 돈에 대한 생각이다. 돈이 많고 적고는 본질적으로 비교를 필요로 하기 때문이다. 절대량으로만 나의 부를 가늠하기가 어렵다. 왜냐하면 다른 사람과의 비교나, 혹은 지난 어떤 시점과 비교에서 상대적으로 느끼는 행복도이기 때문에 다른 어느 것보다 훨씬 복잡한 관계라고 볼 수 있다. 단순히 소득수준만으로는 행복을 예측할 수가 없으며 부모의 기대치와 주변의 다른 사람들까지 함께 감안해야 하는 복합적인 문제다. 주위 사람이 다 부유해지면 자신도 당연히 부유해져야 한다고 기대하기 때문에 국가 전체가 부유해도 국민들의 체감 행복 지수는 올라가지 않는다. 소득수준 향상과 함께 외부적 기준도 높아지지만 이에 따라 삶의 만족을 측정하는 각자의 마음속 기준 역시 상향 조정되기 때문에 상대적 체감 행복도는 올라가지 않기 때문이다.

소위 이스탈린의 역설(Easterlin's Paradox)[90]과 같이 소득이 일정수준 높아지면 더 이상 돈을 벌더라도 행복지수는 올라가지 않는 현상이 일어나기 때문이다. 바로 행복감은 절대적인 돈의 양보다 비교되는 주위와의 상대적 양에 따라 결정된다고 할 수 있다. 즉 상대적 박탈감이나 상대적 풍요감이 절대적 양보다 행복에 더 큰 영향을 미친다.

행복의 조건은 결국 물질적으로 많이 가지거나 사회적으로 높은 직위나 성취도 중요하겠지만, 무엇보다도 자신의 기대치를 낮추고 상대와 비교하지 않는 마음의 자세가 더욱 중요하다고 하겠다. 절대적인 빈곤보다도 남과의 비교에서 느끼는 상대적 빈곤이 훨씬 견디기 어려운

---

90) 1946~1970년 사이 미국인의 소득과 행복과의 상관도를 분석했는데, 일단 소득이 높아지면 행복이 어느 정도까지는 높아지지만 그러다 점점 증가된 소득만큼 행복이 비례하여 커지지 않는다.

고통으로 느끼기 때문이다. 쇼펜하우어는 "모든 불행의 시작은 남들과 비교하는 것으로부터 시작된다."라고 하였다.

심리학에서는 남과 비교하는 것을 '횡적비교'라고 부른다. 횡적비교는 인격을 파괴시키는 주범이다. 남과 비교하는 순간부터 불행해지기 때문이다. 생산적인 비교가 되기 위해서는 비교는 남들과의 횡적 비교보다는 과거의 자신보다 현재의 모습이 얼마나 향상되고 있는지, 자신이 꿈꾸는 장래의 모습이 어떻게 변화되는지와 같은 시간적인 비교인 '과거의 자신'이나 '미래의 자신'과 같은 종적인 비교를 하는 것이 훨씬 더 행복감을 느낀다는 연구 결과도 있다. 이와 같이 진정한 행복은 남과 비교하지 않는 자기 스스로 느끼는 삶의 만족감에 달려있기 때문이다. 남과 자신을 비교하는 심리에서 벗어나기 위한 가장 좋은 방법은 '내가 진짜 원하는 것이 무엇인지를 생각해보라'는 것이다.

인생에서 나의 삶을 지켜보는 마음속의 '관객'인 '누군가'를 가장 신경 쓰며 사느냐에 따라 삶은 달라진다. 그 관객은 바로 신(God. 神)과 타인, 그리고 자기 자신 등 세 가지로 크게 구분할 수가 있으며, 중세 유럽인들은 전지전능한 기독교의 신을 우선하여왔다면, 동양의 유교문화권에서는 타인이 우선적으로 자리 잡고 있었다. 유교문화권인 한국인은 언제나 자신의 생각보다 남이 나를 어떻게 생각하느냐? 를 우선시하는 사회였다. 그러나 서양은 르네상스를 거치면서 신 중심적 사고에서 각자 개인의 고유한 가치를 중시하는 개인 중심적 사회로 바뀌기 시작하였다. 그러나 이제는 삶의 무게중심을 신(神)과 타인에서 자기 자신으로 옮겨 놓을 필요가 있다. 타인의 눈을 의식하는 사회는 내용보다 겉모습에 신경 쓰는 형식주의나, 과정보다 가시적 성과에만 주목하는 결과주의를 낳게 될 수가 있기 때문이다. 진정한 행복은 타인의 눈을 통해서는 결코 얻을 수가 없으며, 오로지 자신의 내면의 기준에 따라 주관적으로 판단하고 자신의 책임아래 주체적으로 행동함으로써 얻을 수가 있다. 스스로 정의로운 존재로 규정하고, 자기만의 가치와 이상을 지키는 것을 중시하며, 타인과의 관계 속에서 도덕적으로 합당하고 타인과 더불어 살아가는 공동체의식으로 자기 성찰과 통제로 자기 책임감과 타인존중의 전제 아래서 남의 눈보다 자신에게 떳떳할 때 참된 행복은 찾아오기 때문이다.[91]

그리고 돈과는 달리 절대적인 기준치를 충족해야 하는 행복의 조건들도 있다. 배고픔이나 추위같이 인간의 생존과 직결된 욕구들은 상대적 우위가 아닌 절대적 충족을 필요로 한다. 또한 인간은 사회적 동물이기 때문에 인간관계에서 얻을 수 있는 행복은 절대적이다. 신체상 절대적으로 약한 인간은 생존을 위하여 무리를 지어 살아왔으며 무리에서 이탈은 곧 죽음을 의미하기 때문이었다.

● 참된 행복의 길

행복은 생각하기 나름이다. 큰돈은 없어도 가정을 꾸려 부모를 봉양하고 자식 키우는 것 자체가 행복임을 자각하여야 한다.

"부모님 봉양하는 것은 곧 빚을 갚는 것이고, 제가 늙어서 의지할 아이들을 키우니 이게 바로 저축이 아니오? 어떻게 이보다 더 큰 부자일 수 있겠습니까?" 라는 돈보다 더 귀한 것에 행복이 있다는 인식이 무엇보다 중요하다.

---

91) 조선일보 2018.12.24 A33, 서은국, 행복산책 참조)

명심보감 성심편에 보면 黃金(황금)이 未是貴(미시귀)요, 安樂(안락)이 值錢多(치전다)라는 말이 있다. 이는 "황금이 귀한 것이 아니고 편안하고, 즐거움이 돈보다 값어치가 많다."라는 뜻이다. 철학자 칸트는 '할 일이 있고, 사랑하는 사람이 있으며, 희망이 있다'면 행복하다고 말하고 있다. 행복하지 않은 것은 내가 가지고 있는 것을 감사하기보다, 가지고 있지 않은 것들을 탐내기 때문이다. 행복해지고 싶다면 내가 가지고 있는 것들에 감사하고, 주변에 있는 사람들을 아끼고 사랑해야 한다.

사람은 행복하기 위하여 열심히 일하며 돈을 벌고 있는데 돈을 벌기 위해 열심히 일하는 것으로 착각하고 있다. 어디까지나 돈은 한낱 행복하기 위한 수단에 불과한데 목적으로 주객이 전도된 형국이 불행의 원인이 되고 있다. 또한 우리 사회는 행복의 기준을 경제수준에 지나치게 두는 경향이 있다. 그러나 경제수준만으로 행복감을 가름하기는 절대적으로 부족하다. 자기만족이나 상호 신뢰와 존중 등과 같은 사회적 부와 비물질적 영역에서보다 더 중요함을 보여주고 있다. 한국은 이 분야에서 OECD국가 중 가장 낮은 국가이기 때문에 기대치를 낮추는 자기만족과 사회적 욕구충족에 보다 더 많은 관심을 기울여야 행복지수가 올라갈 수 있음을 자각하여야 하겠다.

부자가 되려면 돈을 좇아야 한다고 생각하기 쉽지만, 부자들은 돈이 아니라 가치를 좇으라고 조언한다. 행복을 추구하면 욕망이 비집고 들어오기 시작한다. 돈, 성공, 명예, 권력, 쾌락에 대해 집착하게 되며, 결국 고통의 나락으로 빠져들게 된다. 돈이 많으면 편안하고 안락한 삶을 누릴 수는 있을지는 모르지만, 돈으로부터 해방된 참된 지혜나 자유, 평온을 얻어야 진정한 행복을 얻을 수 있기 때문이다. 그리고 진정한 행복은 자신이 사회에 도움이 되고 있다는 '타자공헌감'을 얼마나 느끼느냐? 에 달렸다.

결국 행복의 비결은 편하고 안락한 삶을 산 사람보다 죽는 날 까지 끊임없이 부지런하고 성실하게 무언가를 추구해온 사람이 더 건강하고 행복하게 산다는 것이다. 마치 "항상 쉬지 않고 노력하는 사람만이 자기 자신의 천국을 이룩할 수 있다."는 괴테의 말처럼 말이다.

● 개같이 벌어서 정승같이 쓰라

이 말은 돈을 벌 때에는 천하게 일을 하면서 벌어도 쓸 때에는 떳떳하고 보람 있고, 규모 있게 적재적소에 알뜰하게 사용한다는 것이다.

첫째, 개같이 번다는 뜻은 귀한 일이든 천한 일이든 가리지 않고 열심히 일해서 돈을 번다는 뜻으로 직업에는 귀천이 없음을 의미한다. 직업에 귀천이 없다는 뜻이 도둑질을 하거나 나쁜 행동으로 돈을 벌어도 된다는 것은 아니다. 따라서 돈을 버는 방법이 정당하고 합목적적이고 법 테두리 내라야 하며, 사회적 도덕기준이나 양심에도 부합되어야 한다는 뜻이다. 다시 말해 돈을 버는 수단과 방법이 정당하여야 한다는 의미다. 돈에는 출신 성분이나 이력서가 따로 붙어있지 않는 법이다. 그렇기 때문에 직업의 겉모습보다는 그 일을 하는 사람의 직업에 대한 올바른 태도와 마음가짐이 중요함을 얘기하고 있다. 그리고 정당한 대가는 반드시 노동의 소중함을 알아서 근면한 노력이 전제되어야 하며 주어진 일을 열심히 해야 함을 의미한다. 일확천금을 꿈꾸며 한탕주의를 추구하지 않고 차근차근 단계를 밟아 계획적이고 치밀하게 일을 추진함으로써 묵묵히 그리고 열심히 하는 것이 바로 꿈을 이루는 유일한 방법임을 알아야 하겠다.

둘째, 정승같이 쓴다는 뜻은 떳떳하고 보람 있고, 규모 있게 적재적소에 알뜰하게 사용한다는 의미다. 정승은 조선시대 삼정승인 좌, 우, 영의정을 일컫는 말로 고귀한 신분을 지칭하는 상징어로 그 만큼 권위가 있고, 멋지며, 당당하고, 자랑스럽게 뜻깊은 일에 그리고 보람되고 의미 있게 사용되어야 한다는 뜻이다.

그리고 정승같이 쓴다.'는 말에는 더 소중한 의미가 담겨있다. 한마디로 현명한 소비를 의미한다. 쓸데는 써야 하지만 불필요한 낭비나 과소비를 자제하고 사치를 절제하여 목마른 사람에게 물을 주듯이 필요한 곳이나 사람에게 마중물 역할을 하여 돈을 순환시켜 이웃을 살리고 경제에 활력을 불어넣는 일에 확대 재생산적으로 사용되어야 한다. '아끼다가 똥 된다'는 속담도 있듯이 무조건 아끼기만 하는 지나친 구두쇠형의 소비의식은 본인이나 가족의 삶은 물론 나라의 경제발전에도 전혀 도움이 되지 않는 행동이기도 하다.

다 쓰고
죽자(Die Broke)

'다 쓰고 죽자'라는 말은 1999년 '스테판 폴란'(Stephen M. Pollan)이라는 미국 재무설계사이자 라이프 코치가 저술한 『다 쓰고 죽어라』라는 책의 표지에는 '얼마를 벌 것인가가 아니라 어떻게 쓸 것인가'를 고민하라는 문구가 적혀있어서 세간에 알려지고 유명해졌다. 그의 책이 출간되면서 유행되었고 출간 이후 수년간 미국 서점에서 베스트셀러에 등재되었다.

이 책을 살펴보면 노년 인생을 준비하는 비법은 크게 네 가지로 요약된다.

● 지금 당장 사표를 써라

요즘 직장에서의 일은 정서적으로나 경제적으로 일에서 안정과 보람을 찾기가 쉽지 않다. 따라서 일이란 자기가 진정으로 하고 싶은 목표를 위한 수단에 불과하다고 생각해야 된다. 그리고 기계 같은 직업에 죽을 때까지 목숨을 걸면서 노후에 연금이나 타며 살겠다는 고루한 생각을 버리자. 고용주와 자신을 정신적으로 분리하고 나의 주인은 바로 나 자신이라고 생각해야 한다. 그래서 자기가 하고 싶은 일을 발견하면 언제든지 과감하게 행동에 옮기는 용기가 필요하다.

● 현금으로 지불하라

신용카드를 사용하면 당장 현금이 나가지 않는다는 것 때문에 낭비하기가 쉽다. 오늘날과 같은 디지털시대에도 카드 대신 현금으로 쓰는 아날로그적인 삶이 경제적 자유로 가는 첩경이다. 땀 흘려 돈을 벌고 모으면 노동의 가치와 소유물에 대하여 소중한 마음이 생기고 그 가치를 깨닫게 된다. 그리고 절약은 과시적 소비보다 훨씬 큰 정신적 보상이 되돌아온다.

● 은퇴하지 말고 오래 일하라

이 말은 고령화 시대에 가장 중요한 삶의 태도다. 은퇴에 대한 생각을 버리는 것은 희생이 아니라 오히려 개인적, 직업적, 경제적 성장을 위해 놀라운 행운을 가져다주는 열쇠다. 지긋지긋한 일에서 벗어나 은퇴하면 느긋하게 삶을 즐기면서 여유롭게 살 수 있다는 환상에서 깨어나야 한다. 그저 죽는 날까지 신통치 않은 연금으로 연명하면서 빈둥거리다 보면 금세 건강도 나빠지고 늙게 된다. 은퇴라는 말은 영어로 'retire'다. 직장에서 뒤로 물러나 숨는다는 은퇴(隱退)가 아니라 말 그대로 자동차의 낡은 타이어를 새로 갈아 끼우는 것(re-tire), 즉 새로운 시작을 의미한다. 100세 시대에 인생 2모작, 3모작으로 새로운 일에 도전하여 평생 현역(Whole life working)으로 살아가는 뜻이다. 그야말로 나이는 숫자에 불과하다. 최근에는 의술과 과학기술의 발달과 식생활개선 등으로 100세 시대를 맞이하여 나이를 의식하지 않고 왕성하게 사회활동하는 어모털족[92]이 늘어나고 있다. 우리는 죽음을 기다리며 안락하게 살기보다는 죽을 때까지 건강하고 즐겁게 사회활동을 하며 사는 것이 훨씬 낫다.

오늘날 100세 시대에는 65세가 늙었다는 생각과, 노는 것이 일하는 것보다 만족스럽다는 것이나, 나이가 들면 다음 세대들에게 일자리를 물려주는 것이 당연하다는 생각과 65세 이상은 젊은 사람보다 일을 못한다는 생각 등은 모두가 시대에 맞지 않는 거짓말이라는 것을 알아야 한다. 육체적 연령보다도 더 중요한 것이 정신적인 젊음일 것이다.

유대계 미국 시인인 사무엘 울만(Samuel Ullman)은 일찍이 78세에 쓴 그의 유명한 시 '청춘(Youth)'에서 "청춘이란 인생의 어떤 기간이 아니라 마음의 상태를 말한다."(Youth is not a time of life, it is a state of mind)라고 노래했다. 때로는 20세 청년보다도 70세 노년에게 청춘이 있다. 나이를 더해 가는 것만으로 사람은 늙지 않는다. 이상과 열정을 잃어버릴 때 비로소 늙는다. 96세로 타계한 세계적인 경영학자 피터 드러커(Peter F. Drucker)는 타계 직전까지 강연과 집필을 계속 하면서 "인간은 호기심을 잃는 순간 늙는다."는 유명한 말을 남겼다. 그래서 나이와는 관계없이 새로운 일감은 얼마든지 찾을 수 있기 때문에 건강이 허락하는 날까지 일에서 은퇴하지 말고 기꺼이 자기가 하고 싶은 일을 찾아 제2의 인생을 가치 있고 보람차게 살아야 하겠다.

---

92) 생물학적 나이를 떠나 왕성하게 활동하는 사람을 뜻하며, 미국 시사주간지 〈타임〉의 유럽 편집장인 캐서린 메이어가 그녀의 저서 〈Amortality〉에서 만들어낸 신조어다.

● 다 쓰고 죽자

재산을 자식에게 물려주려고 생각하지 말고 여생을 최대한 즐겁게 살라는 것이다. 물론 낭비나 헛된 일을 위해 쓰는 것이 아니라 보람 있게 쓰라는 것이다. 가족관계는 상속으로 인해 서로 많이 가지려는 욕심 때문에 멍들게 된다. 유산이 많아지면 자식들이 서로 다투고 가산을 탕진하기 때문이다. 또한 상속에 의지하여 일하고자 하는 의욕과 동기가 약해지고, 사랑하는 가족이 빨리 죽기를 기다리게 되는 끔찍한 불효가 될 수도 있다. 그는 '다 쓰고 죽어라'는 의미는 유산이 없으면 자식들이 다툴 일도, 가산을 탕진할 일도 없을 것이고, 또한 재산을 모아야 한다는 부담에서 벗어나 가족을 돕고 자신의 생활 수준을 향상시키는 일에 돈을 쓸 수 있기 때문에 훨씬 풍요로운 삶을 누릴 수가 있다고 한다. 그는 병에 걸려 죽든 온갖 다른 이유로 죽든 죽음에도 여러 가지가 있겠으나, 마지막 단계에는 용서와 사과, 화해가 깃든 죽음이 진정한 죽음이 아닐까? 라고 말한다. 다 쓰고 죽는 것, 이것이 가장 잘 사는 방법이라고 말하고 있다.

100세 시대를 맞이하여 2018년 우리나라에서도 5060세대 YOLO(You Live Only Once) 족들 사이에서 '다 쓰고 죽자'란 말이 유행하고 있다. 심지어는 아낌없이 쓰고 죽자는 의미의 '쓰죽회'[93]가 네티즌의 눈길을 끈다. 자식들에게 재산을 물려주어야 한다는 고정관념에서 벗어나 해외여행과 운동, 자기계발, 봉사와 나눔활동 등으로 회원들과 함께 은퇴 후

---

93) '다 쓰고 죽는 모임'의 약자인 쓰죽회는 자식에게 유산상속을 고려하지 않고, 벌어둔 돈을 활용하는 노령세대를 의미한다. 젊은 세대의 삶에 대한 사고방식을 보여주는 신조 용어로 일컬어진다.

삶을 즐김으로써. 노년에 들어서는 자신의 자유와 행복추구를 내 삶의 최우선 가치로 여기며, 기꺼이 쓰고 나누고 사회에 환원하면서 자신의 삶을 누리는데 뜻을 모았다. 과연 밀레니엄 신세대 시니어(Senior)다운 발상이라 할 수 있겠다.

오늘날 시니어들에게는 얼마나 많은 돈을 벌어놓느냐? 보다, 많든 적든 금액에 무관하게 지금까지 벌어놓은 돈을 어떻게 하면 보람 있는 일에 잘 쓰고 이 세상을 떠나느냐? 라는 숙제를 안고 있다. 젊었을 때는 자녀들을 위하여 희생만 하였지만 늙어서만은 나를 위해 써야겠다는 자성의 목소리가 높기 때문이다.

사회 풍조를 대변하고 있는 세태어 중에 자식들과의 재산관계에 관하여 '부모가 자식에게 재산 미리 안 넘겨주면 맞아 죽고, 반만 주면 졸려 죽고, 다 주면 굶어 죽는다고 하며, 출가시킨 아들은 큰 도둑이고, 며느리는 좀도둑, 손자들은 떼강도, 빚진 아들은 내 아들이고, 잘난 아들은 나라의 아들이며, 돈 잘 버는 아들은 사돈의 아들이다.'라는 말이 유행하고 있다. 돈과 관련하여 부모와 자식들 간에 있을 수 있는 일 들이다. 이는 죽을 때까지 돈을 쥐고 있어야 자식들로부터 무시당하거나 서럽지 않게 된다는 말도 된다. 돈 관계만큼은 생전에도 부모·자식 간은 물론 자식들 간에도 서로 먼저 많이 가지려는 쟁탈전이 벌어지는데 사후에 유산을 놓고 자식들 간에 분란이 일어나기가 쉽기 때문에 생전에 '다 쓰고 죽자'는 밀이 나오지 않나? 생각된다.

다 쓰고 죽기 위한 9가지 생활수칙

① 카드를 사용하지 말라.(개인파산의 99%는 지나친 신용카드 때문임)

② 현재의 일자리에 안주하지 말라.(위험신호가 오기 전에 미래를 준비하라)

③ 주택이 아닌 집을 마련하라.
   (집을 투기의 대상이 아닌 주거공간으로 생각하라)

④ 전문가와 구체적으로 가계재무를 상의하라.(편견 없는 조언)

⑤ 투자할 곳을 분명히 정하라.(자산의 효율적인 포트폴리오를 짜라)

⑥ 어려울 때를 미리 대비하라.(보험으로 대비하라)

⑦ 평생 수익원을 확보하라.(노후대비 현금 수익원 확보)

⑧ 사랑과 돈은 별개로 생각하라.(결혼과 이혼의 금전 문제)

⑨ 미리 유언장을 만들어라.(개인의 의무와 책임)

웰 다잉
(Well-dying)

  건강하게 사는 나이를 '건강수명'이라고 한다. 한국인의 평균수명이 81.2세인데 반하여 건강수명은 70.7세라고 한다. 그렇다면 우리나라 국민은 생을 마감하기까지 10년 정도 각종 질병으로 고생한다는 것을 알 수가 있다. 이로 인하여 가족들이 간병으로 겪는 정신적 물질적 시간적 부담과 고통은 실로 엄청난 것이다. 그래서 옛 선조들도 오죽하면 5복(五福)[94] 중 하나로 하늘이 부여한 천명(天命)인 제 명대로 살다가 고통 없이 편히 죽는 '고종명(考終命)'을 꼽지 않았을까 짐작이 된다. 2008년 영국의 '생애 말기 치료전략보고서'에 의하면 최고의 죽음은 '익숙한 환경에서, 가족이나 친구들 사이에서, 인간의 존엄한 품위를 지닌 모습으로, 신체적 고통 없이 맞이하는 죽음'이라고 한다.

  웰 다잉(Well-dying)이란 살아온 날을 아름답게 정리하고, 품격 있고

---

94) ≪서경(書經)≫ 홍범편(洪範篇)에 나오는 인생(人生)의 바람직한 조건인 다섯 가지의 복. 곧 오래 사는 장수(長壽), 부유하고 풍족하게 사는 부(富), 건강하게 사는 강녕(康寧), 이웃이나 다른 사람을 위하여 보람 있는 봉사를 하는 유호덕(攸好德), 자기 집에서 깨끗이 죽음을 맞는 고종명(考終命)을 말함.

평안한 삶의 마무리를 일컫는 말이며, 인생의 '건강하고 보람된 갈무리'를 뜻한다. 웰 다잉은 죽음의 문제를 회피할 것이 아니라, 가족의 부담이나 의료비 낭비도 줄이고, 유서를 통해 '자녀들 간의 재산상속문제와 유산의 일부를 좋은 곳에 써 달라는 뜻을 미리 밝혀두는 등 사망 전후에 생길 수 있는 문제들을 미리 점검해 보자는 데 의의가 있다. 사망 전후에 생길 수 있는 문제를 미리 점검해 보자는 데 의의가 있으며, 준비가 안 된 죽음 때문에 생길 수 있는 가족과 주변인들의 갈등이나 고민을 미리 덜어 주고, 품위 있는 죽음을 맞이할 수 있도록 하는 개념이다.

● 웰 다잉을 위해 준비해야 할 것들

웰 다잉을 준비하는 첫 단계로' 지나온 인생을 정리하고, 앞으로 어떤 노후를 보낼지 계획하는 '엔딩노트'나 '슈카쓰 노트'[95]를 작성하는 것이 좋다. 예를 들어 가족에게 남기고 싶은 이야기나, 자신의 삶의 가치와 지혜나 마지막 순간 병상에 누웠을 때 어느 수준까지 연명치료를 받을지?, 유산정리는 어떻게 할지?, 못다 정리한 인간관계는 어떻게 풀지? 등의 유언장은 물론 '연명의료계획서'나 '사전의료의향서', 장기나 시신기증 등도 뜻이 있으면 미리 밝혀두는 것도 좋을 것이다. 또한 여유가 있으면 상조에 미리 가입해두고 장례비도 챙겨두면 가족에게 부담을 줄여줄 것이다.

---

95) 슈카쓰(終活):인생의 끝을 준비하는 활동, 즉 노인들의 임종준비활동을 뜻하는 말, 초고령사회에서 일본에서 장례절차, 요양원 입소문제, 호스피스. 연명치료여부, 재산상속 문제, 장기기증, 가족. 친구들에게 남길 메시지 등을 '스스로 할 수 있을 때 정리'를 하자는 인식이 퍼지면서 보편화된 개념.

지난해 사전의료의향서를 작성한 사람은 불과 20세 이상 성인의 0.3%인 11만여 명에 불과하지만, 미국의 경우는 성인의 45%가 작성하고 있어 우리나라는 아직은 극히 미미한 수준이다. 우리도 환자자기결정권을 존중하는 연명의료는 물론 자서전 쓰기, 유산기부, 호스피스, 유언장 쓰기, 장례문화 등 지나온 삶과 여생에 대해 생각해보고 아름답고 존엄하게 인생을 마무리할 수 있는 웰 다잉 교육이 절실히 필요하다.

'웰 다잉 10계명'으로 첫째 버킷 리스트 작성하기, 둘째 건강 체크하기, 셋째 법적 효력 있는 유언장 자서전 작성하기, 넷째 고독사 예방하기, 다섯째 장례계획 세우기, 여섯째 자성의 시간 갖기, 일곱째 마음의 빚 청산하기, 여덟째 자원봉사하기, 아홉째 추억 물품 보관하기, 열째 사전의료의향서 작성하기 등을 제시했다.[96]

서울대학 의대 윤영호 교수가 한 여론조사 전문기관에 의뢰한 것에 의하면, 만 20세 이상 성인남녀 1,200명을 대상으로 웰 다잉에 대한 여론조사에서 응답자의 54.5%가 '유산을 기부할 의사가 있다'고 답하였다고 한다. 연령대별로는 60대(57.4%), 소득별로는 월 400만~500만 원을 버는 사람(60.3%)들이 유산 일부를 사회에 나누고 가고 싶다는 희망이 가장 강했다. 기부의사 금액은 평균적으로 6.9% 정도였다. 아울러 2018년 12월 28일 서울 중구 대한상공회의소에서 '웰 다잉(well-dying) 시민운동' 창립총회가 열렸다. 고령화 시대를 맞아, 국민 개개인이 노후를 미리 계획해 아름답게 삶을 마무리할 수 있도록 국민 공감대를 모아가는 시민단체가 설립되는 것이다.[97] 생자필멸(生者必滅)이라고 사람도

---

96) SBS CNBC, 2013.3.6
97) 동아일보 2018.12.26 A16 (조사기관 : 케이스탯서치)

죽음을 피할 수는 없다. 문제는 살아있을 때 건강하게 살고, 삶을 마감하는 시점에서 내 삶의 의미와 존재에 대한 업적을 기리며, 지금까지 생을 유지하게 해준 수많은 사람들과 삼라만상의 은혜에 대한 감사하는 마음과 그에 대한 보답이 무엇보다도 중요하다.

인도의 시성 타고르(Tagore)의 가르침대로 "죽음의 신이 그대의 창문에 노크를 할 때 죽음의 신에게 평생을 걸쳐 이루어 놓은 업적으로 당신은 무엇을 담아 내놓을 것인가? 를 고민해 보아야 한다."고 하였다. 그러기 위하여 평생을 바쳐 무엇인가 저마다 값진 인생의 역작을 바구니에 담기 위해 마지막까지 할 수 있는 모든 것을 다 해야 한다. 삶이란 전 생애를 통하여 저마다 가장 값진 가치를 추구하는 것이기 때문이다. 항상 쉬지 않고 노력하는 자만이 자기 자신의 천국을 이룩할 수가 있다"는 철학자 괴테의 말처럼 말이다.

● **내가 원하는 삶을 살았더라면**

호주의 말기 환자가 병동에서 죽어가는 시한부 환자들을 오랫동안 돌봐온 호스피스 간호사 브로니 웨어(Bronnie ware)는 삶의 끝자락에 서있는 사람들과의 대화를 통해 『죽을 때 가장 후회하는 다섯 가지』란 책을 펴내어 우리들에게 많은 메시지를 주고 있다.[98]

죽기 전 사람들의 대부분은 "내 곁에 있는 사람들에게 관심을 기울이고, 자신이 정말로 원하는 삶을 살아야 한다."고 이야기를 하고 있다. 못 번 돈이 아쉬운 것이 아니라, 원하는 대로 살지 못한 시간을 너

---

98) 브로니 웨어 『내가 원하는 삶을 살았다면』 유윤환 옮김, 플트리(2018)

무나 아까워하고 후회하며, 시간의 주인이 되라고 한다. 시간의 관점에서 분석한 자본주의의 민낯을 알려주고 진흙탕 같은 자본주의 사회에서 시간의 주인이 되어 진짜 행복을 찾는 것에 대해 얘기하고 있다.

● 상속의 기술과 안전한 부의 이전(Wealth Transfer)

부모라면 사랑하는 자녀들이 평생 돈 걱정 없이 편안히 먹고살 수 있도록 현금이나 부동산을 상속해주고 싶겠지만 무엇보다도 상속 후에 과연 그 물려받은 자산을 잘 관리하여 존속시킬지는 별개의 문제이며 부모로서는 여간 고민스러운 일이 아니다. 그래서 자산보다는 평생 안정적으로 수익이 창출되는 노하우(비법)를 전수해주는 것이 훨씬 낫다. 그러나 자산을 물려 줄 바에는 자녀에게 현금 자산을 직접 물려주기보다는 정해진 시기(When)에 정해진 금액(What)을 정해진 기간 동안(While) 안정적으로 지급되는 자산을 미리 만들어주는 지혜가 필요하다.

따라서 2012년 신탁법 개정에 따라 금융상품 계약만으로도 유언장을 대신할 수 있는 '유언대용신탁'과 같이 고객이 생전에 신탁회사에 재산을 위탁하면서 생전에는 자신을 수익자로 정하고 사후에는 배우자, 자녀, 등을 수익자로 지정하는 제도다. 생전에는 보유자산에 대한 권리를 행사하고 사후에는 재산상속을 원하는 방향으로 분배할 수 있는 방법으로 부모·자식과 형제간의 재산상속과 부모 부양문제로 인한 분쟁의 소지를 사전에 줄이고 안전하게 부의 이전(Wealth Transfer)을 실현할 수 있는 '유언대용신탁(遺言代用信託)제도'는 바람직한 해법이라고 본다. 우리나라에는 2010년 하나은행의 '리빙 트러스트'(Living Trust)를 시작으로 고객이 유언이 아닌 신탁계약의 형태로 금전, 유가증권, 부동산 등을 신탁하여 고객의 생전 및 사후 신탁재산권의 수익권을 취득할 수 있는 수익자를 미리 지정하고 상속플랜을 달성할 수 있는 '유언대용신탁'이나 '수익자연속신탁' 등으로 은행과 증권사에서 다양한 유언대용신탁 서비스를 선보이고 있다. 금융사가 관리부터 유언집행까지 진행해주기 때문에 편리하지만 아직 대중적이지는 않아 비용 부담은 큰 편이다. 첫 계약 시 최소 1,000만 원을 낸 뒤, 매년 0.3%~1% 수준의 자산관리 수수료를 내야 하는 부담이 있다.

  유언만으로 대신하기 어려운 다양한 종류의 재산상속이 가능하고, 상담과정에서 금융회사로부터 세무, 부동산, 상속 등에 관하여 전문가로부터 다양한 세무법률 상담컨설팅을 받을 수 있는 이점도 있다. 그리고 민법상 유언에는 자필증서, 녹음, 공증, 비밀증서, 구수증서가 필요하나 유언대용신탁은 금융기관을 통한 신탁계약으로 효력이 발생한다는 장점이 있다. 유언은 제3자인 증인 2명이 필요하지만 '유언대용신탁'은 당사자 쌍방으로 족하다. 그리고 세금 부분은 요율에 따라 증여세를 납부하고, 상속등기에 준하여 배우자공제 5억 일괄공제 5억까지 모두 10억까지는 비과세다. 부동산 등기이전 시 등록세는 증여에 비해 1/4로 저렴하다. 또한 재산관리도 민법상 유언은 사망 후에 집행하지만 '유언대용신탁'은 생존 시점에 자산관리권 행사는 물론 사후까지 계속하여 원하는 방향으로 자산관리가 가능하다. 특정 자녀에게 수익자를 지정할 수 있지만, 지정 후 위탁자 부양에 대한 약속을 이행하지 않은 경우 신탁을 해지하고 자산을 위탁자에게 환원할 수 있는 장점이 있어 일명 '부양신탁'이나 '불효방지신탁'이라고도 한다. 상속과정도 민법상 유언은 최초 상속인 지정만 가능하지만 '유언대용신탁'은 계약을 통해 상속인, 지급시기, 지급비중 등의 설계가 가능하고, 2대, 3대 등 연속 상속도 가능하다는 장점이 있다.

그리고 요즘은 100세 장수시대이기 때문에 젊은 자식에게 상속하는 것보다 늙은 자식에게 상속하는 노노(老老)상속이 늘어나기 때문에 자식보다도 격대로 손자 손녀들에게 미리 재산을 넘겨주는 3G(Generation, 3세대)상속일 경우 40% 정도의 절세효과가 있다. 이러한 3G형 재테크는 조부모들의 풍부한 자산을 젊은 세대로 이전시켜 증여, 상속에 대한 절세효과를 거두고 자녀세대들은 가계, 교육비 부담을 줄일 수 있기 때문에 인기가 높다. 한화생명의 '3G하나로 유언대용신탁' 상품은 다양한 고객의 요구를 반영하여 개개인의 상황에 맞는 자산운용, 노후 설계와 배우자나 자녀에게 재산승계는 물론 사회단체에 기부도 가능한 상품으로 본인은 물론, 자녀 손자·손녀까지 고려한 3세대 상품이다. 그리고 각종 종신보험 상품도 자녀가 성인이 되는 시기까지 일정 기간만 담보로 하는 보험료 절약형 정기보험이 늘고 있으며, 일정 기간 이후에는 연금으로 전환해 은퇴자금으로 활용하면 노후 대비는 물론 사망대비도 가능하다.

그리고 장례비용을 미리 챙겨두는 보험상품이나 상조서비스에 가입해두면 좋다. 상조회사에 가입하는 상조서비스는 가입에 제한이 없고, 도중에 계약 양도가 가능하다는 장점이 있다. 상조보험은 양도는 안되지만 상조서비스와는 달리 사망과 동시에 보험료 납입이 종료되는 장점이 있다.[99]

---

99) 최성환 외 『불안한 노후 미리 준비하는 은퇴설계』 경향미디어 (2015) PP255-272

● 효도계약서

　부모가 미리 증여를 한 후 자녀와 분쟁이 생길 경우를 대비하는 안전장치로 '효도계약서'라는 제도가 있다. 재산을 미리 자녀에게 증여한 후 자녀가 원하는 만큼의 부양의무를 다하지 않는 경우, 자녀를 상대로 재산반환소송을 하는 케이스도 증가하고 있다고 하는데 이러한 문제를 미리 방지해 줄 수 있는 것이 바로 효도계약서다. 최근 부모와 자식이 부양 문제로 갈등하며 법정소송을 벌이는 사례가 10년 전 150여 건에서 지난해인 2018년에는 255건으로 증가했다. 효도계약은 바로 이런 분쟁을 막기 위해 등장했다. 부모와 자식이 서로 갑과 을이 되어 재산을 증여하고 그 대가로 효도를 약정하는 것이다. 부모의 입장에서는 조건부증여를 통해 일종의 보험과 같은 심리적 안정을 얻을 수 있다. 업계에 따르면 증여를 생각하며 로펌을 찾는 10명 중 4명은 효도계약서를 쓴다고 한다.

　사실 우리나라 민법상 한번 증여한 재산은 특별한 사유가 없다면 돌려받기는 힘들다. 하지만 확실하게 입증할 수 있는 명확한 효도 계약서가 있다면 상속한 재산을 회수하는 것도 가능하다. 부모가 원하는 부양 의무의 범위와 내용을 비롯해 증여 재산의 목록과 금액, 계약 해제 요건 등을 구체적으로 상세하게 명시해야 한다는 것이다. 예를 들어 자녀가 1년에 몇 차례 부모를 방문해야 하는지, 부양비 등은 얼마를 드리는지 등의 조건을 구체적으로 적어야 하고, 해당 계약 내용을 지키지 않을 경우 재산을 반환한다는 내용은 꼭 들어가야 한다. 또한 계약의 토대가 증여 재산인 만큼 부모의 살아생전에 이 부분에 대해서 처분하지 않는다. 만약 불가피하게 처분할 경우에는 증여자의 동의를 받아야 한다는 항목도 포함시키는 것이 좋다. 효도계약서가 법적 효력을 가지려면 계약 날짜와 계약 당사자들의 이름, 사인이나 도장 날인 등이 들어가야 한다. 참고로 공증을 따로 받을 필요는 없다.

감사의 마음을
전하며

21세기 급변하는 현대자본주의 사회에서 마침내 물질만능주의와 극단적인 개인주의와 집단이기주의로 인성과 도덕성은 황폐해져 버렸습니다. 수단과 방법을 가리지 않고 오로지 돈 자체가 목적으로 전락하고 그에 따른 부작용으로 인하여 오는 갈등과 스트레스는 물론 소비지향의 라이프 스타일로 오는 각종 재무장애는 개인은 물론 사회 전체로도 커다란 병폐가 되고 있는 실정입니다.

이로부터 오는 각종 스트레스로부터 탈피하고 방전되어버린 내면의 에너지를 재충전하여 개인은 물론 조직을 재정비하여 생산적이고 발전적인 삶과 경영을 도모하는데 조금이라 도움이 되길 바랄 뿐입니다. 그리고 보다 과학적이고 체계적인 인지심리와 행동경제학적 접근법인 재무테라피(Financial Therapy)와 머니 디톡스(Money Detox), MEEX 등의 도구를 사용한 구체적인 해결책(솔루션)을 제시함으로써 일생을 돈으로부터 자유롭고 건강(Financial Health)하며, 풍요로운 삶을 영위하는데 독자 여러분에게 조금이라도 도움이 되길 바라는 마음 간절합니다.

필자는 내 안에 잠든 부자 심리를 깨우고 부자가 될 수 있는 길을 나름 제시할 뿐 아니라, 돈에 대한 올바른 시각과 진정한 돈의 네 가지 순환작용과 더불어 재무심리의 이해를 통하여 나눔을 실천함으로써 노블레스 오블리주인 '아름다운 부자'의 사회적 책임과 자신의 정신 건강과 행복한 삶을 영위하는데 독자 여러분에게 조금이라고 도움이 되길 간절히 바라마지 않습니다. 아무쪼록 자본주의사회의 빈부격차를 다소라도 해소하고 살만한 공동체 사회건설을 도모하는데 기여하고 나눔으로부터 양생되는 인성덕목을 통하여 궁극적으로 자신의 진정한 '삶의 의미와 자아실현'을 도모하고 모두가 행복하고 함께 더불어 살기 좋은 공동체 사회건설을 이룩하기 위하여 모두가 참여하는 나눔 범국민운동으로 점차 확대 전개되길 바라는 마음 또한 간절합니다.

그리고 이번까지 세 번에 걸쳐 원고를 받아 또 한 권의 책이 나올 수 있도록 도와주신 도서출판지식공감에 깊은 감사를 드립니다. 아울러 이 책을 쓸 수 있도록 용기와 지원을 아끼지 않은 아내와 자녀들에게도 감사합니다.

감사합니다.

부록

돈에 대한
속담과 명언 및
참고문헌

● 돈에 대한 속담과 명언

001 돈 떨어지자 입만 남다.
  - 돈을 다 쓰고 나면 더욱 간절히 하고 싶다는 뜻

002 돈만 있으면 개도 멍첨지라.
  - 천한 사람도 돈만 있으면 남들이 귀하게 대접해줌을 이르는 말.
  *멍청지: 개가 멍멍 짖으므로 멍가 성을 가진 첨지라고함.

003 돈만 있으면 귀신도 부릴 수 있다.
  - 돈 만 있으면 이 세상에서 못 할 일이 없다는 말.

004 돈에 침 뱉는 놈 없다.
  - 겉으로는 아무리 돈이 원수니 어쩌니 하더라도, 사람은 누구나 돈을 중히 여긴
    다는 말.

005 돈이 없으면 적막강산이요, 돈이 있으면 금수강산이라.
  - 경제적으로 넉넉해야 삶을 즐길 수 있다는 말

006 돈이 장사라.
  - 돈의 힘은 장사의 힘과 같이 커서, 세상일은 돈의 힘으로 어떻게 하든지 뜻대
    로 된다는 말.

007 돈이 제갈량.
  - 돈만 있으면 못난 사람도 제갈량이 될 수 있다는 말로, 돈만 있으면 무엇이든
    지 할 수 있다는 뜻.

008 사람은 재물을 위해 목숨을 걸고, 새는 먹을 것을 쫓아 죽는다
  - 人爲財死 鳥爲食亡 (중국속담)

009 재물이 있으면 귀신을 부려 맷돌을 돌리게 할 수도 있다
  - 有錢能使鬼推磨 (중국속담)

010 돈은 똥이다. 모아놓으면 오물이지만 나누면 거름이 되기 때문이다.
  - 경주 최 부자 3대 장손 최국선 씨가 스님에게 배운 가르침으로 평생의 좌우명
    으로 삼음.

011 재물은 소금과 같아서 마시면 마실수록 더욱 목이 마르다.(로마 격언)

012 부자인 채로 죽는 것은 정말 부끄러운 일이다. (카네기)

013 자식에게 너무 많은 재산을 남겨주는 것은 오히려 독이 된다. (워런 버핏)

014 행복은 부가 가져다주는 것이 아니라 부를 사용함으로 써 얻을 수 있다. (세르반테스)

015 자선과 구제는 단순히 동정심으로 하는 것이 아니라 정의요, 의무이며 최고의 투자다. (탈무드)

016 돈이란 잘 부리면 충실한 종이 되지만, 잘못 부리면 몰인정한 주인으로 돌변한다. 돈을 사용하는 모습을 보면 그 사람을 알 수 있다. (탈무드)

017 돈에 대한 유대인의 제1계명은 '가난은 죄악' 하나님의 은혜로 건강하게 태어났는데 가난한 것은 게으르기 때문이다.

018 부자는 돈이 많은 사람이 아니라 마음이 넉넉한 사람이다.

019 "승리를 탐하면 이길 수가 없다." 돈도 벌기 위한 목적으로 추구하면 반대로 돈을 벌 수가 없다. 돈을 좇지 않고 가치를 좇으면 돈은 저절로 따라오게 된다.

020 모든 불행의 시작은 남들과 비교하는 것으로부터 시작된다. (쇼펜하우어)행복의 조건은 결국 물질적으로 많이 가지거나 사회적으로 높은 지위나, 성취도 중요하지만 무엇보다도 자신의 기대치를 낮추고 남과 비교하지 않는 데에 있다.

021 진정한 가치는 돈으로 결정되지 않는다.

022 돈에 대한 탐욕은 영혼을 썩게 한다.

023 돈이 있을 때는 없을 때를 생각하여 계획성 있게 써야 한다.

024 돈의 노예로 살지 말라. 돈의 주인으로 기쁘게 살아라. – 이건희

025 불경기에도 돈은 살아서 숨 쉰다. 돈의 숨소리에 귀를 기울여라. – 이건희

026 백년탐물 일조진(百年貪物 一朝塵), 삼일수심은 천재보 (三日修心 千載寶) 백 년(평생)을 탐한 재물은 하루아침의 티끌에 불과하고, 삼 일간이라도 닦은 마음은 영원한 보배다. 돈을 포함한 모든 물질의 부귀는 모두가 허깨비 같은 것, 있는 것 같지만 언젠가는 없어지는 것, 일생 동안 부귀 좇았지만 갈 때는 아무것도 가져가지 못한다네. 생전에 지은 업보만 따라간다네. (공수래공수거 부처님)

027 돈을 벌기만 하고 쓸 줄 모르면 부자가 아니라 화폐수집가에 불과하다. 우리는 부자로 죽지 말고 부자로 살아야 한다. "부자로 죽는 것은 수치스러운 일이다." 유대계 미국인 엘리 브로드(Eli Broad)의 말이며, 강철왕 카네기도 즐겨 사용함.

028 행복의 비결은 필요한 것을 얼마나 갖고 있는가? 가 아니라, 불필요한 것에서 얼

마나 자유로워져 있는가에 있다. -법정스님

029 다산 정약용 선생의 유배지에서 아들에게 쓴 편지에서, "쥐면 쥘수록 미끄러운 게 재물이니 재물이야말로 메기 같은 물고기라며, 그것에 집착하지 말 것을 당부하며, 죽음에 임박해서는 '근(勤), 검(儉)' 두 자를 남기면서 좋은 밭이나 기름진 땅보다 나은 것이요, 일생 동안 써도 다 닳지 않는다." 라고 하셨다.

030 1762년 루소는 그의 교육론 〈에밀〉 부제 - 교육에 대하여
    - 에서 "자식을 불행하게 만드는 가장 확실한 방법은 언제나 무엇이든지 손에 다 넣어주는 일이야."라고 하였다.

031 돈에 대한 중국 속담한 시간을 행복하려면 낮잠을 자고, 하루가 행복하려면 낚시를 하고, 한 달을 행복하려면 결혼을 하고, 일 년을 행복하려면 유산을 받아라. 그리고 평생을 행복하려면 네 주위의 가난한 사람을 도우라.

032 돈을 빌려 달라는 청을 거절함으로써 친구를 잃어버리는 일은 거의 없지만 반대로 돈을 빌려주면 대개 친구를 잃기 쉽다. - 쇼펜하우어

033 평판 쌓는 데 20년이 걸리지만 무너지는 데는 5분도 안 걸린다.- 워런 버핏

034 나는 내 생각의 소산이다. 현재 나라는 존재는 그동안 내가 생각하고 실행해온 결과물이다. 지금 가진 부나 명성 지위도 그러하다. - 부처님

035 세상에서 돈보다 더 사람의 사기를 꺾는 것은 없다. - 소포클레스

036 진짜 부유한 사람은 돈이 많은 사람이 아니라 밤하늘별 아래서 경이로움에 소름이 돋는 사람이다. - 알랭 드 보통(Alain de Botton)

037 능히 베풀 수 있는 만큼 재물을 얻는다. - 탈무드

038 절대 돈이나 권력을 위해 일하지 마라. 그것들은 당신의 영혼을 구원하지도, 밤에 편안한 잠을 주지도 못한다. - 메리언 라이트 에덜먼

039 죄악 중에 탐욕보다 더 큰 죄악은 없으며, 재앙 중에 만족할 줄 모르는 것보다 더 큰 재앙이 없으며, 허물 중에서 욕망을 다 채우려는 것보다 더 큰 허물은 없다. - 노자의 도덕경

040 부자가 되려면 부자에게 점심을 사라. (부자를 존경하고 그들에게 뭔가를 배우려고 해야 한다) - 영국 속담

041 때때로 돈은 너무 많은 대가를 요구한다. - 랠프 월드 에머슨

042 돈과 칭찬과 명성에 무심해지는 순간, 당신은 성공의 정점에 이른 것이다. – 토마스 울프

043 돈은 거름과 같다. 작은 생명을 위해 뿌려지지 않는한 아무런 가치가 없다. –손턴 와일드

044 부와 명예는 하나님이 주신 축복이고, 가난과 게으름은 어리석음이 낳은 심판의 결과다.

045 평생 돈 버는 기계로 살아갈지, 아니면 스스로 돈 버는 기계를 소유한 사람이 되리 결정하라.

046 돈은 언제나 우리가 부여하는 만큼의 의미를 갖는다. 돈 문제로 곤란을 겪는 동안 돈은 필요 이상 중요한 것이 되어 버린다.

047 많은 사람들이 자신의 약점을 없애기 위해 필사적으로 노력하는 과정에서 삶에 대한 흥미와 부자가 될 수 있는 기회를 모두 잃어버리고 만다.

048 자신의 경제적 상태를 효과적으로 바꾸고 싶으면 먼 저 돈에 대한 좋지 않은 생각부터 바꾸어야 한다.

049 자본주의는 부자를 더욱 부자로 만들고, 그 법칙을 무시하는 사람들한테선 그들이 가진 것마저 거두어간다.

050 돈은 돈의 법칙을 알고 지키는 사람을 위해 예비되어 있다.

051 우리 안에는 경제적 패자와 승자의 목소리가 공존한다. 우리가 경제적 자유에 이르는데 있어서 결정적인 것은 우리가 두 가지 가운데 어디에 귀를 기울이느냐는 것이다.

052 책임감 없이 부자가 되는 것은 곧 불행을 의미한다.

053 세상을 사랑하는 사람을 세상도 사랑한다. 세상에 돈을 선사하는 사람에게 세상은 돈을 돌려준다.

054 돈은 자비롭지 못한 주인이지만, 돈만큼 훌륭한 하인도 없다. – 유대인 격언

055 먼저 베풀어라. Give&Take다. 먼저 Give하고 Take하라. 순서가 Take&Give가 아니다. 무주상 보시(無住相 布施)다. 그것도 조건 없이 베풀어야 한다. 무재칠시(無財 七施) 돈 없어도 사랑을 표현할 수 있는 7가지 방법
– 화안시(和顏施) : 얼굴에 화색을 띠고 부드럽고 정다운 얼굴로 남을 대하는 것.

- 언시(言) : 사랑의 말, 칭찬의 말, 위로의 말,격려의 말 등 말로써 베푸는 것.
- 심시(心): 따뜻한 마음을 주는 것
- 안시(眼): 호의를 담은 눈으로 바라봄으로써 눈으로 베푸는 것
- 신시(身): 짐을 들어준다든지 몸으로 때우는 것
- 상좌시(床座): 자리를 내주어 양보하는 것
- 찰시(察視) : 상대방의 마음을 미리 헤아려 알아서 도와주는 것

056 워런 버핏의 '가치투자'1956년 단돈 100달러로 시작해 50년 만에 440억 달러로 불린 워런 버핏의 투자원칙은 철저한 가치 투자로 잘 아는 기업에만 투자하며, 성공이 보장될 만큼 확률이 높아졌을 때 투자한다. 그는 6세 때 여섯 개가 묶인 코카콜라를 25센트에 사서 병당 5센트로 총 30센트에 팔아 20%의 수익을 내었다. "2달러를 함부로 쓰는 사람은 1만 달러를 줘도 금방 날리게 마련이지요? 어떻게 될지 모르는 요행을 바라는 것은 투기꾼이나 할 일이지 투자가가 할 일이 아니다."

057 바빌론 부자들의 돈 버는 7가지 지혜
  1) 일단 시작하라.
  2) 지출을 관리하라.
  3) 돈을 굴려라.
  4) 돈을 반드시 지켜라.
  5) 자신의 집은 있어야 한다.
  6) 미래의 수입원을 찾아야 한다.
  7) 노력하면 돈 버는 능력도 커진다.(버는 것보다 덜 써라. 전문가의 조언을 받아 재테크 지혜를 모방하라)

058 빈 손(알렉산더대왕의 마지막 말)"나를 묻을 땐 내 손을 무덤 밖으로 빼놓고 묻어주게" "천하를 손에 쥔 나도 죽을 땐 빈손이란 걸 세상 사람들에게 말해 주고 싶다네." "누구나 오직 빈손, 오직 바람만이 손아귀에서 부딪혔다가 빠져나갈뿐, 모든 것이 빈손으로 지나가는 바람일뿐입니다"

059 疾風知勁草(질풍지경초) 모진 바람이 불 때라야 강한 풀을 알 수 있다. 어렵고 위험한 처지를 겪어봐야 인간의 진가를 알 수 있는 법이다. 인생은 난관과 역경으로 가득차 있고, 인간 세상은 염량세태라서 잘 나갈 때는 사람들이 구름같이 몰려들지만, 몰락할 때는 썰물처럼 빠져나가기 마련이다. 추사 김정희가 그린 세한도(歲寒圖)를보면 공자의 이런 말씀이 적혀 있다.歲寒然後(세한연후) 知松柏之後彫也(지송백지후조야)

060 아무리 돈이 많아도 한 번에 바지 두 벌을 입을 순 없다. - 미국 기부천사 찰스 F.피니

061 돈은 인간을 자유롭게 하지만 지나친 재산은 사람을 노예로 만든다. - 니체

062 가난은 사람을 현명하게도 처절하게도 만든다. - 베르톨트 브레히트

063 만족할 줄 아는 사람은 부자고, 탐욕스러운 사람은 가난한 사람이다. - 솔론

064 성공해서 만족하는 게 아니다. 만족했기 때문에 성공한 것이다. -알렌

065 빌려주지 않아서 잃는 친구보다. 빌려주어서 잃는 친구가 더 많다. - 쇼펜하우어

066 5백 명이 가난해져야 한 사람이 부유해진다.

067 돈은 최고의 하인이면서 최악의 주인이다. - 프란스시 베이컨

068 미운놈에게는 빌려주어도 되지만, 친구에게만큼은 빌려주면 안 된다. - 벤자민 프랭클린

069 신은 인간을 낳고, 옷은 인간을 꾸민다. 돈이 인간을 완성 시킨다. - 존 레이

070 도박은 불확실한 것을 얻기 위해 확실한 것을 거는 행위다. - 파스칼

071 남의 돈에는 날카로운 이빨이 있다.- 러시아 속담

072 부자가 되는 쉬운 방법이 있다. 내일 할 일을 오늘하고, 오늘 먹을 것은 내일 먹어라. - 탈무드

073 "모든 악은 소유가 낳은 최초의 결과다." 〈인간불평등 기원〉에서 인간은 더 소유하고자 하는 욕심 때문에 결국 죄를 짓고 그것이 파멸로까지 이어가는 것이다. - 루소

074 소유라는 것이 우리가 알아야 할 궁핍함을 잊게 하기 때문이며, 결국 소유로 쌓은 재물이 우리 인간의 실존을 대신하게 되며, 그러다 보니 인간은 파멸하게 된다.〈느리게 산다는 것의 의미〉에서 프랑스 철학자 피에르 쌍소.

075 가난한 것은 집안에 50가지 재앙이 있는 것보다 더 나쁘다. -탈무드

076 아들에게 직업기술을 안 가르치면 강도로 키우는 것과 같다.

077 속이는 말로 재물을 모으는 것은 죽음을 구하는 것이다. 곧 불려다니는 안개다. 그러나 정직한 사람은 사람도 얻고, 부도 얻고, 명예도 얻는다.

078 황금이 귀한 것이 아니요, 편안하고 즐거움이 돈보다 값어치가 많으니라. 黃金(황금)이 未是貴(미시귀)요, 安樂(안락)이 値錢多(치전다)니라. - 명심보감 성심편(省心篇)

079 집을 일으킬 아이는 똥을 아끼기를 금같이 하고, 집을 망칠 아이는 돈 쓰기를 똥과 같이 하느니라.成家之兒(성가지아)는 惜糞如金(석분여금)하고, 敗家之兒(패가지아)는 用金如糞(용금여분)이니라. - 명심보감 성심편(省心篇)

080 까닭 없이 천금을 얻는 것은 큰 복이 있는 것이 아니라, 반드시 큰 재앙이 있을 것이니라. (소동파) 無故而得千金(무고이득천금)이면, 不有大福(불유대복)이라, 必有大禍(필유대화)

081 돈보다 인간관계가 더 소중한 것임을 알게 하라. - 로스차일드가

082 돈이란 벌기 힘들다. 가지고 있긴 더욱 힘들고, 현명하게 쓰기는 정말로 힘들다. - 세네카

083 차고 넘치는 부는 그 소유자에게 맡겨진 성스러운 재물이다. 이 재물을 평생 사회의 안녕을 위해 사용할 의무가 있다. - 카네기

084 부자들은 투자하고 가난한 사람들은 소비한다. 백만장자들은 저축하고 난 뒤에 남는 것을 쓰지, 쓰고 난 뒤에 남는 것을 저축하지 않는다. 이것이 그들만의 성공 비결이다. - 프랭크, 뮤리엘 뉴먼

085 "돈 없이 젊은 시절을 보낼 수는 있지만, 돈 없이 노후를 보낼 수는 없다." - 테네시 윌리암스

086 이웃집 황새를 흉내 내지 말라! 자신의 수입 범위 내에서 소비하라. 과시를 위한 소비의 결과는 파산이다. 자신의 수입보다 낮은 수준으로 검소하게 사는 게 백만장자가 되는 비결이다. 1원을 절약하면 1원을 버는 것이다. 백만장자가 되기 위한 조건은 얼마나 많이 버느냐에 있는 게 아니라 지출을 어떻게 통제하느냐에 달려 있다. - 문순민

087 사람은 죽으면서 돈을 남기고 또 명성을 남기기도 한다. 그러나 가장 값진 것은 사회를 위해서 남기는 그 무엇이다. - 유한양행 유일한 박사

088 부유한 사람이 그 부를 자랑하고 있다 하더라도, 그가 그 부를 어떻게 쓰는가를 알기 전에는 그를 칭찬해서는 안 된다. - 소크라테스

089 남의 돈 천 냥이 내 돈 한 푼만 못하다. (아무리 적고 보잘것없는 것이라도 자기가 직접 가진 것이 더 낫다는 말.)

090 궤 속의 녹슨 돈은 똥도 못 산다(돈은 쓸 때 써야 그 값어치를 다 하게 된다는 말)

091 벌어서 정승같이 쓴다.(돈을 벌 때는 궂은일, 힘든 일이라도 하면서 벌고 쓸 때는 떳떳하고 보람 있게 쓰라는 말)

092 돈은 있다가도 없어지고 없다가도 생기는 법이라(돈은 돌고 도는 것이므로 돈으로 상대를 평가하는 것은 어리석은 일이라는 말)

093 쌈짓돈이 주머닛돈(쌈지에 든 돈이나 주머니에 든 돈이나 한가지라는 말로, 그 돈이 그 돈이어서 구별할 필요가 없다는 뜻이에요. 또한, 한가족의 것은 굳이 가릴 것 없이 가족 전체의 것이라는 뜻)

094 천석꾼에 천 가지 걱정 만석꾼에 만 가지 걱정(재산이 많으면 그만큼 걱정거리도 많이 생긴다는 말)

095 한 푼 돈을 우습게 여기면 한 푼 돈에 울게 된다.(아무리 적은 돈이라도 하찮게 여기지 말라는 말)

096 재주는 곰이 넘고 돈은 주인이 받는다.(수고하여 일 한 사람은 따로 있지만, 그 일에 대한 보수는 다른 사람이 받는다는 말)

097 돈이라면 호랑이 눈썹도 빼 온다(돈이 생기는 일이라면 아무리 어렵고 위험한 일이라도 한다는 말)

098 아무리 돈을 많이 번다고 해도 그 돈에 자신의 노력과 땀이 들어 있지 않으면 그 돈은 희한하게도 언제 없어졌는지 모르게 사라져버린다. 그러나 반대로 완전히 무일푼이 되어 벼랑 끝에 서게 된 사람은 '내가 여기서 열심히 하지 않으면 그땐 정말 끝장이다.'라는 생각에 새로운 결심을 하기 마련이다. 그렇게 새로 시작한 사람은 '피맺힌 돈'을 벌게 되기 때문에 그 앞에는 성공이 기다리고 있다. ― 오타니 요네타로(오타니 중공업의 창업자·스모 운동선수)

099 재산은 현명한 사람에게는 종이 되고, 어리석은 사람에게는 군림 자가 된다. ― 영국 속담

100 돈에는 날개가 있다. (돈은 헤픈 것이다)

● 참고문헌

〈단행본〉

01 고코로야 진노스케 『평생 돈에 구애받지 않는 법』, 유노북스(2016)

02 김문현 『정주영은 살아 있다』, 솔(2015)

03 김진수 『웰 다잉, 인생 멋지게 내려놓는 방법』, 아름다운 사람들(2011)

04 김상민 『부자의 심장을 훔치는 재테크마인드』, 매일경제신문사(2006)

05 다니엘 핑크 『Drive』 김주환 역, 청림출판(2018)

06 데보라 프라이스 『행복한 머니코칭』 나라원(2010)

07 로버트 기요사키 『부자 아빠 가난한 아빠1』 안진환 옮김, 황금가지(2009)

08 로버트 차일디니 『설득의 심리학』 21세기북스(2013)

09 문미화, 민병훈 『행복한 부자로 키우는 유대인식 경제교육』 달과 소(2007)

10 미야모토 마유미 『말과 운의 관계를 알면 인생이 바뀐다』 김지윤 옮김, 포레스트북스(2018)

11 박찬국 『에리히 프롬의 소유냐 존재냐 읽기』 세창출판사(2018)

12 백승헌 『네 안의 부자 본능을 깨워라』 청림출판(2007)

13 보도 섀프 『보도 섀프의 돈』 이병서 옮김, 북플러스(2006)

14 브로니 웨어(Bronnie ware) 『내가 원하는 삶을 살았다면』 유윤환 옮김, 피플트리(2013)

15 벤 워더링턴 3세 『예수님의 경제학 강의』 넥스서cross(2016)

16 Brad Klontz, Ted Klontz, Rick Kahler 『머니 스크립』 양세정, 주인숙, 이은화 역, 시그마프레스(2016)

17 상생협력연구회 『상생경영』 김영사(2006)

18 새라 뉴컴 『당신의 잠든 부를 깨워라』 김정아 역, 유노북스(2017)

19 손기원 『이젠 지혜경영이다』 지혜미디어(2005)

20 스테판 M. 폴란 『다 쓰고 죽어라』 노혜숙 옮김, 해냄(2015)

21 애덤 그랜트 『기브앤테이크』 윤태준 옮김, 생각연구소(2013)

22 에드워드 데시 『마음의 작동법』 이상원 옮김, 에코의 서재(2011)

23 엄성복 외 『돈 버는 소비심리학』 국일미디어(2008

24 윤석철 『경영, 경제인생 강좌45편』 위즈덤 하우스(2005)

25 윤성식 『부처님의 부자수업』 불광출판사(2016)

26 이시백 외 『나에게 돈이란 무엇일까?』 철수와 영희(2012)

27 이현순 『내안에 잠든 엔진을 깨워라』 김영사(2014)

28 장 자크 루소 『에밀』 이환역, 돈을새김(2015)

29 정우식 『돈 걱정 없는 재무심리와 재무코칭』 와일드북(2018)

30 정우식 『재무심리에 답이 있다』 트러스트북스(2014)

31 조벽 『인성이 실력이다』 해냄(2016)

32 전성수, 양동일 『유대인 하부루타 경제교육』 매일경제신문사(2014)

33 최성애, 조벽 『조벽교수의 청소년 감정코칭』 해냄(2013)

34 최성환 외 『불안한 노후 미리 준비하는 은퇴설계』 경향 미디어(2015)

35 최효찬 『세계 명문가의 자녀교육』 예담(2010)

36 황태현, 김종록 『잠든 유럽을 깨우다』 김영사(2015)

37 홍숭기 『철학자의 조언』 생각정원(2016)

38 현용수 『자녀들아, 돈은 이렇게 벌고 이렇게 써라』 동아일보사(2007)

〈논문 기타〉

01 곽경수(2014), 「리더의 변혁적 리더십, 셀프리더십, 지식공유, 그리고 업무성과 간의 관계에 관한 실증 연구」, 울산대학교 경영대학원, 석사학위논문.

02 김교성, 강정한, 노혜진, 이현옥, 박태근(2016), 「한국의 '나눔' 종합지수 개발에 관한 연구」, 한국사회복지행정학, 18(1)

03 김아름(2016), 「일의 의미 만들기 과정에서 나타나는 자기생산(Autopoiesis)활동에 관한 내러티브 탐구」, 한양대학교 교육대학원, 석사학위논문.

04 김주원(2005), 「대학기부자와 자선기부자의 기부행동 결정 요인에 관한 실증연구」, 성균관대학교 대학원 박사학위논문.

05 민정숙(2014), 「청소년 활동역량 증진을 위한 배려 프로그램 효과성 연구」, 명지대학교 대학원 박사학위논문.

06 박소현(2018), 「국가간 나눔 행동 연구-OECD 25개국을 중심으로-」 연세대학교 사회복지대학원 박사학위논문.

07 안용진(2007), 「공자의 경제 윤리에 관한 연구」, 성균관대학교 대학원 박사학위논문.

08 이광우(2002), 「초기불교의 직업윤리에 관한 연구」, 동국대학교 불교대학원, 석사학위논문.

09 이상호(2009), 「기부경험 및 의도에 따른 집단별 기부행동 활성화 전략수립을 위한 연구」, 평택대학교 대학원 박사학위 논문.

10 이춘애(2016), 「유아교육기관에서 공동체 의식 증진을 위한 소셜액션러닝프로그램 개발」, 강릉원주대학교 대학원 박사학위논문.

11 최오주(2008), 「사도행전 2:42-45와 4:32-35에 나타난 나눔에 관한 연구」, 삼육대학교 신학전문대학원, 석사학위논문.

12 황창순(2002), 「한국인의 자선적 기부와 자원봉사, 2001년 서베이조사 결과분석」, 아름다운재단 자료집.